# SPANIS

Juan Kattán-Ibarra was born in Chile, and has travelled extensively in Spain and Latin America. He has degrees from the University of Chile, Michigan State University, Manchester University and the Institute of Education, London University. He has taught Spanish at Ealing College and Shell International and has been an examiner in Spanish for the London Chamber of Commerce and Industry and the University of London School Examinations Board. He is the author of *Teach Yourself Basic Spanish*, *Teach Yourself Business Spanish*, *Teach Yourself Spanish Grammar*, *Basic Spanish Conversation*, *Perspectives Culturales de España*, *Perspectivas Culturales de Hispanoamérica*, and co-author of *Spain after Franco*, *Working with Spanish*, *Spanish at Work*, *Mundo Nuevo*, *Se Escribe Así* and *Sistema*.

TEACH YOURSELF BOOKS

# SPANISH

Juan Kattán-Ibarra

*Advisory Editor: Paul Coggle*
*Institute of Languages and Linguistics*
*University of Kent at Canterbury*

TEACH YOURSELF BOOKS
Hodder and Stoughton

*First published 1984*
*Second edition 1991*
*Reissued 1992*
*Third impression 1992*



**British Library Cataloguing in Publication Data**

Kattán-Ibarra, Juan
Spanish.-2nd. ed.
1. Spanish language
I. Title II. Coggle, Paul
460

ISBN 0–340–54322–1

*Printed and bound in Great Britain*
*for Hodder and Stoughton Educational,*
*a division of Hodder and Stoughton Ltd,*
*Mill Road, Dunton Green, Sevenoaks, Kent*
*by Clays Ltd, St Ives plc.*
*Typeset by Macmillan India Ltd., Bangalore*

# Contents

# Acknowledgments

The author wishes to thank *El País* and *Cambio 16* for permission to reproduce copyright material. He would also like to thank Fernando Olmedo of Sevilla, Ricardo Palmás of Sitges and Lourdes Litago of Zaragoza for their comments on the Spanish text.

# Introduction

This is a functional course intended for those with no previous knowledge of Spanish. It aims to teach you how to communicate, to use the language for a given purpose, and in a practical way. The language in the book reflects the kind of Spanish used by native speakers in oral or written communication, and as far as possible the language forms in each Unit are those used throughout the Spanish-speaking world. In those instances where a standard form does not exist, I have given the word or expression normally used in Spain, and have referred to the Latin-American equivalent in the commentary following each dialogue.

Each Unit of the course aims to teach particular uses of language in a given situation. In Unit 1, for instance, you will learn how to give basic information about yourself and other people. After completing this lesson, you will be able to give your name, surname, nationality and occupation, and to ask for and give similar information about others. Later Units of the course will expand on the same function – Unit 13, for example, teaches you to give further information about yourself: your date and place of birth, your educational background and work experience.

This course covers a large number of other language functions which are present in everyday situations. Thus you will learn how to describe people, places and objects, how to talk about future plans and past events, how to apologise, make suggestions, give opinions, etc. Each Unit begins with a summary of the particular language uses included, each one of which is linked to the theme of the Unit. The topics you will learn to handle include work, travelling, food, shopping, accommodation, entertainment, health, etc., each in an appropriate setting, such as an office, a travel agency, a restaurant, a shop, a hotel, a party, a doctor's surgery, etc. You will find a brief explanation of theme, setting and the relationship between the speakers at the beginning of each dialogue.

It is important that at each step in the course you should bear in mind the type of situation in which the language is being used. If you are aware of the purpose, theme, context, and relationship between speakers which forms the basis of every dialogue, you will be able to transfer the language you have learned to other similar situations.

# How to use this course

The following procedure is suggested for working through each Unit of the course.

## Diálogo

Read the introduction in English which states the purpose of the lesson, then go on to the **Diálogo** (*Dialogue*). Study the dialogue noting all the new language forms and vocabulary. The vocabulary list at the end of the dialogue contains the key words and expressions which are necessary to understand the passage. Other words are given in the Spanish-English Vocabulary at the end of the book. Any important cultural points or differences between the Spanish spoken in Spain and in Latin America are explained in the **Comentario** (*Commentary*) which follows. Then, to understand the purpose of some of the sentences used in the dialogue, look at the next section **Frases y expresiones importantes** (*Important phrases and expressions*). To understand the meaning of the main grammatical structures, refer to **Gramática** (*Grammar*).

Once you have grasped the meaning of the dialogue, read it through again, until you are satisfied that it is quite clear. Then turn to the **Cuestionario** (*Questionnaire*) which tests your understanding of the dialogue. The questions here are generally of two kinds: **¿Verdadero o Falso?** (*True or False?*) and open-ended questions, under the instruction **Responda a estas preguntas** (*Answer these questions*). Deal with the first group, deciding whether the statements are true (**V** for **verdadero**) or false (**F** for **falso**). Rewrite those statements which are false. Then answer the second group of questions, using complete sentences as far as possible. To check whether your answers are correct, refer to the *Key to the Exercises* beginning on page 272.

## Frases y expresiones importantes

Look again at this part of the Unit, as it illustrates the expressions which are the basis of the lesson and which you will practise in the exercises.

## Gramática

Here the grammatical content of the Unit is explained in English and illustrated in sentences. Study this with reference to the main dialogue, and to the exercises which follow.

## Práctica

Some of the exercises (*a*, *b* and *c* below) are designed to help you use the language orally and to speak Spanish in a wide range of situations. Many of the exercises (*d*) are based on illustrative material, and will help you to learn to read and understand letters, maps, advertisements, and so on. You will also learn to express yourself in writing, following the examples provided (*e* and *f*).

Each exercise has been labelled according to the type of activity involved. Here is a summary of the main exercises:

(*a*) **Lea y pregunte** (*Read and ask*). Here you must ask the appropriate question for each answer provided in the exercise.
(*b*) **Lea y responda** (*Read and answer*). Read the dialogue or text, and then answer the questions which follow.
(*c*) **Lea y hable** (*Read and speak*). Read the model dialogue, and then make up similar dialogues using the information provided.
(*d*) **Lea, mire y pregunte/responda** (*Read, look and ask/answer*). Read the model dialogue or text, then look at the information provided (a map, a chart, a form, an advertisement, etc.) and give questions or answers, according to the instruction.
(*e*) **Lea y escriba** (*Read and write*). Read the model sentence, paragraph or letter, and write a similar one using the information provided.
(*f*) **Lea, mire y escriba** (*Read, look and write*). Read the model sentence, paragraph or letter, and then look at the chart, drawing, map or advertisement, and write a similar text.

Variations of the above exercises are **Mire y responda** (*Look and answer*) and **Mire y escriba** (*Look and write*). Instructions for exercises which do not fall within the above group are given in English. The correct answers to all the exercises can be found in the *Key to the Exercises.*

## Comprensión

This section is divided into two parts – **Conversación** and **Lectura.** In each Unit the **Conversación** is based on a topic similar to that of the

**Diálogo** and incorporates many of the same language uses and structures. It is therefore a good test of how well you have understood the language introduced in the Unit. You will, however, also find some new words and expressions the meaning of which you should be able to guess from the context.

Read the brief introduction in English first, so that you know what the conversation is about. Then study it carefully trying to grasp the main ideas. Next, look at the questions at the end of the text, as they should help you to understand it more clearly. Study the conversation again, and answer the questions as you do so. Most of the questions are of the *True or False?* (**¿Verdadero o Falso?**) or *Multiple-choice* type, in which you have to choose the correct answer (**Escoja la respuesta correcta**). Some are open-ended questions.

Study the conversation as many times as necessary, until you can answer all or most of the questions. You may check your answers by referring to the *Key to the Exercises.*

The texts in the **Lectura** section give up-to-date information on Spain and Latin America. You will learn something about the geography, history, culture and people of the Spanish-speaking world. The passages include a good deal of new vocabulary as well as drawing on what you have already learned. This is to help you increase your passive vocabulary and improve your ability to read and understand written Spanish. Try to determine what these new words mean by considering the context in which they occur, or their similarity with English words. Should this fail, look at the vocabulary list at the end of the reading or consult the Vocabulary at the end of the book.

Look at the questions which precede each text before you start reading. They should help you follow the passage more easily and concentrate on the main points. Read the text carefully and consider each one of the questions as you do so. Read the text a second time, and then answer the questions in English. You may check the answers in the *Key to the Exercises*. The text may be exploited further by considering other points not covered by the questions and by studying the passage in terms of the language which it contains and by looking at the way in which the various ideas are linked together within a paragraph or within the text as a whole.

# Pronunciation

The aim of this brief pronunciation guide is to offer hints which will enable you to produce sounds recognisable to a speaker from any part of the Spanish-speaking world. It cannot by itself teach you to pronounce Spanish accurately. The best way to acquire a reasonably good accent is to listen to and try to imitate native speakers.

Listed below are the main elements of Spanish pronunciation and their approximate English equivalents.

## Vowels

Spanish vowels are generally shorter, clearer and more precise than English vowels. Unstressed vowels are not weakened as in English but are given much the same value in pronounciation as those which are stressed. For example, in the English word '*comfortable*', the vowels which follow the syllable '*com*' are weak, while in Spanish every vowel in the word '*confortable*' has the same quality.

There are only five vowel sounds in Spanish:

| | | | |
|---|---|---|---|
| **a** | like the **u** in *butter, cut* | c**a**s**a** | cost**a** |
| **e** | like the **e** in *belt, end* | **é**l | **e**j**e**mplo |
| **i** | like the **i** in *marine, mean* | m**i**rar | **i**dea |
| **o** | like the **o** in *model, god* | s**o**l | p**o**c**o** |
| **u** | like the **u** in *rude* or the **oo** in *moon* | alg**u**no | Ur**u**guay |

*Note*

| | | |
|---|---|---|
| When **i** occurs before another vowel, it is pronounced like the **y** in *yes*. | viene | prefiere |
| When **u** occurs before another vowel, it is pronounced like the **w** in *wind*. | ad**ua**na | b**ue**no |
| After **q**, **u** is not pronounced at all | quien | que |
| **u** is also silent in **gui** and **gue** | guía | guerra |

| | | |
|---|---|---|
| **u** is pronounced in **güi** and **güe**, a very infrequent sound combination in Spanish. | lin**güí**stica | ver**güe**nza |

## Consonants

The pronunciation of Spanish consonants is generally similar to that of English consonants. But note the following features:

| | | | |
|---|---|---|---|
| **b** | and **v** in initial position and after **n** are pronounced the same, like the **b** in *bar*. | **B**arcelona | in**v**ierno |
| | In other positions more like the **v** in *very* | Se**v**illa | ur**b**ano |
| **c** | before **a**, **o**, **u** like the **c** in *coast* | **c**osta | **c**astellano |
| **c** | before **e**, **i** like the **th** in *thin* | gra**c**ias | a**c**eite |
| **ch** | like the **ch** in *chair* | **Ch**ile | dere**ch**a |
| **d** | like the **d** in *day* | **d**ía | an**d**ar |
| | between vowels and after **r**, like the **th** in *those* | ca**d**a | tar**d**e |
| **g** | before **a**, **o**, **u**, like the **g** in *government* | **g**obierno | ha**g**o |
| | before **e**, **i**, like a strong **h**, or like the Scottish **ch** in *loch* | **g**eneral | **G**ibraltar |
| **j** | Like a strong **h**, or like the Scottish **ch** in *loch* | **J**uan | de**j**ar |
| **h** | is silent | a**h**ora | **h**oy |
| **ll** | like the **lli** in *million* | mi**ll**ón | **ll**amar |
| **ñ** | like the **ni** in *onion* | ma**ñ**ana | se**ñ**ora |
| **q(u)** | like the **c** in *cake* | **qu**ien | **que** |
| **r** | in initial position is strongly rolled | **r**ío | **r**ojo |
| **rr** | strongly rolled | co**rr**eos | ja**rr**a |
| **y** | like the **y** in *yes* | ho**y** | ma**y**o |
| **z** | like the **th** in *think* | **Z**arago**z**a | pla**z**a |

## Spanish-American pronunciation

| | | | |
|---|---|---|---|
| **c** | before **e**, **i**, like the **s** in *sale* | **c**entro | **c**in**c**o |
| **z** | like the **s** in *sale* | **z**apato | ta**z**a |
| **ll** | like the **y** of *yawn* or the **j** of *jam* | **ll**amar | ca**ll**e |

## Stress and accentuation

Words which end in a vowel, **n** or **s** stress the last syllable but one.

**na**da — ingen**ie**ro
**to**man — **chi**cos

Words which end in a consonant other than **n** or **s**, stress the last syllable.

ho**tel** — espa**ñol**
Ma**drid** — me**jor**
fe**liz**

Words which do not follow the above rules, carry a written accent over the stressed syllable.

a**llí** — in**glés**
auto**bús** — invita**ción**
te**lé**fono — ki**ló**metro

Differences in meaning between certain similar words are shown through the use of an accent.

**sí** (yes) — **si** (if)
**él** (he) — **el** (*the, masc.*)
**sé** (*I know*) — **se** (*reflexive pronoun*)

Question words carry an accent, and are preceded by an inverted question mark.

**¿dónde**? (*where?*)
**¿cuándo**? (*when?*)
**¿qué**? (*what?*)

## Spelling

Note the following changes in spelling:
Verbs may change their spelling in certain forms in order to keep the sound of the infinitive. For example:

lle**gar** but lle**gué**
co**ger** but co**jo**
to**car** but to**qué**

Words which finish in **z** change the **z** into **c** to form the plural:

feli**z** feli**ces**
pe**z** pe**ces**

## Liaison

If a word ends in a vowel and is followed by a word beginning with a vowel, the two vowels are normally pronounced as though both formed part of the same word. When the two vowels are the same, these are usually pronounced as one, for example:

¿Cómo‿está‿usted?
No‿está‿aquí.
¿Habla‿español?

# Using the course with the cassette

Although this book has been designed in such a way that it is self-contained, you will find it of great benefit, especially if your aim is to speak and understand Spanish, to listen to the cassette which accompanies this Course, as it provides an important practical aid for comprehension and pronunciation. The cassette contains recorded versions of the **Diálogos** and **Conversaciones**.

It is suggested that at the beginning of the course you start each Unit by listening to the recording of the **Diálogo** at the same time as you read it, paying special attention to the pronunciation and intonation of the speakers. Later on in the Course you may well find that you can listen to the cassette without looking at the text. Then, when you have understood the gist of what was said, you can turn to the text and study the new language forms.

At the end of each Unit, the **Conversación** can be used as a listening comprehension exercise, testing your understanding of the new language forms introduced in the Unit and also your ability to understand a conversation which contains a little *un*familiar language along with the familiar. Always try to understand the general meaning, rather than translate word for word, and guess the meaning of new words and expressions through their context. Then look at the questions which follow, and listen to the **Conversación** again before answering them.

# Radio broadcasts

Try listening to the Spanish radio, even if you think you won't understand it. BBC London, Spanish Latin American Service, can be heard on short wave, 11.30 a.m. (21.735 & 17.80 MHz, Bands 13 & 16 m.); 23.30 (15.39, 11.82, 11.68, 9.765, 7.14 & 6.11 MHz, Bands 19, 25, 31, 41, 49 m). For other times consult the Spanish Latin American Service, BBC, Bush House, London.

Radio Nacional de España broadcasts in Spanish to Europe from 8 a.m. to 12.00 midnight (Spanish time) on short wave in the following bands (*banda*): 41 m. (*metros*), 31 m, 25 m and 19 m. News in Spanish can be heard at 13.30, 15.00, 21.00 and 23.00.

Broadcasts to America are from 12.00 midnight till 8.00 a.m. (Spanish time) on short wave in the following bands: 31 m, 25 m, and 19 m. News in Spanish can be heard at 1.30 a.m., 3.00 a.m., 4.30 a.m., 6.00 a.m. and 7.00 a.m.

# 1 ¿Su nombre, por favor?

The aim of this Unit is to teach you to give personal information – your name, surname, nationality and occupation – and to ask for and give similar information about other people. You will also learn some forms of courtesy and some numbers.

## 1 Diálogo

Pat Wilson, a nurse from London, arrives at a hotel in a Spanish resort. She talks to the receptionist (*el recepcionista*).

**Pat** Buenos días
**Recepcionista** Buenos días, señora.
**Pat** Tengo una habitación reservada.
**Recepcionista** ¿Su nombre, por favor?
**Pat** Pat Wilson.
**Recepcionista** Ah sí, la señora Pat Wilson de Londres, ¿verdad?
**Pat Wilson** Eso es.
**Recepcionista** ¿Su pasaporte, por favor, señora Wilson?
(*Pat hands in the passport to the receptionist.*)
**Recepcionista** Gracias. Su habitación es la número veinte, en el segundo piso.

## 2 Diálogo

Later that day Pat meets another guest, Isabel Martín, a Spanish journalist from Madrid.

**Isabel** Hola, buenas tardes.
**Pat** Buenas tardes.
**Isabel** Usted no es española, ¿verdad?
**Pat** No, soy inglesa. ¿Es usted española?
**Isabel** Sí, yo soy española. ¿Cómo se llama usted?
**Pat** Pat Wilson, ¿Y usted?
**Isabel** Me llamo Isabel. Isabel Martín Villa. Soy periodista.
**Pat** Yo soy enfermera.

**Vocabulario**

**buenos días** *good morning*
**tengo una habitación reservada** *I have a room booked*
**¿su nombre, por favor?** *your name, please?*
**la señora Pat Wilson** *Mrs Pat Wilson*
**de Londres** *from London*
**¿verdad?** *is that right?*
**eso es** *that's it*
**su pasaporte** *your passport*
**gracias** *thank you*
**su habitación** *your room*
**la número veinte** *number twenty*
**en el segundo piso** *on the second floor*
**hola** *hello*
**usted no es española, ¿verdad?** *you aren't Spanish, are you?*
**soy inglesa** *I'm English*
**sí, soy española** *yes, I'm Spanish*
**¿cómo se llama usted?** *what's your name? (what are you called?)*
**¿y usted?** *and you?*
**me llamo Isabel** *my name is Isabel*
**soy periodista** *I'm a journalist*
**yo soy enfermera** *I'm a nurse*

## Comentario

**Surnames:** In Spain and in Spanish-speaking countries in Latin America people have two surnames. The first surname is that of their father, the second is their mother's. In the case of Isabel, Martín is her father's first surname, and Villa is her mother's first surname. The second surname is used in more formal and official situations.

**Señorita, señora, señor: Señorita** (*young lady*, or *Miss* if used with the name) is normally used to address young unmarried women. **Señora** (*lady*, or *Mrs* when it precedes a name) is used to address married women, and older women in general. **Señor** (*gentleman*, or *Mr* before a name) is used for married and unmarried men. These words are normally preceded by the definite article (the), **la señorita, la señora, el señor,** except in direct address. Compare: **la señorita Martín es española** (*señorita Martín is Spanish*); **buenos días, señorita** (*good morning*). In writing they are normally abbreviated: **Srta. (señorita), Sra. (señora), Sr. (señor).**

**Formal and familiar forms:** In Spanish there are two sets of pronouns for addressing other people: **usted – ustedes** and **tú – vosotros**. All of them translate into English as *you*. **Usted** (singular) and **ustedes**

(plural) are formal, and are generally used for talking to people one doesn't know, particularly in official situations (e.g. customer and shop assistant, customer and bank clerk, etc), and to address the elderly and one's superiors. **Tú** (singular) and **vosotros** (plural) are familiar pronouns and are very widely used today, especially in Spain, and even among people who have never met before. Generally speaking, they are heard in more informal settings, particularly among younger people. Latin Americans, on the whole, tend to use **usted** and **ustedes** more frequently than people in Spain. **Usted** and **ustedes** are used with the third person of the verb, singular and plural respectively. **Vosotros** is not used in Latin America.

When in doubt, wait to see what form the Spanish speaker is using to address you, and do likewise.

## Cuestionario

1 ¿Verdadero o Falso (*True or False?*) Re-write those statements which are false.

(*a*) Isabel Martín es española.
(*b*) Pat es periodista.
(*c*) Isabel es enfermera:

2 Responda a estas preguntas (*answer these questions*).

(*a*) Pat Wilson es de Londres, ¿verdad?
(*b*) ¿Es inglesa Pat?
(*c*) ¿Cuál es el número de la habitación de Pat?

# Frases y expresiones importantes

**How to:**

**1** *Ask somebody's name and say your name.*
¿Su nombre, por favor?
Pat Wilson.
¿Cómo se llama usted?
Me llamo Isabel.

**2** *Ask people about their nationality, and state your nationality.*
¿Es usted española?
Sí, yo soy española.

12 *¿Su nombre, por favor?*

**3** *Say what your occupation is.*
Soy periodista.
Soy enfermera.

**4** *Say good morning, good afternoon and good evening/night.*
Buenos días.
Buenas tardes.
Buenas noches.

**5** *Say thank you and please.*
Gracias.
Por favor.

**6** *Give information about the number of something.*
Su habitación es la número veinte.

## Números 0–20

| | | |
|---|---|---|
| 0 **cero** | 7 **siete** | 14 **catorce** |
| 1 **uno** | 8 **ocho** | 15 **quince** |
| 2 **dos** | 9 **nueve** | 16 **dieciséis** |
| 3 **tres** | 10 **diez** | 17 **diecisiete** |
| 4 **cuatro** | 11 **once** | 18 **dieciocho** |
| 5 **cinco** | 12 **doce** | 19 **diecinueve** |
| 6 **seis** | 13 **trece** | 20 **veinte** |

Before a masculine noun **uno** becomes **un** and before a feminine noun **una: un** señor (*one man*), **una** señora (*one lady*).

# Gramática

## 1 **The** (singular)

All nouns in Spanish are either masculine or feminine and the word for '*the*' is **el** for masculine nouns and **la** for feminine nouns. Nouns ending in **–o** are usually masculine while nouns ending in **–a** are feminine:

| masculine | | feminine | |
|---|---|---|---|
| **el nombre** | *the name* | **la señora** | *the lady* |
| **el número** | *the number* | **la habitación** | *the room* |

But the endings of some nouns do not easily indicate their gender, e.g. **el pasaporte** (*passport*), **el nombre** (*name*), so it is advisable to learn each word with its corresponding article.
Nouns ending in **–ad, –ud, –ie** and **–ión** are usually feminine, e.g. **la** ciud**ad** (*city*), **la** juvent**ud** (*youth*), **la** ser**ie** (*series*), **la** habitac**ión** (*room*).
Nouns ending in **–ista** can be either masculine or feminine, e.g. **el** or **la** period**ista**, according to the sex of the person.

## 2 A/an

The word for '*a*' is **un** for masculine nouns and **una** for feminine nouns, e.g. **un** pasaporte (*a passport*), **una** habitación (*a room*).
Note that Spanish does not use the equivalent of English '*a*' when you indicate your occupation:

**Soy** periodista. *I am a journalist.*
**Soy** enfermera. *I am a nurse.*

## 3 Subject pronouns

*Singular forms*

| **yo** | **tú** | **él** | **ella** | **usted** |
|---|---|---|---|---|
| *I* | *you* (fam.) | *he* | *she* | *you* (polite) |

*Plural forms*

| **nosotros** | **vosotros** | **ellos** | **ellas** | **ustedes** |
|---|---|---|---|---|
| *we* | *you* (fam.) | *they* (masc.) | *they* (fem.) | *you* (pol.) |

Subject pronouns are usually omitted, except for emphasis or to avoid ambiguity. In writing, **usted** is normally abbreviated to **Vd.** while **ustedes** becomes **Vds.** In Latin America **Ud.** and **Uds.** are used instead, and the latter is used both formally and informally.

**Vd.** es española, ¿verdad? *You're Spanish, aren't you?*
(Yo) **soy** española. *I'm Spanish.*

## 4 Ser *to be*

| | | | |
|---|---|---|---|
| **soy** | *I am* | **somos** | *we are* |
| **eres** | *you are* (fam.) | **sois** | *you are* (fam.) |
| **es** | *he, she, it is* | **son** | *they are* |
| **es** | *you are* (pol.) | **son** | *you are* (pol.) |

¿**Eres** española? — *Are you Spanish?* (fem.)
Sí, **soy** española. — *Yes, I'm Spanish.*
¿**Es** Vd. español? — *Are you Spanish?* (masc.)
No **soy** español. — *I'm not Spanish.*
Ana **es** periodista. — *Ana is a journalist.*
Pat **es** inglesa. — *Pat is English.*

## 5 Adjectives

Adjectives must show agreement of gender (masc. or fem.) and number (sing. or pl.) with the person or thing they describe:

El es ingl**és**. — *He is English.*
Ella es ingl**esa**. — *She is English.*
Ellos son españo**les**. — *They are Spanish.*
Ellas son españo**las**. — *They are Spanish.*

## 6 Possessive adjectives

| | | | |
|---|---|---|---|
| **mi** | *my* | **nuestro** | *our* |
| **tu** | *your* (fam.) | **vuestro** | *your* (fam.) |
| **su** | *his, her, its* | **su** | *their* |
| **su** | *your* (polite) | **su** | *your* (polite) |

**mi** habitación es la número 20. — *My room is number 20.*
**Su** habitación es la número 15. — *His/her room is number 15.*
¿**Su** pasaporte, por favor? — *Your passport, please?*
**Nuestro** hotel. — *Our hotel.*

When the noun following the possessive adjective is in the plural, the possessive adjective must also take the plural form:

**mis** amigos — *my friends*
**sus** pasaportes — *their passports*
**nuestras** habitaciones — *our rooms*

Notice that **nuestro** and **vuestro** also change their endings, depending on the gender of the noun which follows:

| | |
|---|---|
| **nuestra** habitación (**la** habitación) | *our room* |
| **nuestro** amigo (**el** amigo) | *our friend* |
| **vuestra** casa (**la** casa) | *your house* |
| **vuestro** coche (**el** coche) | *your car* |

## 7 Word order

| | | | |
|---|---|---|---|
| Statement: | | Isabel es española. | *Isabel is Spanish.* |
| Negative: | | Isabel no es inglesa. | *Isabel is not English.* |
| Question: | | ¿Isabel es española? | *Is Isabel Spanish?* |
| | or | ¿ Es española Isabel? | *Is Isabel Spanish?* |
| | or | Isabel es española, ¿verdad? | *Isabel is Spanish, isn't she?* |
| | or | Pat es inglesa, ¿no? | Pat is English, isn't she? |

# Práctica

IBERIA ESPAÑA

Apellidos ........Barrios Donoso........

Nombre ........María Elena........

Nacionalidad ........mexicana........

Ocupación ........azafata........

LINEAS AEREAS DE ESPAÑA SA

**la azafata** *stewardess*

**PRÁCTICA 1.1** Lea, mire y responda (*Read, look and answer*)

*A* ¿Cómo se llama Vd.?
*B* Me llamo Luis Paz.
*A* ¿Su nacionalidad?
*B* Soy español.
*A* ¿Cuál es su ocupación? (*what's your occupation?*)
*B* Soy profesor (*I'm a teacher*)

Look at the airline card above and answer:

(*a*) ¿Cómo se llama Vd.?
(*b*) ¿Su nacionalidad?
(*c*) ¿Cuál es su ocupación?

Now make up similar dialogues using these names, nationalities and occupations:

| NOMBRE | NACIONALIDAD | OCUPACION |
|---|---|---|
| Mary Smith | inglesa | estudiante |
| Paul Makin | inglés | profesor |
| Hector MacDonald | escocés | contable |
| John O'Neill | irlandés | periodista |
| Barbara Thomas | galesa | enfermera |
| Sarah Williams | australiana | secretaria |

**el/la estudiante** *student* **el/la contable** *accountant*

**PRÁCTICA 1.2** Match the question with the answer.

1 Usted es norteamericano, ¿verdad?
2 ¿Cómo se llama usted?
3 ¿Cuál es su ocupación?
4 ¿Su habitación es la veinte?

(*a*) Me llamo David.
(*b*) No, es la número dieciocho.
(*c*) Soy norteamericano (*North American*)
(*d*) Soy abogado (*lawyer*).

**PRÁCTICA 1.3** Lea y escriba (*Read and write*)

Pablo es peruano, es camarero (*waiter*).

Escriba (*Write*):

(*a*) Peter/inglés/economista (*economist*).

(*b*) Anna/inglesa/estudiante (*student*).
(*c*) John/norteamericano/ingeniero (*engineer*).
(*d*) Pat/canadiense/médica (*doctor*).

**PRÁCTICA 1.4** Lea y escriba (*Read and write*)

Nombre ........ Pilar
Apellidos ........ Litago Diez
Profesión ........ Estudiante
Dirección ........ Calle Dr. Lozano 2 - 5°
Población ........ Zaragoza Dto. Postal ........ 2
Telf. ........ 517482 Prov. ........ Zaragoza
Nación ........ España

Rogamos ESCRIBAN EN LETRA DE IMPRENTA O A MAQUINA

Me llamo Pilar Litago Diez.
Soy española.
Soy estudiante.

Write similar sentences about yourself.

**PRÁCTICA 1.5** Rearrange the words in this dialogue to make sense of what B says.

*A* Buenas tardes. Siéntese, por favor.
*B* Gracias.
*A* ¿Su nombre?
*B* Llamo/María Bravo/me.
*A* ¿Y su segundo apellido?
*B* apellido/Castro/segundo/mi/es.

*A* ¿Usted es española?
*B* soy/española/no.
mexicana/soy.
*A* ¿Cuál es su ocupación, señorita Bravo?
*B* intérprete/soy.

**PRÁCTICA 1.6** Lea, mire y responda.

*A* ¿Cuál es el número de su pasaporte? (*What's your passport number?*)
*B* Es el tres-uno-cuatro-seis-cinco-ocho.

ANTONIO GONZALEZ D.

| | |
|---|---|
| Nº de teléfono | 5863142 |
| Nº de carnet de identidad | 17538220 |
| Nº de pasaporte | 2471096 |
| Nº de cuenta corriente | 19552704 |

Using the information above, answer the following questions:
(*a*) ¿Cuál es su número de teléfono?
(*b*) ¿Cuál es su número de carnet de identidad (*identity card*)?
(*c*) ¿Cuál es su número de pasaporte?
(*d*) ¿Cuál es su número de cuenta corriente (*current account*)?

# Comprensión

## 1 Conversación

Lea esta conversación y responda (*Read this conversation and answer the questions*).

A Spanish person has come to see a visitor from abroad, at a hotel in Madrid. He is talking to the hotel receptionist.

**Señor** Buenos días.
**Recepcionista** Buenos días, señor.
**Señor** Soy amigo del señor Anderson. ¿Cuál es el número de su habitación, por favor?
**Recepcionista** ¿El señor Anderson?
**Señor** Sí, Mark Anderson. Es un señor inglés, de Londres.
**Recepcionista** Ah sí. Usted es el señor Mario Salas, ¿verdad?
**Señor** Sí, soy yo.
**Recepcionista** Bien, un momento, por favor. La habitación del señor Anderson es la número dieciocho.

| | |
|---|---|
| **Señor** | Número dieciocho. Muchas gracias. |
| **Recepcionista** | De nada. |

**¿Verdadero (V) o Falso (F)?** (*True or False?*) (Say whether the following statements are true (**V**) or false (**F**) and rewrite those statements which are false):

1 El señor Anderson es amigo del señor Salas.
2 Mark Anderson es norteamericano.
3 La habitación del señor Anderson es la número 16.

## Soy madrileño

Me llamo Julio Rojas, soy español, madrileño. Soy ingeniero de una industria de productos eléctricos a doce kilómetros de Madrid.

## Madrid

Madrid es la capital del Estado español y madrileño es el nombre del habitante de Madrid. La capital es el centro político, económico y cultural de España. Es importante por su industria y su comercio. La situación geográfica de la capital española, en el centro de la Península, es favorable para el control político y administrativo de la nación española.

### Vocabulario

| | |
|---|---|
| **del** *of the* (masc. sing.) | **el Estado** *State* |
| **madrileño** *inhabitant of Madrid* | **por** *because of* |
| | **para** *for* |

## 2 Lectura

Lea este texto y responda a estas preguntas en inglés (*Read this text and answer the questions in English*):

1 Where is Julio from?
2 What is his job?
3 How far from Madrid is his place of work?
4 What role does Madrid play in the political, economic and cultural life of Spain?
5 In what part of the Peninsula is Madrid?
6 Why is its location an advantage?

# 2 ¿De dónde es?

The aim of this Unit is to teach you to give further information about yourself – where you are from, your age, your civil status, your family – and how to seek similar information from other people.

## Diálogo

In a recent interview, José Luis Alsina, a businessman from Catalonia, was asked for this information about himself and his family.

| | |
|---|---|
| **Empleada** | ¿Cómo se llama usted, por favor? |
| **Sr Alsina** | Me llamo José Luis Alsina Torrens. |
| **Empleada** | ¿Su nacionalidad? |
| **Sr Alsina** | Soy español. |
| **Empleada** | Usted es catalán, ¿verdad? |
| **Sr Alsina** | Sí, soy catalán. |
| **Empleada** | ¿De dónde es? |
| **Sr Alsina** | Soy de Barcelona. |
| **Empleada** | ¿Cuántos años tiene? |
| **Sr Alsina** | Tengo cuarenta años. |
| **Empleada** | ¿Es usted casado o soltero? |
| **Sr Alsina** | Soy casado. |
| **Empleada** | ¿Cómo se llama su esposa? |
| **Sr Alsina** | Se llama Carmen Riveros Díaz. |
| **Empleada** | ¿Cuántos años tiene ella? |
| **Sr Alsina** | Tiene treinta y ocho años. |
| **Empleada** | ¿Tiene usted hijos? |
| **Sr Alsina** | Sí, tengo dos hijos pequeños, de seis y de cuatro años. |

**Vocabulario**

**¿Cómo se llama?** *What's your name?*
**Me llamo (José Luis)** *My name is (José Luis)*
**Usted es catalán, ¿verdad?** *You are Catalonian, aren't you?*
**¿De dónde es?** *Where are you from?*
**¿Cuántos años tiene?** *How old are you?*
**Tengo cuarenta años** *I'm forty years old*
**¿Es usted casado o soltero?** *Are you married or single?*
**Soy casado** *I'm married*
**la esposa** *wife*
**¿Cómo se llama su esposa?** *What's your wife's name?*
**Se llama Carmen** *Her name is Carmen*
**los hijos** *children (sons and daughters)*
**pequeño** *small*
**¿Tiene usted hijos?** *Have you got any children?*
**Tengo dos hijos** *I have two children*

## Comentario

Married women do not have to take their husband's name in Spanish-speaking countries, but may continue using their maiden names. In official situations, this is often so. Socially, however, most women adopt their husband's surname. For example, Señora Carmen Riveros, married to José Luis Alsina, could be known as: Carmen Riveros de Alsina or la Señora de Alsina or la Señora Alsina. José Luis and his wife will normally be known as los señores de Alsina.

## Cuestionario

1 ¿Verdadero o Falso? (*True or False?*) Rewrite those statements which are false.

(*a*) José Luis es catalán.
(*b*) Es de Madrid.
(*c*) Es casado.
(*d*) No tiene hijos.

2 Responda a estas preguntas (*Answer these questions*).

(*a*) ¿Cuál es el segundo apellido de José Luis?
(*b*) ¿Cuál es su nacionalidad?
(*c*) ¿Cómo se llama su esposa?
(*d*) ¿Cuántos años tiene ella?
(*e*) ¿Tiene tres hijos?

# Frases y expresiones importantes

**How to:**

**1** *Ask people where they are from and say where you are from.*
¿De dónde es usted?
Soy de Barcelona.

**2** *Ask and answer questions about age.*
¿Cuántos años tiene usted?
Tengo 40 años.

**3** *Ask and answer questions about civil status.*
¿Es usted casado o soltero?
Soy casado.

**4** *Ask and answer questions about the number of children in a family.*
¿Tiene usted hijos?
Si, tengo dos hijos.
No, no tengo hijos.

## Números 21–60

| | | | | | |
|---|---|---|---|---|---|
| 21 | **veintiuno** | 31 | **treinta y uno** | 41 | **cuarenta y uno** |
| 22 | **veintidós** | 32 | **treinta y dos** | 42 | **cuarenta y dos** |
| 23 | **veintitrés** | 33 | **treinta y tres** | 43 | **cuarenta y tres** |
| 24 | **veinticuatro** | 34 | **treinta y cuatro** | 44 | **cuarenta y cuatro** |
| 25 | **veinticinco** | 35 | **treinta y cinco** | | .................. |
| 26 | **veintiséis** | 36 | **treinta y seis** | 50 | **cincuenta** |
| 27 | **veintisiete** | 37 | **treinta y siete** | 51 | **cincuenta y uno** |
| 28 | **veintiocho** | 38 | **treinta y ocho** | 52 | **cincuenta y dos** |
| 29 | **veintinueve** | 39 | **treinta y nueve** | | .................. |
| 30 | **treinta** | 40 | **cuarenta** | 60 | **sesenta** |

All numbers finishing in **uno** e.g. **veintiuno, treinta y uno, cuarenta y uno,** change according to the gender of the noun to which they refer. Before a masculine noun **uno** becomes **un**, before a feminine noun it becomes **una**. Other numbers are invariable, even if the noun which follows is in the plural form.

| | |
|---|---|
| ¿Cuántos años tiene? | *How old are you?* |
| Tengo **veintiuno.** | *I'm twenty-one.* |
| Tengo **veintiún** años. | *I'm twenty-one years old.* |
| Tiene **veintiuna** pesetas. | *He has twenty-one pesetas.* |

# Gramática

## 1 The (plural)

| masculine | feminine |
|---|---|
| **los** años *the years* | **las** señoras *the ladies* |
| **los** nombres *the names* | **las** ocupaciones *the occupations* |

Most words form the plural by adding an **-s**. Nouns ending in a consonant add **-es**, e.g. **la** ocupació**n**, **las** ocupacion**es**.

Masculine nouns which refer to people may be used with reference to both sexes. The plural of **hijo** (*son*) is **hijos** which may mean either *sons* or *sons and daughters* (i.e. *children)*.

The feminine form of such nouns usually ends in -**a**, e.g. **hija** (*daughter*), **hijas** (*daughters*). Other such nouns are:

**los hermanos** *the brothers and sisters*
**los niños** *the children*
**los amigos** *the friends*

Note **el padre** (*the father*), **la madre** (*the mother*), **los padres** (*the parents*).

## 2 Adjectives (number and position)

Adjectives must show agreement of number (sing. or pl.):

Tengo **un** niñ**o** pequeñ**o**. *I have one small child.*
Tengo **dos** niñ**os** pequeñ**os**. *I have two small children.*

Adjectives normally come after the noun.

## 3 Tener (*to have*)

**Tener** normally corresponds to the English verb *to have*, but in certain contexts in translates into English as *to be*.

| | | | |
|---|---|---|---|
| **tengo** | *I have* | **tenemos** | *we have* |
| **tienes** | *you have* (fam.) | **tenéis** | *you have* (fam.) |
| **tiene** | *he, she has* | **tienen** | *they have* |
| **tiene** | *you have* (form.) | **tienen** | *you have* (form.) |

**Tengo** dos hijos. — *I have two children.*
**¿Tiene** usted hijos? — *Have you any children?*
**Tenemos** dos hijos. — *We have two children.*
¿Cuántos hijos **tienen?** — *How many children do you have?*

**Tengo** 45 años. — *I am 45 years old.*
**Tenemos** hambre. — *We are hungry.*
**¿Tienes** calor? — *Are you hot?*

Note that when there is a vowel change in the stem of the verb in the present tense, e.g. **e→ie**, as in **tener→tiene**, this change does not occur in the first and second persons plural: **tenemos, tenéis.**

## 4 ¿Cuántos? (*How many?*)

**¿Cuántos?** means literally *how many?*

**¿Cuántas** hijas tiene? *How many daughters do you have?*
**¿Cuántos** años tiene? *How old are you?* (lit. *How many years do you have?*)

## 5 Ser

**Ser** (*to be*) is often used when giving personal information.

| | |
|---|---|
| *Identification:* | Soy José Luis. *I'm José Luis.* |
| *Nationality:* | Soy español. *I'm Spanish.* |
| *Occupation:* | Soy ingeniero. *I'm an engineer.* |
| *Origin:* | Soy de Barcelona. *I'm from Barcelona.* |
| *Civil status:** | Soy casado. *I'm married.* |

* This use of **ser** is optional, as another verb, **estar**, may be used instead (see page 45).

## 6 ¿Dónde? (*Where?*)

¿De **dónde** es usted? *Where are you from?* (lit. *From where are you?*)

Note that **¿dónde?** has an accent, as do all question words of this type: **¿Cómo?** *how?*, **¿Cuál?** *what?, which?*, **¿Cuántos?** *how many?*

# Práctica

**PRÁCTICA 2.1** Lea, mire y responda.

*A* ¿Cuál es su número de teléfono?
*B* Es el nueve-treinta-veintidós-cuarenta y ocho.
(930 22 48)

In Spanish, telephone numbers are read either in single or double figures. For example 930 22 48 can be read as **nueve, tres, cero, dos, dos, cuatro, ocho** or as **nueve, treinta, veintidós, cuarenta y ocho**.

Now look at these telephone numbers and answer the questions.

| LLAMADAS DE URGENCIA | | *Emergency telephone numbers* |
|---|---|---|
| Hospital | 50 26 60 | *Hospital* |
| Policía | 20 20 | *Police* |
| Bomberos | 44 00 | *Firemen* |
| Objetos Perdidos | 25 31 18 | *Lost Property* |

(*a*) ¿Cuál es el número de teléfono de Bomberos?
(*b*) ¿Cuál es el número de teléfono del Hospital?
(*c*) ¿Cuál es el número de teléfono de la Oficina de Objetos Perdidos?

**PRÁCTICA 2.2** Lea, mire y escriba.

(*a*) Me llamo Ana, tengo veinticinco años, soy argentina, soy de Buenos Aires.

Following the example above, look at the information below and complete this paragraph for Felipe García. Then write a similar paragraph about yourself. Me llamo . . .

| | | | |
|---|---|---|---|
| *Nombre:* | Felipe García | *Nacionalidad:* | español |
| *Edad:* | 34 años | *Ciudad:* | Zaragoza |

(*b*) Now ask and answer questions about age:
¿Cuántos años tiene Felipe? Tiene treinta y cuatro años.

| | | | |
|---|---|---|---|
| Pedro | 20 años | Alicia | 47 años |
| Elvira | 14 años | David | 11 años |
| Antonio | 39 años | | |

¿Cuántos años tiene usted?

**PRÁCTICA 2.3** Lea y responda.

(*Cambio 16, Nº 316*).

> Teresa Campos Varela, 34 años, casada y con dos hijos de 10 y 11 años respectivamente, es una mujer con personalidad. Su esposo es médico y ella enfermera (ATS) y maestra. Valenciana, de la capital, vivió un año en Estados Unidos, donde su esposo obtuvo una plaza en un hospital americano......

**ATS (Asistente Técnico Sanitario)** *nurse*

(*a*) ¿Cuántos años tiene Teresa Campos?
(*b*) ¿Es casada o soltera?
(*c*) ¿Cuál es la ocupación de Teresa?
(*d*) ¿Cuál es la ocupación de su esposo (*husband*)?

**PRÁCTICA 2.4** Match the question and the answer.

| | | | |
|---|---|---|---|
| 1 | ¿Cómo se llama usted? | (*a*) | Tengo cuatro. |
| 2 | ¿Es usted española? | (*b*) | No, soy casada. |
| 3 | ¿De dónde es? | (*c*) | Me llamo Lucía. |
| 4 | ¿Cuántos años tiene? | (*d*) | Sí, sí tengo. |
| 5 | ¿Es soltera? | (*e*) | Soy de Veracruz. |
| 6 | ¿Tiene hijos? | (*f*) | Se llama Miguel. |
| 7 | ¿Cuántos hijos tiene? | (*g* | No, soy mexicana. |
| 8 | ¿Cómo se llama su esposo? | (*h*) | Tengo cuarenta años. |

**PRÁCTICA 2.5** Fill in these sentences with the correct verb:

(*a*) Use **es** or **tiene**:

Dolores Ramírez . . . andaluza . . . de Sevilla . . . bibliotecaria. Dolores . . . 36 años . . . casada y . . . dos hijos. Su esposo se llama Julián.

**andaluza** *Andalusian* (*fem.*) **bibliotecaria** *librarian* (*fem.*)

(*b*) Use **soy** or **tengo**:

Me llamo Alvaro Ibarra . . . de San Sebastián, . . . mecánico. (Yo) . . . 22 años y . . . soltero.

PRÁCTICA **2.6** Choose the correct question word: **¿Cuántos? ¿Cuál? ¿Cómo? ¿De dónde?**

| | | |
|---|---|---|
| (*a*) | ¿ . . . se llama usted? | Me llamo Mónica. |
| (*b*) | ¿ . . . es su apellido? | García. |
| (*c*) | ¿ . . . es su nacionalidad? | Soy española. |
| (*d*) | ¿ . . . es su ocupación? | Soy funcionaria. |
| (*e*) | ¿ . . . es? | De Valencia. |
| (*f*) | ¿ . . . años tiene? | Tengo treinta y un años. |

*Note:* treinta y uno, *but* treinta y un años;
veintiuno, *but* veintiún años; uno, *but* un hijo.

# Comprensión

Lea esta conversación y escoja la información correcta, (*a*) o (*b*). (Read this conversation and choose the correct information (*a*) or (*b*) )

A tourist goes to a doctor's surgery in Spain.

| | |
|---|---|
| **Recepcionista** | ¿La señora Roberts, por favor? |
| **Sra Roberts** | ¿Sí? |
| **Recepcionista** | ¿Usted es la señora Roberts? |
| **Sra Roberts** | Sí, soy yo. |
| **Recepcionista** | Pase por aquí señora. Siéntese, por favor. (*Sra. Roberts sits down*). ¿Es ésta su primera consulta con el doctor Saez? |
| **Sra Roberts** | Sí, es la primera vez que vengo. |
| **Recepcionista** | ¿Su nombre de pila? |
| **Sra Roberts** | Me llamo Susan, Susan Roberts. |
| **Recepcionista** | ¿Cuántos años tiene usted? |
| **Sra Roberts** | Tengo veintinueve años. |
| **Recepcionista** | Usted es casada, ¿verdad? |

| | |
|---|---|
| **Sra Roberts** | Sí, casada. |
| **Recepcionista** | ¿Tiene hijos? |
| **Sra Roberts** | Si, tengo dos. Un hijo de ocho años y una hija de tres. |
| **Recepcionista** | ¿Y cuál es su ocupación, señora? |
| **Sra Roberts** | Soy profesora de inglés en un Instituto en Londres. |
| **Recepcionista** | ¿Su dirección aquí en España, por favor? |
| **Sra Roberts** | Avenida Velázquez 48, apartamento 25. |
| **Recepcionista** | ¿Tiene teléfono? |
| **Sra Roberts** | Sí, es el seis-treinta y seis-veintiuno-cincuenta. |

| | *a* | *b* |
|---|---|---|
| **Nombre** | Susan Roberts | Susan Roberts |
| **Edad** | 39 años | 29 años |
| **Estado civil** | soltera | casada |
| **Nº de hijos** | tres | dos |
| **Ocupación** | periodista | profesora |
| **Dirección** | Avda Velázquez, 38 | Avda Velázquez, 48 |
| **Teléfono** | 636 51 20 | 636 21 50 |

## 2 Lectura

Lea este texto y responda a estas preguntas en inglés (Read this text and answer these questions in English):

1 What is the population of Spain?
2 Which is the second largest Spanish city?
3 How far is Southern Spain from the coast of North Africa?
4 What are temperatures like in the interior?
5 What are winters like along the Mediterranean coast and in the Southern part of the Peninsula?

## España

***La población***

España ocupa la mayor parte de la Península Ibérica. Es uno de los países más grandes de Europa y uno de los de menor densidad. La población de España es de 38 millones. De estos 38 millones, unos 3 millones corresponden a Madrid y 2 millones a Barcelona, la segunda ciudad más grande de España.

***El territorio español***

España se extiende desde los Pirineos hasta el Estrecho de Gibraltar y desde el Mediterráneo hasta la frontera con Portugal. Sólo 13 kilómetros separan el territorio sur de la Península de la costa de Africa del Norte. España es un puente entre dos continentes. Las Islas Canarias, frente a la costa de Africa, y las Islas Baleares, en el Mediterráneo, forman parte del territorio español. En el norte de Africa existen dos ciudades españolas, Ceuta y Melilla.

***El clima***

España tiene una gran variedad de climas y paisajes. El clima templado y húmedo del norte y su abundante vegetación contrastan con las temperaturas extremas y la sequedad del interior y con los inviernos suaves del Mediterráneo y del sur de la Península.

| | |
|---|---|
| **la población** *population* | **el paisaje** *landscape* |
| **el país** *country* | **templado** *temperate* |
| **hasta** *as far as* | **la sequedad** *dryness* |
| **el puente** *bridge* | **el invierno** *winter* |

# 3 Hablo español

The aim of this Unit is to teach you to give further information about yourself: your address, your work and conditions of work and which languages you know. You will also learn to seek similar information from other people.

COMPAÑIA INTERNACIONAL
DESEA CONTRATAR
PARA SUS OFICINAS EN MADRID
**SECRETARIA DE DIRECCION BILINGÜE**
(Castellano, Inglés)

Enviar "curriculum vitae" al Apartado de Correos 17410 de Madrid.

## Diálogo

Patricia Baeza, a bilingual secretary, is looking for another job. In an interview with an employment-agency official, Patricia is asked to provide some information about herself. This is part of the interview.

| | |
|---|---|
| **Empleado** | ¿Dónde vive usted, señorita Baeza? |
| **Patricia** | Vivo en la Calle Santander ciento cuarenta y dos. |
| **Empleado** | ¿Tiene usted teléfono? |
| **Patricia** | No, no tengo. |
| **Empleado** | ¿En qué trabaja usted actualmente? |
| **Patricia** | Soy secretaria bilingüe. Trabajo en una agencia de turismo. |
| **Empleado** | ¿Cuántas horas a la semana trabaja? |
| **Patricia** | Cuarenta horas. |
| **Empleado** | ¿Y cuántos días? |
| **Patricia** | Trabajo cinco días a la semana. |
| **Empleado** | ¿Cuánto gana usted ahora? |

**Patricia** Gano noventa mil pesetas al mes.
**Empleado** ¿Qué idiomas habla, aparte de español?
**Patricia** Hablo inglés y un poco de francés.
**Empleado** ¿Habla bien inglés?
**Patricia** Sí, lo hablo bastante bien.
**Empleado** ¿Comprende usted el alemán?
**Patricia** Sí, pero muy poco.

**Vocabulario**

**¿Dóndé vive usted?** (vivir) *Where do you live? (to live)*
**Vivo en la Calle Santander** *I live in Santander Street*
**¿En qué trabaja usted?** (trabajar) *What work do you do? (to work)*
**actualmente** *at present*
**la secretaria bilingüe** *bilingual secretary*
**Trabajo** *I work*
**la agencia de turismo** *tourist company*
**¿Cuántas horas . . . ?** *How many hours . . . ?*
**¿Cuántos días . . . ?** *How many days . . . ?*
**la semana/a la semana** *week/per week*
**el mes/al mes** *month/per month*
**¿Cuánto gana usted?** (ganar) *How much do you earn? (to earn)*
**Gano** *I earn*
**sesenta mil pesetas** *sixty thousand pesetas*
**¿Qué idiomas habla?** (hablar) *What languages do you speak? (to speak)*
**Hablo** *I speak*
**bastante bien** *quite well*
**¿Comprende usted . . . ?** (comprender) *Do you understand . . .? (to understand)*
**el alemán** *German*
**pero** but
**muy poco** *very little*

## Comentario

Words denoting language or nationality are normally written with small letters, unless they occur at the beginning of a sentence. Some of these words refer to both language and nationality (masc., sing. form), e.g. **español** (*Spanish*), **inglés** (*English*), **francés** (*French*), **alemán** (*German*), **italiano** (*Italian*), **portugués** (*Portuguese*).

## Cuestionario

1 ¿Verdadero o Falso? Rewrite those statements which are false.

(*a*) Patricia tiene teléfono.
(*b*) Patricia no trabaja actualmente.

(*c*) Ella habla inglés bastante bien.
(*d*) Ella comprende bien el alemán.

2 Responda a estas preguntas:

(*a*) ¿En qué trabaja Patricia actualmente?
(*b*) ¿Cuántas horas a la semana trabaja?
(*c*) ¿Cuántos días?
(*d*) ¿Cuánto gana al mes?
(*e*) ¿Habla bien francés?

# Frases y expresiones importantes

**How to:**

**1** *Ask people where they live and say where you live.*
¿Dónde vive usted?
Vivo en la Calle Santander, 142.

**2** *Ask and answer questions about work and conditions of work.*

| | |
|---|---|
| *What work you do:* | ¿En qué trabaja?<br>Soy secretaria. |
| *Where you work:* | ¿Dónde trabaja?<br>Trabajo en una agencia de turismo. |
| *How many hours you work:* | ¿Cuántas horas trabaja?<br>Trabajo cuarenta horas. |
| *How many days you work:* | ¿Cuántos días trabaja?<br>Trabajo cinco días. |
| *How much you earn:* | ¿Cuánto gana usted?<br>Gano 90 mil pesetas. |

**3** *Ask and answer questions about knowledge of foreign languages.*

| | |
|---|---|
| *Which languages you speak:* | ¿Qué idiomas habla?<br>Hablo inglés y francés. |
| *How well you speak them:* | ¿Habla bien inglés/francés?<br>Hablo bastante bien inglés.<br>Hablo un poco de francés. |
| *Whether you understand a certain language:* | ¿Comprende el alemán?<br>Sí, pero muy poco. |

## Números 50–1.000.000

| | | | |
|---|---|---|---|
| 50 | **cincuenta** | 300 | **trescientos** |
| 60 | **sesenta** | 400 | **cuatrocientos** |
| 70 | **setenta** | 500 | **quinientos** |
| 80 | **ochenta** | 600 | **seiscientos** |
| 90 | **noventa** | 700 | **setecientos** |
| 100 | **cien** | 800 | **ochocientos** |
| 101 | **ciento uno** | 900 | **novecientos** |
| 102 | **ciento dos** | 1000 | **mil** |
| 200 | **doscientos** | 1500 | **mil quinientos** |
| 201 | **doscientos uno** | 2000 | **dos mil** |

1.000.000 **un millón** 2.000.000 **dos millones**

Note the way in which years are read in Spanish:

1960 **mil novecientos sesenta**
1975 **mil novecientos setenta y cinco**
1982 **mil novecientos ochenta y dos**
1984 **mil novecientos ochenta y cuatro**

Numbers which finish in **-cientos**, e.g. **doscientos**, **trescientos**, **cuatrocientos**, etc. must change according to the gender of the noun which follows.

doscient**os** dólares (los dólares) *200 dollars*
doscient**as** pesetas (las pesetas) *200 pesetas*

Note that **cien** (*one hundred*) does not change.

cien dólares *100 dollars*
cien libras *100 pounds*
cien pesetas *100 pesetas*

# Gramática

## 1 Verbs

According to the ending of the infinitive (or dictionary form of the verb), Spanish verbs may be grouped into three main categories: **-ar** (or 1st conjugation), **-er** (or 2nd conjugation) and **-ir** (or 3rd conjugation).

| *ending* | *infinitive* | |
|---|---|---|
| **-ar** | habl**ar** | *to speak* |
| **-er** | comprend**er** | *to understand* |
| **-ir** | viv**ir** | *to live* |

## 2 Regular and irregular verbs

Most Spanish verbs are regular, that is, they change in a fixed way according to *person* (three singular and three plural forms), *tense* (e.g. Present tense) and *mood* (e.g. Indicative or Subjunctive. See Unit 21 for an introduction to the Subjunctive).

Patricia **habla** inglés. *Patricia speaks English.*
(3rd person singular of the Present tense Indicative)
(Yo) **comprendo** el alemán. *I understand German.*
(1st person singular of the Present tense Indicative)

Verbs which do not follow the fixed pattern are called irregular, e.g. **tener** (*to have*); **ser** (*to be*).

## 3 Present tense

1st conjugation: **-ar verbs; hablar** *to speak*

| | | | |
|---|---|---|---|
| habl**o** | *I speak* | habl**amos** | *we speak* |
| habl**as** | *you speak* (fam.) | habl**áis** | *you speak* (fam.) |
| habl**a** | *he, she speaks* | habl**an** | *they speak* |
| habl**a** | *you speak* (form.) | habl**an** | *you speak* (form.) |

¿Habla usted español? *Do you speak Spanish?*
Hablo español. *I speak Spanish.*
No hablo inglés. *I don't speak English.*

2nd conjugation: **-er verbs; comprender** *to understand*

| | |
|---|---|
| comprend**o** | *I understand* |
| comprend**es** | *you understand* (fam.) |
| comprend**e** | *he, she understands* |
| comprend**e** | *you understand* (form.) |
| comprend**emos** | *we understand* |
| comprend**éis** | *you understand* (fam.) |
| comprend**en** | *they understand* |
| comprend**en** | *you understand* (form.) |

¿Comprende usted el inglés? *Do you understand English?*
Comprendo el inglés. *I understand English.*
No comprendo el francés. *I don't understand French.*

3rd conjugation: **-ir verbs; vivir** *to live*

| | | | |
|---|---|---|---|
| viv**o** | *I live* | viv**imos** | *we live* |
| viv**es** | *you live* (fam.) | viv**ís** | *you live* (fam.) |
| viv**e** | *he, she lives* | viv**en** | *they live* |
| viv**e** | *you live* (form.) | viv**en** | *you live* (form.) |

¿Vive usted en España? *Do you live in Spain?*
Vivo en Madrid. *I live in Madrid.*
No vivo en Inglaterra. *I don't live in England.*

## 4 Indefinite article (plural)

| | Singular | | Plural | |
|---|---|---|---|---|
| masc. | **un** poco | *a little* | **unos** pocos | *a few* |
| fem. | **una** hora | *an hour* | **unas** horas | *some* (or *a few*) *hours* |

## 5 ¿Qué? (*What?*)

**¿Qué** idiomas habla? *What languages do you speak?*
**¿Qué** días trabaja? *What days do you work?*

## 6 Intensifiers

| | | | |
|---|---|---|---|
| Hablo | **bien** | *I speak* | *well* |
| | **muy bien** | | *very well* |
| | **poco** | | *a little* |
| | **muy poco** | | *very little* |

Note: Hablo **un poco de** (francés) *I speak a little (French).*

## 7 Adverbs

Adverbs are formed by adding **-mente** to the adjective:

actual *present* fácil *easy*
actual**mente** *at present* fácil**mente** *easily*

When adding **-mente** to the adjective to form an adverb, the feminine form of the adjective (if such exists) must be used:

aproximada **aproximadamente** rápida **rápidamente**
práctica **prácticamente**

Note that if the adjective carries an accent, it is retained in the adverb.

# Práctica

**PRÁCTICA 3.1** Lea, mire y responda.

*A* ¿Dónde vive usted?
*B* Vivo en la Avenida Las Rosas, 138.
*A* ¿En qué trabaja?
*B* Soy contable.
*A* ¿Dónde trabaja?
*B* Trabajo en el Banco Nacional.

Answer for Mari Carmen.

Nombre ........ Mari Carmen
Apellidos ........ García Real
Dirección ........ Calle Mora, 418
Ocupación ........ dependienta
Trabaja en ........ 'Supermercado Pax'

(*a*) ¿Dónde vive usted?
(*b*) ¿En qué trabaja?
(*c*) ¿Dónde trabaja?

Answer questions about Miguel.

Nombre ........ Miguel
Apellidos ........ Castro Alvear
Dirección ........ Calle Nueva, 667
Ocupación ........ camarero
Trabaja en ........ 'Bar La Viña'

(*d*) ¿Dónde vive Miguel?
(*e*) ¿En qué trabaja?
(*f*) ¿Dónde trabaja?

**PRÁCTICA 3.2** Use the correct form of **vivir**, **ser**, **trabajar**, **ganar**:

Me llamo Gloria, . . . en la Calle García Lorca, 142, en Santander, . . . secretaria bilingüe y . . . en una compañía de importaciones donde . . . 80 mil pesetas al mes. (Yo) . . . cuarenta y cuatro horas a la semana.

**PRÁCTICA 3.3** Lea y escriba.

Andrés Ríos es ingeniero y trabaja en una fábrica de automóviles. Andrés trabaja treinta y cinco horas a la semana y gana 2 millones de pesetas al año.

Write a similar passage about Carolina Miranda, using the information below.

Carolina Miranda/médica/un hospital/veinticinco horas a la semana/350 mil pesetas al mes.

**PRÁCTICA 3.4** Lea y escriba.

| IDIOMA: Inglés | |
|---|---|
| ¿Comprende? | muy bien |
| ¿Habla? | bien |
| ¿Lee? | bastante bien |
| ¿Escribe? | correctamente |

**leer** *to read*
**escribir** *to write*

Comprendo muy bien el inglés, hablo bien, leo bastante bien y escribo correctamente.

Now write a similar sentence about French.

| IDIOMA: Francés | |
|---|---|
| ¿Comprende? | perfectamente |
| ¿Habla? | muy bien |
| ¿Lee? | bien |
| ¿Escribe? | un poco |

PRÁCTICA **3.5** Lea y pregunte.

Give the question to which each sentence is the answer.

(*a*) Me llamo María.
(*b*) Soy de Colombia.
(*c*) Vivo en la Avenida Simón Bolivar, 785, en Bogotá.
(*d*) Trabajo en una compañia de exportación de café.
(*e*) Trabajo ocho horas al día.
(*f*) Hablo español y un poco de inglés.

# Comprensión

## 1 Conversación

Lea esta conversación y responda.

At a café Patricia meets an American student.

**Michael** ¿Cómo te llamas?
**Patricia** Me llamo Patricia. ¿Y tú?
**Michael** Michael. ¿Eres de Madrid?
**Patricia** Vivo aquí en Madrid, pero soy de Cuenca. ¿Tú eres inglés?
**Michael** No, no soy inglés. Soy norteamericano.
**Patricia** ¿De qué parte de los Estados Unidos eres?
**Michael** De San Francisco.
**Patricia** Hablas muy bien español.
**Michael** Gracias. Estudio español en una universidad en California.
**Patricia** ¿En qué Universidad?
**Michael** En la Universidad de San Diego, en el sur de California. ¿Y tú trabajas o estudias?
**Patricia** Trabajo en una agencia de turismo. Soy secretaria bilingüe.
**Michael** ¡Qué interesante!
**Patricia** Sí, es un trabajo bastante interesante. ¿Tienes amigos aquí en Madrid?
**Michael** Sí, tengo un amigo español que estudia en la Universidad de San Diego. Se llama Alfonso Romero. ¿Quieres un café?
**Patricia** Sí, gracias.

**¿Verdadero (V) o Falso (F)?**

1 Patricia es de Madrid.
2 Ella vive en Cuenca.
3 Michael es norteamericano.
4 El es de San Diego.
5 Estudia en la Universidad de San Francisco.
6 Patricia es estudiante de turismo.
7 El amigo de Michael estudia en California.

## 2 Lectura

Lea este texto y responda a estas preguntas en inglés.

1 What other name is given to the Spanish language?
2 What language is spoken in Catalonia, apart from Spanish?
3 Where is **gallego** spoken?
4 Where is **vascuence** spoken?
5 In how many Latin American countries is Spanish the official language?
6 What language is spoken in Brazil?

## Los idiomas de España

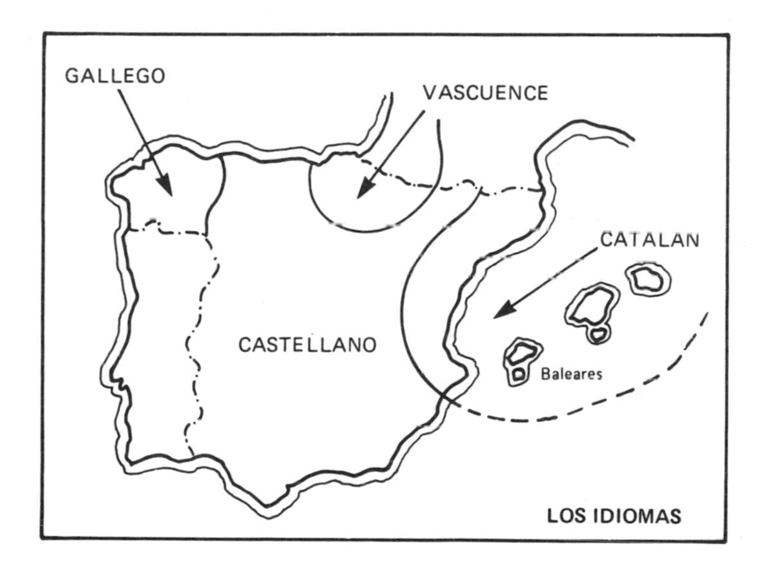

**El español** o **castellano** es el idioma nacional y oficial de Éspaña. El idioma de Cataluña, del País Valenciano y de las Islas Baleares es **el catalán**, con sus variantes dialectales **el valenciano** (en Valencia) y **el mallorquín** (en Las Baleares). Es también una lengua oficial. Galicia también tiene un idioma regional y oficial. Se llama **gallego**. En el País Vasco se habla **el vascuence**.

## El español de Latinoamérica

El castellano es el idioma de millones de latinoamericanos en México, en Centroamérica y en la América del Sur. Las repúblicas centroamericanas de Guatemala, Honduras, El Salvador, Nicaragua, Costa Rica y Panamá tienen como idioma oficial el español. También las islas de Cuba, la República Dominicana y Puerto Rico. En la isla de Puerto Rico el inglés es también una lengua oficial.

La mayor parte de los países sudamericanos tienen como idioma oficial el español: Venezuela, Colombia, Ecuador, Perú, Bolivia, Chile, Argentina, Uruguay y Paraguay. **El quechua**, un idioma indígena, es también oficial en el Perú y **el guaraní** en la República del Paraguay. El idioma del Brasil es **el portugués**.

### Vocabulario

**la lengua** *language*
**el castellano** *Castilian*
**como** *as*
**también** *also*
**indígena** *indian*
**se habla** *(it) is spoken*

# 4 ¿Cómo estás?

The aim of this Unit is to teach you how to inquire about someone's identity, how to describe people in terms of appearance and character, how to describe a place and the weather. You will also learn to greet and introduce people.

## Diálogo

Patricia Baeza is at a party. A friend introduces her to Javier, a student from Almería.

**Javier** ¿Quién es esa chica morena, de ojos verdes?
**Ana** Es Patricia Baeza. Trabaja conmigo.
**Javier** Es guapa, ¿verdad?
**Ana** Si, y es muy simpática. Vamos a charlar con ella.
**Javier** Vamos.
**Ana** (*approaching Patricia*) Hola Patricia.
**Patricia** Hola, Ana. ¿Qué tal?
**Ana** Pues, bien gracias, ¿Y tú cómo estás?
**Patricia** Estoy muy bien.
**Ana** Te presento a Javier. (*Looking at Javier*) Esta es Patricia.
**Javier** Hola.
**Patricia** Hola, mucho gusto.
**Ana** Javier es de Almería.
**Patricia** Ah, sí. Yo voy siempre a Almería en el verano. Es muy bonito y hace muy buen tiempo.
**Javier** ¿Tienes amigos allí?
**Patricia** Si, tengo varios amigos en Almería.

**Vocabulario**

**¿Quién es . . .?** *Who is . . . ?*
**esa** *that* (fem.)
**la chica** *girl*
**morena** *dark-haired*
**los ojos** *eyes*
**verde** *green*

**conmigo** *with me*
**Es guapa, ¿verdad?** *She's pretty, isn't she?*
**Vamos a charlar con ella** *Let's go and talk to her*
**con** *with*
**hola** *hello*
**¿Cómo estás? (estar)** *(How are you? (to be)* (fam.)
**¿Qué tal?** *How are you? How are things?* (fam.)
**Estoy muy bien** *I'm very well*
**Te presento a (Javier)** *Let me introduce (Javier) to you*
**esta** *this* (fem.)
**mucho gusto** *pleased to meet you*
**(yo) voy (ir)** *I go (to go)*
**siempre** *always*
**bonito** *pretty, nice*
**el verano** *summer*
**Hace muy buen tiempo** *The weather is very good*
**varios** *several*
**los amigos** *friends*
**allí** *there*

## Comentario

**Hola** (*Hello*) is used in both formal and informal situations: informally by itself and formally followed by another greeting, e.g. **¿Hola, cómo está usted?; Hola, buenas tardes.** Nowadays young people will normally use familiar forms of address, even when they have not met before. **¿Cómo estás?** and **¿Qué tal?** are both informal phrases used to ask somebody how he or she is. The formal equivalent is **¿Cómo está usted?** (*How are you?*)

## Cuestionario

1 ¿Verdadero o Falso?

(*a*) Ana es amiga de Patricia.
(*b*) Ana trabaja con Javier.
(*c*) Javier es de Madrid.
(*d*) Patricia tiene amigos en Almería.

2 Responda a estas preguntas.

(*a*) ¿Tiene ojos negros Patricia?
(*b*) ¿Cómo se llama el amigo de Ana?
(*c*) ¿De dónde es Javier?
(*d*) ¿Patricia trabaja con Ana?
(*e*) ¿Tiene amigos en Almería Patricia?

# Frases y expresiones importantes

**How to:**

1 *Inquire about someone's identity and how to reply to a question like this:*
¿Quién es (esa chica)?
Es (Patricia Baeza).

2 *Describe people in terms of appearance.*
Es guapa.
Es morena.
Tiene ojos verdes.

3 *Describe people in terms of character.*
Es simpática.

4 *Describe a place.*
(Almería) es muy bonito.

5 *Describe the weather.*
Hace (muy) buen tiempo.

6 *Greet somebody informally and ask how they are.*
Hola. ¿Qué tal?
¿Cómo estás?

7 *Reply to someone asking how you are.*
Estoy (muy) bien, gracias.
¿Y tú? (*informal*) ¿Y usted? (*formal*)

8 *Introduce people and exchange greetings.*
Te presento a (Javier) (*informal*).
Le presento a (Javier) (*formal*).
Mucho gusto.

# Gramática

## 1 ¿Quién? (*Who?*)

| | | | |
|---|---|---|---|
| **¿Quién** | es | esa chica? | *Who is that girl?* |
| | | Javier? | *Who is Javier?* |

**¿Quién?** varies in number. Its plural form **¿quiénes?** must be followed by a plural form of the verb, e.g. **¿Quiénes** son esos chicos?

## 2 Demonstrative adjectives

| | | |
|---|---|---|
| masc. sing | **este** chico | *this boy* |
| | **ese** chico | *that boy* |
| | **aquel** chico | *that boy* |
| fem. sing. | **esta** chica | *this girl* |
| | **esa** chica | *that girl* |
| | **aquella** chica | *that girl* |
| masc. pl. | **estos** chicos | *these boys* |
| | **esos** chicos | *those boys* |
| | **aquellos** chicos | *those boys* |
| fem. pl. | **estas** chicas | *these girls* |
| | **esas** chicas | *those girls* |
| | **aquellas** chicas | *those girls* |

**Aquel, aquella**, etc imply remoteness, as in 'over there', 'far away'.

## 3 Demonstrative pronouns

Demonstrative pronouns are the same as demonstrative adjectives, except that they carry an accent.

| | |
|---|---|
| **éste** es Javier | *this is Javier* |
| **ése** es Luis | *that is Luis* |
| **aquél** es Juan | *that is Juan* |
| **ésta** es Ana | *this is Ana* |
| **ésa** es Patricia | *that is Patricia* |
| **aquélla** es María | *that is María* |
| **éstos** son mis amigos | *these are my friends* |
| **ésos** son Javier y Luis | *those are Javier and Luis* |
| **aquéllos** son mis hijos | *those are my sons* |
| **éstas** son mis amigas | *these are my friends* |
| **ésas** son Ana y Patricia | *those are Ana and Patricia* |
| **aquéllas** son mis hermanas | *those are my sisters* |

## 4 Con + pronoun

| | | | |
|---|---|---|---|
| **conmigo** | *with me* | **con nosotros** | *with us* |
| **contigo** | *with you* (fam.) | **con vosotros** | *with you* (fam.) |

| | |
|---|---|
| **con él** *with him* | **con ellos** *with them* (masc) |
| **con ella** *with her* | **con ellas** *with them* (fem.) |
| **con usted** *with you* | **con ustedes** *with you* |

**Consigo** is a less frequent alternative form to **con usted, con él, con ella**. It also translates into English as *with one(self)*.

## 5 Ser, estar (*to be*)

| | | |
|---|---|---|
| **soy** | **estoy** | *I am* |
| **eres** | **estás** | *you are* (fam.) |
| **es** | **está** | *he is, she is, you are* |
| **somos** | **estamos** | *we are* |
| **sois** | **estáis** | *you are* (fam.) |
| **son** | **están** | *they are, you are* |

There are two ways of saying *to be* in Spanish and the uses of each are clearly differentiated by the native speaker. **Ser** is normally used to give personal information such as:

| | |
|---|---|
| Nationality: | **Soy** inglés *I'm English.* |
| Origin: | **Soy** de Londres *I'm from London.* |
| Occupation: | **Es** estudiante *He's a student.* |
| Religion: | **Somos** católicos *We are catholic.* |
| Political affiliation: | **Son** liberales *They are liberal.* |
| Marital status: | **Soy** soltero *I'm single.* |

Marital status may also be expressed with **estar**:

| | |
|---|---|
| ¿**Está** usted casado? | *Are you married?* |
| Sí, **estoy** casado. | *Yes, I'm married.* |

(For other examples of the use of **ser** see note 5 on page 24.)

**Ser** can be used to indicate:

| | |
|---|---|
| Possession: | Este pasaporte **es** de Isabel. *This is Isabel's passport.* |
| Material: | **Es** de metal. *It's made of metal.* |

Unlike **ser**, **estar** is normally used to refer to states or conditions which are temporary, such as:

| | |
|---|---|
| Health: | ¿Cómo **estás?** *How are you?* |
| State of mind: | ¿**Estás** contento? *Are you happy? (now)* |

The contrast between **ser** and **estar** is most clearly illustrated with adjectives which can be used to denote either permanent characteristics or temporary states, such as:

| | | |
|---|---|---|
| General characteristics: | Patricia **es** guapa. | *Patricia is pretty.* |
| | Ella **es** elegante. | *She's elegant.* |
| State or condition at a given time: | Patricia **está** guapa. | *She looks pretty.* |
| | Ella **está** elegante. | *She looks elegant.* |

The use of **ser** and **estar** in contexts such as the above will depend not so much on the person or thing being described, but on the speaker's intention.

Other uses of these two verbs will be covered in later Units.

## 6 Ir (*to go*)

**Ir** is an irregular verb. These are its forms in the Present tense:

| | | | |
|---|---|---|---|
| **voy** | *I go* | **vamos** | *we go* |
| **vas** | *you go* (fam.) | **vais** | *you go* (fam.) |
| **va** | *he, she goes* | **van** | *they go* |
| **va** | *you go* (form.) | **van** | *you go* (form.) |

| | |
|---|---|
| (Yo) **voy** a Barcelona. | *I go* (or *I'm going*) *to Barcelona.* |
| Javier **va** a Madrid. | *Javier goes* (or *is going*) *to Madrid.* |
| **¿Van** a la oficina? | *Do you go* (or *are you going*) *to the office*? |
| **Vamos** al hotel. | *We go* (or *are going*) *to the hotel.* |

**Vamos** may also translate into English as *let's go*:

Es tarde, ¡**vamos**! *It's late, let's go!*

**Ir + a** translates into English as *to be going to*:

| | |
|---|---|
| **Voy a** charlar. | *I'm going to talk.* |
| **Vamos a** ver. | *We're going to see.* |
| **Van a** ir. | *They're going to go.* |

## 7 The weather

**Hacer** is the verb most frequently used in describing the weather. In this context it is used in the third person singular.

| | | |
|---|---|---|
| **hace** | buen tiempo | *the weather is good* |
| | mal tiempo | *the weather is bad* |
| | calor | *it's warm* or *hot* |
| | frío | *it's cold* |
| | sol | *it's sunny* |
| | viento | *it's windy* |
| | buen día | *it's a good day* |

**Llover** (*to rain*) and **nevar** (*to snow*) are used in a different way:

| | |
|---|---|
| **llueve** mucho | *it rains very much* |
| está **lloviendo** | *it's raining* |
| **nieva** poco | *it snows very little* |
| está **nevando** | *it's snowing* |

## 8 Some adjectives used in describing people:

| | | |
|---|---|---|
| **Estatura** (*height*): | alto/bajo | *tall/short* |
| **Peso** (*weight*): | delgado/gordo | *thin/fat* |
| **Tez** (*complexion*): | moreno/blanco | *dark/fair* |
| **Pelo** (*hair*): | negro/castaño | *black/chestnut* |
| | rubio/pelirrojo | *blonde/ginger* |
| | blanco/canoso | *white/grey* |
| **Ojos** (*eyes*): | negros/marrones | *black/brown* |
| | verdes/azules | *green/blue* |

Other adjectives frequently used in describing people are:

guapo *pretty, handsome, good-looking*
bonito *pretty*
feo *ugly*
simpático *nice, pleasant*
antipático *unpleasant*
alegre *happy, good-humoured*
triste *sad*
tranquilo *quiet*
nervioso *nervous*

# Práctica

**PRÁCTICA 4.1** Lea y hable.

*A* ¿Cómo es **Javier**?
*B* **Javier** es moreno, tiene pelo negro y ojos marrones. Es bajo y delgado.

Compose a similar dialogue with the following information about Esteban.

| | | | |
|---|---|---|---|
| *Nombre*: | Esteban | *Estatura*: | alto (1.85 m.) |
| *Pelo*: | rubio | *Peso*: | gordo (90 Kg.) |
| *Ojos*: | azules | | |

Now give a physical description of yourself:
**Soy . . . , tengo . . . Soy . . .**

PRÁCTICA **4.2** Lea y escriba.

**San Sebastián** es una ciudad del norte de España. Es una ciudad bonita y agradable. Tiene ciento sesenta y cinco mil habitantes. El turismo es una actividad importante en San Sebastián.

Write similar texts about Barcelona and Valencia.

| *Ciudad* | (*a*) **Barcelona** | (*b*) **Valencia** |
|---|---|---|
| *Situación* | noreste | este |
| *Descripción* | grande y bonita | antigua |
| *Habitantes* | 2 millones | 700 mil |
| *Actividad* | la industria | la agricultura |

**situación** *location* **este** *east*
**noreste** *northeast* **antigua** *old*

PRÁCTICA **4.3** Lea y hable.

| EL TIEMPO | | |
|---|---|---|
| Alicante | 30° | S |
| Barcelona | 33° | C |
| Cádiz | 28° | V |
| La Coruña | 25° | N |
| Lugo | 23° | Ll |
| Madrid | 36° | S |
| Sevilla | 37° | C |
| Toledo | 35° | S |
| Valencia | 29° | N |
| Vigo | 24° | Ll |
| Zaragoza | 32° | S |

Hace frío (**F**). *It is cold.*
Hace sol (**S**). *It is sunny.*
Hace calor (**C**). *It is hot.*
Hace viento (**V**). *It is windy.*
Está nublado (**N**). *It is overcast.*
Está lloviendo (**Ll**). *It is raining.*

*A* ¿Qué tiempo hace en Málaga?
*B* Hace sol y calor.
*A* ¿Qué temperatura hace?
*B* Hace treinta y cinco grados.

What's the weather like in these Spanish cities?

(*a*) ¿Qué tiempo hace en Madrid?
(*b*) ¿Qué tiempo hace en Sevilla?
(*c*) ¿Qué tiempo hace en Vigo?
(*d*) ¿Qué tiempo hace en Toledo?
(*e*) ¿Qué temperatura hace en Zaragoza?
(*f*) ¿Hace sol en Valencia?
(*g*) ¿Hace buen tiempo en Lugo?
(*h*) ¿Hace frío en Barcelona?

**PRÁCTICA 4.4** Lea y responda.

Here is the result of a survey conducted in Spain by the Agency Metra-Seis. What colour eyes and hair do most Spaniards have? What percentage consider themselves attractive or ugly? Do many Spaniards wear glasses? What percentage of the male population have a beard or a moustache? Look at the results and then say whether the statements which follow are true or false. Rewrite the false statements.

| COLOR DE OJOS | Total |
|---|---|
| Azules | 8.4 |
| Grises | 8.8 |
| Verdes | 9.7 |
| Negros | 14.5 |
| Marrones | 55.9 |
| No contesta | 1.8 |

| COLOR DEL PELO | Total |
|---|---|
| Negro | 31.6 |
| Castaño oscuro | 18.4 |
| Castaño claro | 11.6 |
| Rubio | 6.9 |
| Pelirrojo | 1.9 |
| Blanco canoso | 29.3 |
| No contestan | 0.7 |

| ES ... | Total |
|---|---|
| Muy guapo/a | 2.7 |
| Guapo/a | 18.2 |
| Normal | 67.3 |
| Más bien feo/a | 8.8 |
| Muy feo/a | 0.9 |
| No contesta | 2.3 |

| LLEVA LENTES/ LENTILLAS | Total |
|---|---|
| Si | 23.5 |
| No | 76.5 |

| LLEVA BARBA | |
|---|---|
| Si | 8.0 |
| No | 92.0 |

| LLEVA BIGOTE | |
|---|---|
| Si | 10.2 |
| No | 81.8 |

*El País*

**¿Verdadero (V) o Falso (F)?**

(*a*) La mayoría de los españoles tiene los ojos negros.
(*b*) Menos del 10% de los españoles tiene los ojos azules.
(*c*) Muy pocas personas son pelirrojas.
(*d*) La mayor parte de la gente española tiene pelo negro o blanco canoso.

(*e*) Muy pocos españoles consideran que son muy feos.
(*f*) Un 70% aproximadamente considera que es normal.
(*g*) La mayoría de la gente lleva lentes o lentillas.
(*h*) La barba no es muy común entre los hombres españoles.

**Vocabulario**

| | |
|---|---|
| **pelirrojo** *red-haired* | **lentillas** *contact lenses* |
| **más bien** *rather* | **barba** *beard* |
| **no contesta** *no reply* | **bigote** *moustache* |
| **lentes** *spectacles* | |

**PRÁCTICA 4.5** Complete esta conversación (*Complete this conversation*).

On a beach in a Spanish-speaking country, an acquaintance comes up to you.

**Conocido** Hola. ¿Qué tal?
**Usted** (*Say hello*)
**Conocido** ¿Cómo estás?
**Usted** (*Say you are very well, thank you. Ask how he (or she) is*)
**Conocido** Bien, gracias. ¡Qué calor hace!
**Usted** (*Yes, it's very hot*)
**Conocido** ¿Vamos a ese bar?
**Usted** (*Yes, let's go*)

**PRÁCTICA 4.6** Lea y hable.

**Juan** Señora Muñoz, le presento al señor Cerda. Señor Cerda, ésta es la señora Muñoz.
**Sr C.** Mucho gusto.
**Sra M.** Encantada.

Note: **encantado** *pleased to meet you* (the ending changes according to the speaker: **-o**, masc.; **-a**, fem.)

Introduce these people formally, as above:

(*a*) El señor García a la señorita Villa.
(*b*) La señora Meza al señor Pérez.
(*c*) La señorita Blasco a la señora Arteaga.

# Comprensión

## 1 Conversación

Lea esta conversación y responda.

| | |
|---|---|
| **Carlos** | Usted es la señora Carmen Alsina, ¿no? |
| **Sra Alsina** | Sí, soy yo. |
| **Carlos** | Pues, yo soy Carlos Bravo. Trabajo con su marido. |
| **Sra Alsina** | Mucho gusto, señor Bravo. |
| **Carlos** | Encantado de conocerla. |
| **Sra Alsina** | ¿Usted es amigo de mi marido? |
| **Carlos** | Sí, somos amigos desde hace algún tiempo. |
| **Sra Alsina** | ¿Usted es de Barcelona también? |
| **Carlos** | No, yo vivo en Barcelona desde hace dos años solamente. Soy de Tordesillas. ¿Conoce usted Tordesillas? |
| **Sra Alsina** | No, no conozco. Está en la provincia de Valladolid, ¿verdad? |
| **Carlos** | Sí, está en Valladolid. |
| **Sra Alsina** | ¿Y cómo es Tordesillas? |
| **Carlos** | Pues, no es muy grande. Tiene sólo siete mil habitantes. Pero es un pueblo antiguo y muy interesante. ¡Ah! Aquí viene José Luis. |
| **José Luis** | Hola Carlos, ¿qué tal? |
| **Carlos** | Hola. ¿Cómo estás? |
| **José Luis** | Bien, gracias. Veo que ya conoces a Carmen. |
| **Carlos** | Sí, claro. |
| **José Luis** | Pues, vamos a tomar una copa. Tú Carmen, ¿qué quieres beber? |
| **Sra Alsina** | Para mí un jerez. |
| **Carlos** | Yo quiero un whisky con soda. |

**¿Verdadero (V) o Falso (F)?**

1 Carlos trabaja con Carmen Alsina.
2 Carlos es amigo de José Luis.
3 Carlos vive en Tordesillas.
4 Tordesillas no es muy grande.
5 Tiene diez mil habitantes
6 Es muy moderno

## Lectura

2 Lea este texto y responda a estas preguntas en inglés.

1 Where is Barcelona?
2 Why is it important?
3 What work do immigrants do?
4 What is the population of Barcelona?
5 Where is Seville?
6 What is the weather like there?
7 What does the agricultural industry produce mainly?
8 Why have Andalusians emigrated?

## Barcelona

Barcelona es un puerto de la región de Cataluña, en el noreste de la Península Ibérica. Es la segunda ciudad de España en cuanto a población. Tiene gran importancia industrial y comercial. Muchos españoles de diferentes regiones de España trabajan en las industrias de Barcelona. Los inmigrantes proceden de Andalucía, Galicia, Extremadura, etc., regiones donde existe poco trabajo. Barcelona

tiene dos millones de habitantes aproximadamente. Es una ciudad atractiva y cosmopolita. El centro de la ciudad es antiguo, pero también existen sectores modernos con grandes avenidas, tiendas muy bonitas y muchos apartamentos.

## Sevilla

Sevilla es la capital de Andalucía y es la ciudad principal de esta región. Tiene aproximadamente seiscientos mil habitantes. Sevilla es el centro de una región agrícola importante. En Sevilla hace calor y este clima favorece el cultivo de ciertos productos agrícolas. La industrialización de los productos agrícolas da trabajo a muchos de los habitantes de esta región. La industria agrícola produce vinos y aceite de oliva de excelente calidad. Pero Sevilla, como el resto de Andalucía, ofrece pocas oportunidades de trabajo y esta situación ha obligado a muchos andaluces a emigrar.

### Vocabulario

**el puerto** *port*
**proceden de** *come from*
**la tienda** *shop*
**el clima** *climate*
**favorecer** *to favour*
**el cultivo** *cultivation*
**dar trabajo** *to give work*
**el vino** *wine*
**el aceite de oliva** *olive il*
**ofrecer** *to offer*
**ha obligado** *it has forced*

# 5 ¿Hay un banco por aquí?

The aim of this Unit is to teach you how to ask for and give simple directions: how to ask and say if what you are looking for is nearby, how to ask and give information about the location of a place and how to find out and say if a place is near or far.

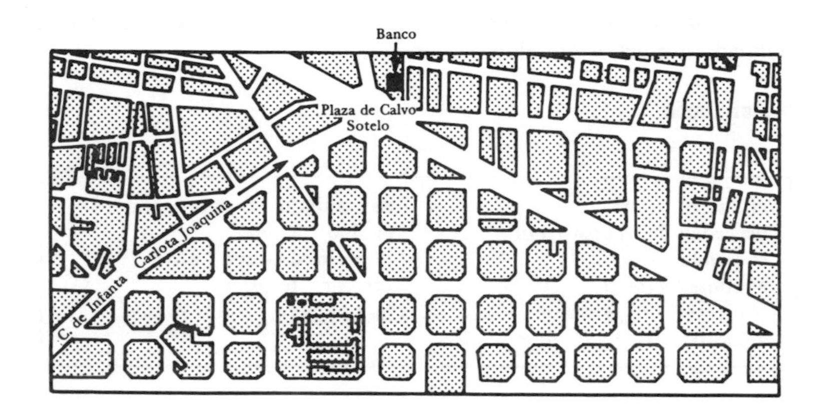


## Diálogo

Isabel Martín has been sent by her magazine to Barcelona. Isabel does not know the city very well and occasionally she has to stop people to ask for directions. Today she is looking for a bank.

| | |
|---|---|
| **Isabel** | Perdone. |
| **Transeúnte** | Sí, ¿dígame? |
| **Isabel** | ¿Hay un banco por aquí? |
| **Transeúnte** | No, en esta calle no hay bancos. Pero hay uno en la Plaza de Calvo Sotelo. ¿Sabe usted dónde está? |
| **Isabel** | No, no lo sé. No conozco muy bien Barcelona. |

| | |
|---|---|
| **Transeúnte** | La Plaza de Calvo Sotelo está al final de esta calle y el banco está al otro lado de la plaza, a la derecha. |
| **Isabel** | ¿Está cerca? |
| **Transeúnte** | Va usted a pie, ¿no? |
| **Isabel** | Sí, a pie. |
| **Transeúnte** | Pues, está un poco lejos. Está a veinte minutos de aquí. |
| **Isabel** | Muchas gracias. |
| **Transeúnte** | De nada. Adiós. |

**perdone** *excuse me*
**¿dígame?** *can I help you?* (lit. *tell me*)
**¿Hay un banco por aquí?** *Is there a bank around here?*
**No hay bancos** *There are no banks*
**¿Sabe usted dónde está?** (saber) *Do you know where it is? (to know)*
**No lo sé** *I don't know*
**No conozco Barcelona** (conocer) *I don't know Barcelona (to know)*
**Está al final/al otro lado** *It's at the end/on the other side*
**a la derecha** *on the right*
**¿Está cerca/lejos?** *Is it near/far?*
**Va usted a pie, ¿no?** *You are walking, aren't you?*
**Está a veinte minutos de aquí** *It's twenty minutes from here*
**Muchas gracias** *thank you very much*
**de nada** *not at all, you're welcome*
**adiós** *goodbye*

## Comentario

To call someone's attention, either **perdón** *or* **perdone** is used. One may also hear the word **oiga** (literally *listen*), but this is not rude or abrupt in Spanish as it would be in English in a similar situation. **Dígame** is used in a number of situations to ask people what they want. In Spain it is also used when answering the phone (*hello!*) and in shops (*can I help you?*)

## Cuestionario

1 ¿Verdadero o Falso?

(*a*) Isabel conoce bien Barcelona.
(*b*) Isabel va en autobús.
(*c*) El banco está en la plaza.
(*d*) El banco está a veinte minutos.

2 Responda a estas preguntas:

(*a*) ¿Dónde hay un banco?
(*b*) ¿Dónde está la plaza?
(*c*) ¿Conoce la plaza Isabel?
(*d*) ¿Está lejos el banco?

# Frases y expresiones importantes

**How to:**

**1** *Call someone's attention and how to reply.*
Perdone.
¿Dígame?

**2** *Ask and say if what you are looking for is nearby.*
¿Hay un banco por aquí?
Hay uno en la Plaza de Calvo Sotelo.

**3** *Ask and say where a place is.*
¿Dónde está (la plaza)?
(La plaza) está al final de esta calle.

**4** *Indicate precise location.*
en (la plaza).
al otro lado (de la calle).
al final (de esta calle).
a la derecha.

**5** *Ask and say if a place is near or far, and how far it is.*
¿Está lejos?
Está cerca.
Está a diez minutos (de aquí).

# Gramática

## 1 **Hay** (*there is, there are, is there? are there?*)

| | |
|---|---|
| ¿Hay un banco por aquí? | *Is there a bank round here?* |
| Hay un hotel aquí. | *There is a hotel here.* |
| No hay teléfonos aquí. | *There are no telephones here.* |

## 2 Location and distance

| | |
|---|---|
| **enfrente** del parque | *opposite the park* |
| **al final** de la calle | *at the end of the street* |
| **al lado** del bar | *next to the bar* |
| **al otro lado** del parque | *on the other side of the park* |

| | |
|---|---|
| Está **a la derecha**. | *It is on the right.* |
| Está **a la izquierda**. | *It is on the left.* |

| | |
|---|---|
| Está **a diez minutos**. | *It is ten minutes away.* |
| Está **a dos calles**. | *It is two streets away.* |
| Está **a tres kilómetros**. | *It is three kilometres away.* |

| | |
|---|---|
| Está **cerca**. | *It is near.* |
| Está **lejos**. | *It is far.* |

## 3 **Estar** (to indicate location)

**Estar** often indicates location or position. It is the verb normally used to ask and say where places are.

| | |
|---|---|
| ¿Dónde **está** el banco? | *Where is the bank?* |
| ¿Dónde **está** la plaza? | *Where is the square?* |

| | |
|---|---|
| El banco **está** a la derecha. | *The bank is on the right.* |
| La plaza **está** cerca | *The square is near.* |

## 4 **Saber** and **conocer** (*to know*)

**Saber** is used to refer to knowledge of a fact and ability to do something. The first person singular of the Present tense is irregular: **sé, sabes, sabe, sabemos, sabéis, saben**.

| | |
|---|---|
| ¿**Sabe** usted dónde está? | *Do you know where it is?* |
| No **sé** cómo ir allí. | *I do not know how to get there.* |

**Conocer** is used to refer to acquaintance with something, a person or a place. Like **saber**, it is irregular in the first person singular of the Present tense: **conozco, conoces, conoce, conocemos, conocéis, conocen**.

| | |
|---|---|
| No **conozco** Barcelona. | *I do not know Barcelona.* |
| ¿**Conoce** a Isabel? | *Do you know Isabel?* |

## 5 Personal 'a'

Verbs like **conocer**, **mirar** (*to look at*), **ver** (*to see*), **visitar** (*to visit*), etc. must be followed by the preposition **'a'** when the object which follows is a person or the name of a person. Compare:

| | |
|---|---|
| Visito Madrid. | *I visit Madrid.* |
| Visito **a** un amigo. | *I visit a friend.* |

# Práctica

**PRÁCTICA 5.1** Lea y hable.

*A* Hay una Oficina de Turismo por aquí?
*B* Sí, hay una en la Calle José Antonio.
*A* Gracias.
*B* De nada.

Look at the signs and addresses which follow and make up similar conversations:

(*a*) 
La Oficina de Información
Avenida Las Palmas, 893

(*b*) 

El museo
Plaza Mayor

(*c*) 
El restaurante
Calle San Fernando, 52

(*d*) 
El camping
Avenida del Mar

PRÁCTICA **5.2** Lea y hable.

*A* ¿Hay teléfonos por aquí?
*B* Sí, hay teléfonos cerca de aquí.
No, no hay teléfonos por aquí.

Look at the following facilities available on Calle Bolívar. Use the information to make up similar conversations:

| | SI | NO |
|---|---|---|
| servicios | √ | |
| tiendas | | √ |
| bancos | √ | |
| cines | | √ |

**los servicios** *toilets*

PRÁCTICA **5.3** Lea, mire y responda.

*A* ¿Dónde está el Banco Central, por favor?
*B* Está a la derecha.
*A* Y Correos, ¿dónde está?
*B* Está a la izquierda.

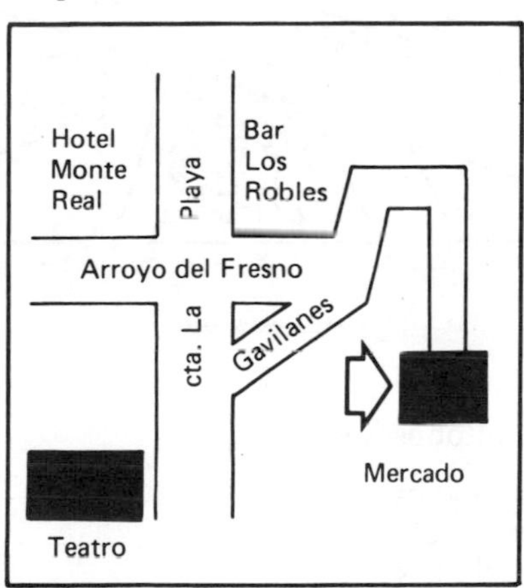

Look at the map and answer, using the phrases '**está a la derecha**' (*it's on the right*) or '**está a la izquierda**' (*it's on the left*):

(*a*) ¿Dónde está el Hotel Monte Real?
(*b*) ¿Dónde está la Calle Gavilanes?
(*c*) ¿Dónde está el Mercado?
(*d*) ¿Dónde está el Teatro?
(*e*) ¿Dónde está el Bar Los Robles?

**PRÁCTICA 5.4** Lea, mire y responda.

*A* ¿Sabe usted dónde está el Grupo Escolar?
*B* Sí, está en la Avenida del Jordán, enfrente del Parque.
*A* Gracias.

Now look at this map and choose the correct answer: (*a*), (*b*) or (*c*).

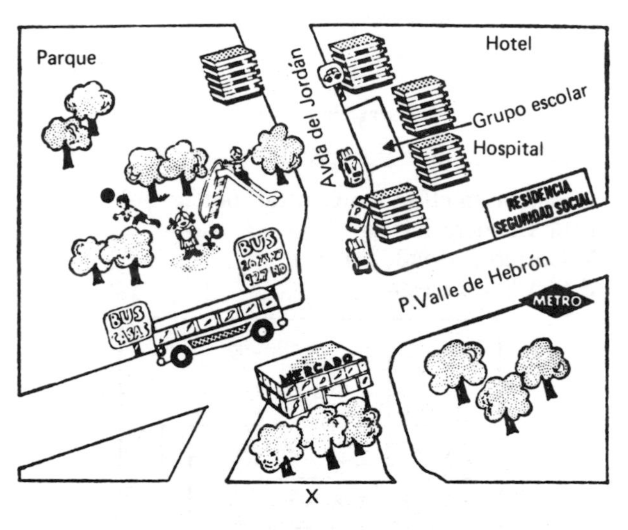


**Usted está aquí**

1 La parada de autobuses está

(*a*) al lado del mercado.
(*b*) a la derecha del mercado.
(*c*) enfrente del mercado.

2 El Hotel está
   (*a*) bastante lejos de la Avenida del Jordán.
   (*b*) a la derecha de la Avenida del Jordán.
   (*c*) al final de la Avenida del Jordán.

3 El Hospital está
   (*a*) cerca del Hotel.
   (*b*) enfrente del Hotel.
   (*c*) al lado del Hotel.

**PRÁCTICA 5.5** Lea, mire y responda.

En el metro

*A* ¿Está lejos la estación Retiro?
*B* Está a once minutos de Constitución.

TIEMPO VIAJES DIRECTOS

| Lineas | Min. |
|---|---|
| **A** • Primera Junta • Plaza de Mayo | 19 |
| **B** • Federico Lacroze • L.N. Alem | 20 |
| **C** • Constitución • Retiro | 11 |
| **D** • Palermo • Catedral | 14 |
| **E** • José M. Moreno. Bolívar | 14 |

Now look at the distance between each station and answer:

(*a*) Está lejos la estación Catedral de Palermo?
(*b*) ¿Está lejos la estación Bolívar de José M. Moreno?

En la calle

*A* ¿Dónde está la Calle Junín?
*B* Está a la derecha, a dos calles de aquí.

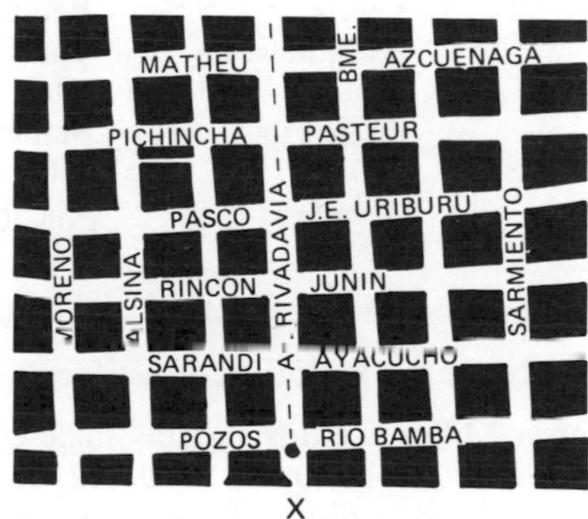


**Usted está aquí**

Look at the map and answer:

(*c*) ¿Dónde está la Calle Rincón?
(*d*) ¿Dónde está la Calle Uriburu?

En la Argentina

*A* ¿Está lejos Córdoba de Buenos Aires?
*B* Córdoba está a setecientos diez kilómetros de Buenos Aires.

| Distancias desde Buenos Aires a: | |
|---|---|
| Corrientes | 1000 km. |
| Mar del Plata | 400 km. |
| Mendoza | 1100 km. |
| Rosario | 300 km. |

Look at the table and answer:

(*e*) ¿Está lejos Corrientes de Buenos Aires?
(*f*) Está lejos Mendoza de Buenos Aires?

**PRÁCTICA 5.6** Lea y escriba.

INFORMACION TURISTICA

**Málaga** está en la región de Andalucía. Andalucía está en el sur de España. Málaga está en la Costa del Sol a 540 km. de Madrid. Está cerca de Granada.

Write similar texts about Cádiz and Benidorm.

| | (*a*) | (*b*) |
|---|---|---|
| *Ciudad* | **Cádiz** | **Benidorm** |
| *Región* | Andalucía | Valencia |
| *Ubicación* | sur | este |
| *Costa* | de la Luz | Blanca |
| *Km. de Madrid* | 650 | 450 |
| *Cerca de* | Algeciras | Alicante |

**PRÁCTICA 5.7** Complete este texto (*Complete this text*):

Fill in the blank spaces below with the correct form of **ser** or **estar.**

El señor y la señora Miller . . . dos turistas ingleses del norte de Inglaterra. Los Miller . . . en Palma de Mallorca, de vacaciones.

Mallorca . . . en el Mediterráneo, a pocas horas de Valencia. Palma, la capital, . . . una ciudad con mucho turismo.

El señor y la señora Miller . . . en el Hotel Plaza. El Plaza . . . un hotel muy cómodo y grande y . . . bastante cerca de la playa. Las playas de Mallorca . . . muy bonitas.

# Comprensión

## 1 Conversación

Lea esta conversación y escoja la información correcta: (*a*), (*b*) o (*c*).

A tourist stops a passerby to ask for directions.

**Turista** Perdone, ¿hay un supermercado por aquí?
**Señor** Sí, hay un supermercado en la Avenida México. ¿Sabe usted dónde está la Avenida México?
**Turista** No, no lo sé. No conozco muy bien la ciudad.
**Señor** Mire, la Avenida México está al final de esta calle y el supermercado está a la izquierda, al lado del Banco de Bilbao.
**Turista** A la izquierda, ¿no?
**Señor** Sí, a la izquierda, al lado del banco.
**Turista** ¿Está cerca?
**Señor** Pues, está a unos quince minutos de aquí.
**Turista** Gracias. ¿Y Correos está muy lejos?
**Señor** No, Correos está dos calles más abajo, al otro lado de la Plaza Mayor.
**Turista** ¿Hay algún autobús para la Avenida México?
**Señor** Sí, el autobús número veinticinco pasa por la Avenida México.
**Turista** ¿El número treinta y cinco?
**Señor** No, el número veinticinco.
**Turista** ¿Y dónde está la parada?
**Señor** La parada está enfrente, al lado de los teléfonos.
**Turista** Muchas gracias. Adiós.
**Señor** De nada. Adiós.

**Responda:**

1 El supermercado está en

(*a*) la Calle de Bilbao.
(*b*) la Avenida México.
(*c*) la Calle Mayor.

2 El supermercado está

(*a*) al lado del banco.
(*b*) enfrente del banco.
(*c*) a quince minutos del banco.

3 La Avenida México está

(*a*) a quince minutos.
(*b*) a veinticinco minutos.
(*c*) a cinco minutos.

4 Correos está

(*a*) a dos calles de la plaza.
(*b*) muy lejos de la plaza.
(*c*) al otro lado de la Plaza Mayor.

## 2 Lectura

Lea este texto y responda a estas preguntas en inglés:

1 Where is the Spanish Basque Country?
2 What is the language of this region called?
3 What is ETA?
4 Where do the Basques work mainly?
5 What is the most important industry?
6 Where is Galicia?
7 Why have many *gallegos* emigrated?
8 What is Santiago de Compostela famous for?

## Vascos y Gallegos

***Los Vascos***

El País Vasco español está en el norte de la Península y ocupa las provincias de Guipúzcoa, Viscaya y Alava. En Francia, los vascos franceses ocupan el departamento de los Bajos Pirineos.

El idioma de los vascos es **el vascuence**, una de las lenguas más antiguas de la Península Ibérica, cuyo origen exacto se desconoce, ya que es totalmente diferente del español y de las otras lenguas europeas.

Los vascos son un pueblo individualista, consciente de su cultura y de sus tradiciones. Hoy, el País Vasco es una de las regiones de mayor conflicto y violencia política en España. ETA, el grupo separatista vasco, busca la independencia de esta región y la creación de un Estado autónomo.

Los vascos trabajan principalmente en la minería y en la industria. La industria metálica tiene gran importancia. La fabricación de artículos metálicos, tales como maquinaria agrícola, electrodomésticos, explosivos y muchos otros, da trabajo a miles de hombres y mujeres. Bilbao, la ciudad más grande del País Vasco es un importante centro de construcción de barcos.

*Los Gallegos*

Al noroeste de la Península Ibérica está la región de Galicia, una de las zonas más verdes de toda España, separada del resto de la Península por montañas.

Los gallegos se dedican principalmente a la pesca y a la agricultura. Galicia es una de las regiones menos prósperas y menos industrializadas de España. La falta de trabajo ha obligado a los gallegos a emigrar a otras regiones de España o al extranjero.

***Santiago de Compostela, una ciudad de Galicia***

Santiago, en el interior de Galicia, es famosa por su espléndida Catedral construida en honor del Apóstol Santiago. Desde la Edad Media, Santiago de Compostela es un lugar de peregrinación para miles de cristianos de todas partes del mundo que vienen a venerar al Apóstol en su santuario de Compostela.

**Vocabulario**

**cuyo** *whose*
**se desconoce** *it is not known*
**ya que** *since*
**el Estado** *State*
**la minería** *mining*
**la maquinaria** *machinery*
**el barco** *ship*
**se dedican a** *they work in*
**la pesca** *fishing*
**la falta de** *lack of*
**la Edad Media** *Middle Ages*
**ETA** (in Basque) Euskadi ta Azkatasuna *Basque Nation and Liberty*

# 6 Llega a la una

The aim of this Unit is to teach you how to ask and tell the time, how to ask and answer questions about particular times, how to ask for what you want and how to inquire and give information about cost.

## Diálogo

At the railway station in Madrid, two tourists are buying tickets for Málaga.

| | |
|---|---|
| **Empleada** | ¿Qué desea? |
| **Turista** | Quiero viajar a Málaga. |
| **Empleada** | ¿Cuándo quiere viajar? |
| **Turista** | Hoy por la tarde. ¿A qué hora hay tren? |
| **Empleada** | Hay trenes a la una, a las cuatro y cuarto y a las siete y media. |
| **Turista** | ¿Qué hora es, por favor? |
| **Empleada** | Son las once menos cuarto. |
| **Turista** | Sí, el tren que sale a la una me conviene. ¿A qué hora llega a Málaga? |
| **Empleada** | Llega a las once de la noche. ¿Cuántos billetes quiere? |
| **Turista** | Quiero dos billetes. |
| **Empleada** | ¿En primera o en segunda clase? |
| **Turista** | En segunda clase. |
| **Empleada** | ¿De ida o de ida y vuelta? |
| **Turista** | De ida y vuelta. |
| **Empleada** | (*Handing him the tickets*) Aquí tiene usted. Dos billetes de ida y vuelta para Málaga. |
| **Turista** | ¿Cuánto es? |
| **Empleada** | Son dieciséis mil pesetas. |
| **Turista** | (*Handing him the money*) Gracias. ¿De qué andén sale? |
| **Empleada** | Sale del segundo andén. |

**Vocabulario**

**¿Qué desea?** (desear) *What can I do for you? (to wish)*
**Quiero** (querer) *I want (to want)*
**Viajar** *to travel*
**¿Cuándo quiere viajar?** *When do you want to travel?*
**hoy** *today*
**por la trade** *in the afternoon (or evening)*
**¿A quéhora?** *At what time?*
**el tren** train
**a la una** at one o'clock
**a las cuatro y cuarto** *at a quarter past four*
**a las siete y media** *at half past seven*
**¿Qué hora es?** *What time is it?*
**Son las once menos cuarto** *It's a quarter to eleven*
**El tren que sale** (salir) *The train which leaves (to leave)*
**me conviene** (convenir) *it suits me (to suit)*
**¿A qué hora llega a . . . ?** (llegar) *What time does it arrive in . . . ? (to arrive)*
**a las once de la noche** *at eleven o'clock at night*
**el billete** *ticket*
**la primera/la segunda clase** *first/second class*
**o** *or*
**de Ida/de ida y vuelta** *single (one way)/return (round trip)*
**Aquí tiene usted** *Here you are*
**para Málaga** *for Malaga*
**¿Cuánto es?** *How much is it?*
**Son dieciséis mil pesetas** *It's sixteen thousand pesetas*
**el andén** *platform*

## Comentario

Travel in Spain is generally cheaper than in other European countries, although services away from the main cities are less frequent and usually slow. Now RENFE, the State Railway company, has some fast and very modern trains which make journeys much more pleasant than in the past. On certain days during the week, called **días azules** (*blue days*), travel on Spanish Railways is available at reduced rates.

**Car travel.** A petrol station in Spanish is a **gasolinera** or **estación de servicio**. The majority of petrol stations are open 24 hours a day. You do not need to get out of your car, as the attendant will not only fill up your tank with **gasolina** (*petrol*) but will also check the tyres and, if necessary, clean the windscreen. A tip is normally expected for these extra services.

On arriving at a petrol station you will probably be asked **¿se lo lleno?** or simply **¿lleno?** (*fill it up?*). You may also hear the question **¿hasta arriba?** (*full right up?*).

Garages are normally open from 8.00 or 9.00 a.m. to 7.30 or 8.00 p.m., except during the lunch hour.

## Cuestionario

1 ¿Verdadero o Falso?

(*a*) Por la tarde hay cuatro trenes a Málaga.
(*b*) El tren llega a Málaga a la una de la tarde.
(*c*) Hay un tren que sale a las siete y media.
(*d*) Los turistas quieren viajar por la tarde.

2 Responda a estas preguntas:

(*a*) ¿Quieren viajar a Madrid los turistas?
(*b*) ¿A qué hora quieren viajar?
(*c*) ¿Cuántos billetes quieren?
(*d*) ¿Quieren viajar en primera clase?
(*e*) ¿Quieren billetes de ida o de ida y vuelta?
(*f*) ¿De qué andén sale el tren?

# Frases y expresiones importantes

**How to:**

**1** *Ask for what you want..*
¿Qué desea?
Quiero viajar a Málaga.
Quiero dos billetes.

**2** *Ask and tell the time.*
¿Qué hora es?
Son las once menos cuarto.

**3** *Ask and answer questions about particular times.*
¿A qué hora llega (el tren) a Málaga?
Llega a las once de la noche.

**4** *Inquire and give information about cost.*
¿Cuánto es?
Son dieciséis mil pesetas.

# Gramática

## 1 Querer (*to want*) (e > ie)

**Querer** forms part of a group of verbs which undergo a vowel change in the stem from **e** into **ie** in the first, second and third person singular and third person plural of the Present tense. Its forms are: **quiero, quieres, quiere, queremos, queréis, quieren**.

| | | |
|---|---|---|
| **Quiero** | viajar a Málaga. | *I want to travel to Málaga.* |
| | dos billetes. | *I want two tickets.* |
| ¿Cuándo | **quiere** viajar? | *When do you want to travel?* |
| ¿A qué hora | **quiere** viajar? | *What time do you want to travel?* |

Verbs in which there is a change in the stem are called 'radical-changing verbs'.

## 2 Ser (in expressions of time)

| | | |
|---|---|---|
| ¿Qué hora **es**? | | *What is the time?* |
| **Es** | la una. | *It is one o'clock.* |
| **Son** | las cuatro y cuarto. | *It is a quarter past four.* |
| | las siete y media. | *It is half past seven.* |
| | las once menos cuarto. | *It is a quarter to eleven.* |

## 3 Ser (to indicate cost)

| | | |
|---|---|---|
| ¿Cuánto **es**? | | *How much is it?* |
| **Es** | una libra, un dólar. | *It is one pound, one dollar.* |
| **Son** | dos libras. | *It is two pounds.* |
| | cinco dólares. | *It is five dollars.* |
| | ocho mil pesetas. | *It is eight thousand pesetas.* |

## 4 Prepositions a, de, por, para

Sale **de** Madrid **a** la una **de** la tarde. *It leaves Madrid at one o'clock in the afternoon.*

Llega **a** Toledo **a** las dos **de** la tarde. *It arrives in Toledo at two o'clock in the afternoon.*

Quiero dos billetes **para** Cádiz. *I want two tickets for Cadiz.*

¿Quiere viajar **por** la mañana o **por** la tarde? *Do you want to travel in the morning or in the afternoon?*

Quiero un billete **para** la una. *I want a ticket for one o'clock.*

# Práctica

**PRÁCTICA 6.1** Lea y hable.

*A* ¿Qué desea?
*B* Quiero viajar a México.
*A* ¿Cuándo quiere viajar?
*B* Mañana por la mañana (*tomorrow morning*).

Ask and answer in a similar way:

| DESTINO | ¿CUANDO? |
|---|---|
| Caracas | esta noche *tonight* |
| Lima | pasado mañana *the day after tomorrow* |
| Buenos Aires | la próxima semana *next week* |

**PRÁCTICA 6.2** Lea, mire y responda.

*A* ¿Qué hora es?
*B* Es la una.
*A* Gracias.
*B* De nada.

Son las dos.
*It's two o'clock.*

Son las tres y cuarto.
*It's a quarter past three.*

Son las cuatro y media.
*It's half past four.*

Son las cinco menos cuarto.
*It's a quarter to five.*

Look at the time and answer.
¿Qué hora es?

(a)

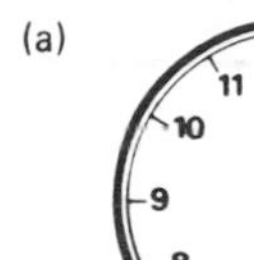

(b)

(c)

(d)

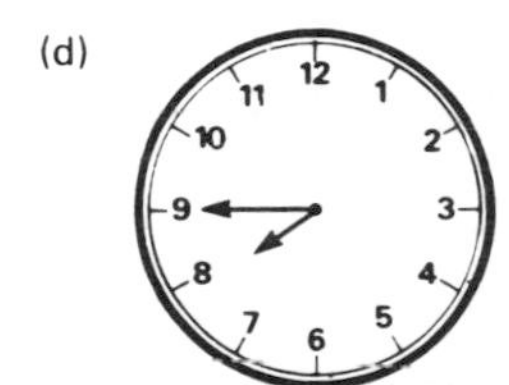

(e)

(f)

**PRÁCTICA 6.3** Lea, mire y responda.

*A* ¿A qué hora hay autobús para Jaén?
*B* Hay uno a las siete.
*A* Gracias.

Look at the timetable and answer:

| DESTINO | HORA |
|---|---|
| Granada | 7.30 |
| Córdoba | 8.15 |
| Sevilla | 9.45 |
| Ronda | 10.30 |

(*a*) ¿A qué hora hay autobús para Granada?
(*b*) ¿A qué hora hay autobús para Córdoba?
(*c*) ¿A qué hora hay autobús para Sevilla?
(*d*) ¿A qué hora hay autobús para Ronda?

**PRÁCTICA 6.4** Lea, mire y responda.

*A* ¿A qué hora abre la Oficina de Turismo?
*B* Abre a las nueve de la mañana.
*A* ¿Y a qué hora cierra por la tarde?
*B* Cierra a las siete.

OFICINA DE TURISMO
DE MALAGA
Abierto
de 9 a 13.00 y
de 15.00 a 19.00

**abrir** *to open*
**cerrar (e > ie)** *to close*

Look at these advertisements and answer the questions below:

**club nocturno** *night-club*

(*a*) ¿A qué hora abre el restaurant La Hacienda?
(*b*) ¿A qué hora cierra el Café La Fiesta?
(*c*) ¿A qué hora cierra el Bar La Estancia?
(*d*) ¿A qué hora abre el Club Stelaris?

**PRÁCTICA 6.5** Lea y escriba.

El expreso a Valencia sale de Madrid a las once menos cinco de la noche y llega a Valencia a las ocho menos cinco de la mañana.

| **Expreso a Valencia y Alicante** | | | |
|---|---|---|---|
| Con importantes ganancias de tiempo | | | |
| Salida de Madrid | 22,55 | Salida de Alicante | 22,00 |
| Llegada a Valencia | 7,55 | Salida de Valencia | 22,25 |

Look at this timetable and write similar texts about the timetables below:

(*a*)

| **Electrotrén Madrid-San Sebastián** | |
|---|---|
| Nuevo servicio | |
| Salida de Madrid | 8.00 |
| Llegada a San Sebastián | 15.40 |

(*b*)

| **Expreso Madrid-Murcia** | |
|---|---|
| Con ganancia de tiempo | |
| Salida de Madrid | 22.10 |
| Llegada a Murcia | 7.15 |

PRÁCTICA 6.6 Lea, mire y responda.

*A* ¿A qué hora sale el avión para Dusseldorf?
*B* Sale a las diez de la mañana.
*A* ¿Y a qué hora llega a Dusseldorf?
*B* Llega a las doce y veinte.
*A* Quiero un billete de ida y vuelta por favor. ¿Cuánto es?
*B* Son diecinueve mil quinientas pesetas.

Look at this information and answer:

| MADRID – FRANKFURT – MADRID | | | | | | |
|---|---|---|---|---|---|---|
| Madrid – Frankfurt | | FECHAS | | | Frankfurt – Madrid | |
| Salida | Llegada | Día | Mes | Día | Salida | Llegada |
| 15:00 | 17:25 | 19 | Diciembre | – | – | – |

PRECIOS POR PERSONA DESDE MADRID

| | IDA | Ida y Vuelta |
|---|---|---|
| FRANKFURT | 18.000 | 29.500 |
| DUSSELDORF | 18.000 | 29.500 |

(*a*) ¿A qué hora sale el avión para Frankfurt?
(*b*) ¿Y a qué hora llega a Frankfurt?
(*c*) Quiero un billete de ida. ¿Cuánto es?

# Comprensión

## 1 Conversación

Lea esta conversación y escoja la información correcta: (*a*), (*b*) o (*c*).

A Spanish woman wants to travel to London. She goes to a travel agency to buy a ticket.

| | |
|---|---|
| **Empleado** | Buenos días. ¿Qué desea? |
| **Viajera** | Buenos días. Quiero viajar a Londres. |
| **Empleado** | ¿Quiere ir en avión, en tren o en autocar? |
| **Viajera** | En tren. |
| **Empleado** | ¿Y cuándo quiere viajar? |
| **Viajera** | Mañana si es posible. ¿A qué hora hay tren? |
| **Empleado** | Pues, hay un tren a las once y media de la mañana y otro a las nueve de la noche. |
| **Viajera** | El de las once y media está bien. |
| **Empleado** | Bien. El tren sale de Madrid a las once y media y llega a París a la siete y media de la mañana. |
| **Viajera** | ¿Y el tren para Londres? |
| **Empleado** | Hay un tren que sale de París a las nueve de la mañana y que llega a Londres a las cinco y cuarto de la tarde. |
| **Viajera** | Perfectamente. Deme un billete para ese tren, por favor. |
| **Empleado** | ¿Quiere de ida o de ida y vuelta? |
| **Viajera** | De ida y vuelta. |
| **Empleado** | ¿En primera o en segunda clase? |
| **Viajera** | En segunda clase. ¿Cuánto es? |
| **Empleado** | Son treinta y cinco mil pesetas. |
| **Viajera** | ¿Puedo pagar con tarjeta de crédito? |
| **Empleado** | Sí, cómo no. |

**Responda:**

1 La viajera quiere viajar

(*a*) a París.
(*b*) a Londres.
(*c*) a Madrid.

2 Quiere viajar

(*a*) pasado mañana.
(*b*) hoy.
(*c*) mañana.

3 El tren llega a París

(*a*) a las 7.30.
(*b*) a las 11.30.
(*c*) a las 9.00.

4 El tren sale de París

(*a*) a las 11.30.
(*b*) a las 9.00.
(*c*) a las 5.15.

5 La viajera quiere

(*a*) un billete de ida en segunda clase.
(*b*) un billete de ida y vuelta en primera clase.
(*c*) un billete de ida y vuelta en segunda clase.

## 2 Lectura

Lea este texto y responda a estas preguntas en inglés.

1 What does the term **Latinoamérica** imply?
2 Where is Portuguese spoken?
3 What is a **mestizo**?
4 What other racial groups exist in Latin America?
5 Where do most Latin Americans live?
6 Which is the largest city in Latin America?

## Latinoamerica y los Latinoamericanos

***Latinoamérica***

Latinoamérica, una de las regiones más extensas del mundo, va desde México por el norte hasta Tierra del Fuego, en el extremo sur de Chile y de la Argentina. Con el término Latinoamérica se define a las antiguas colonias de España y Portugal, hoy repúblicas independientes. En los países latinoamericanos se habla español. La excepción es Brasil, donde se habla portugués.

***Los latinoamericanos***

La mayor parte de los latinoamericanos son el resultado de la fusión de dos elementos étnicos principales: el indio o nativo de la región y el blanco, principalmente español. A este grupo, mezcla de indio y blanco, se le llama mestizo. En regiones de Latinoamérica existe un importante elemento negro, particularmente en los países del Caribe. En otros países, como la Argentina, Uruguay y el sur del Brasil hay un gran número de descendientes de inmigrantes europeos, de origen italiano, alemán, británico, etc.

***Tierra de contrastes***

Latinoamérica tiene hoy más de doscientos millones de habitantes. La mayoría de los latinoamericanos vive en zonas rurales o pueblos muy pequeños. Pero las capitales de los países crecen a un ritmo desproporcionado. La Ciudad de México, la más grande de las capitales de la América Latina, tiene alrededor de diecisiete millones de habitantes.

Los países latinoamericanos forman parte del llamado Tercer Mundo. Los contrastes económicos entre diversos sectores de la población son enormes, particularmente en Centroamérica. La inestabilidad política de América Latina es en gran parte consecuencia de los graves problemas económicos y sociales que afectan a estas naciones.

## Vocabulario

**la colonia** *colony*
**se habla español** *Spanish is spoken*
**la mezcla** *mixture*
**las zonas rurales** *rural areas*
**el pueblo** *small town or village*
**crecer** *to grow*
**el ritmo** *rythm*
**el llamado** *so-called*
**el Tercer Mundo** *Third World*

# 7 Hay que tener visado

The aim of this Unit is to teach you how to ask and say whether something is considered necessary, how to ask whether you are obliged to do something and how to express obligation. You will also learn to inquire and give information about the duration of an activity.

## Diálogo

José Luis Alsina is in Madrid and is travelling to South America. He goes to an airline office to make a reservation.

| | |
|---|---|
| **Empleada** | Buenos días. ¿En qué puedo servirle? |
| **José Luis** | Tengo que viajar a Caracas. ¿Puede decirme qué días hay vuelos? |
| **Empleada** | Un momento, por favor. (*Looking at a timetable*) A Caracas hay vuelos los lunes, miércoles y viernes, a las catorce treinta. |
| **José Luis** | Los fines de semana no hay vuelos, ¿no? |
| **Empleada** | No, señor. |
| **José Luis** | ¿Y cuánto tarda el vuelo? |
| **Empleada** | Tarda nueve horas y media. |
| **José Luis** | ¿Hace escala? |
| **Empleada** | Sí el avión hace escala en Las Palmas. |
| **José Luis** | ¿Hace falta tener visado para Venezuela? |
| **Empleada** | Sí, señor, hay que tener visado. Debe ir al Consulado de Venezuela que está en el Paseo de la Castellana. |
| **José Luis** | Perfectamente. Quiero reservar un billete para el viernes veintiséis de mayo. |
| **Empleada** | De acuerdo. Pero tiene que esperar un momento, por favor. Voy a ver si hay plazas. |

**Hay que** *It is necessary, one has to*
**el visado** *visa*
**¿En qué puedo servirle?** (servir) *What can I do for you? (to serve)*
**Tengo que viajar** *I have to travel*
**¿Puede decirme . . . ?** *Can you tell me . . . ?*
**el vuelo** *flight*
**los lunes, miércoles y viernes** *on Mondays, Wednesdays and Fridays*
**a las catorce treinta** *at 2.30 p.m. (14.30)*
**los fines de semana** *the weekends*
**¿Cuánto tarda?** (tardar) *How long does it take? (to take time)*
**¿Hace escala?** *Does it make a stopover?*
**¿Hace falta . . . ?** (hacer falta) *Is it necessary . . . ? (to be necessary)*
**el consulado** *consulate*
**debe** (deber) *you must (to ought to)*
**perfectamente** *fine*
**reservar** *to reserve*
**para el viernes** *for Friday*
**mayo** *May*
**de acuerdo** *right!*
**tiene que esperar** *you have to wait*
**Voy a ver** *I'll go and see*
**si hay plazas** *if there are seats*

## Comentario

Venezuela, one of the richest countries in South America, mainly because of its oil wealth, has a large number of Spanish, Italian and Latin American immigrants. Entry requirements into Venezuela are strict and most nationals require visas to enter the country.

## Cuestionario

1 ¿Verdadero o Falso?

(*a*) El señor Alsina tiene que viajar a Caracas.
(*b*) Hay vuelos los fines de semana.
(*c*) El avión hace dos escalas.
(*d*) El señor tiene que tener visado.

2 Responda a estas preguntas:

(*a*) ¿Qué días hay vuelos a Caracas?
(*b*) ¿A qué hora hay vuelo?
(*c*) ¿Cuánto tarda el vuelo?
(*d*) ¿Dónde hace escala?
(*e*) ¿Cuándo quiere viajar el señor Alsina?
(*f*) ¿Cuántos billetes quiere?

# Frases y expresiones importantes

**How to:**

1 *Ask and say whether something is considered necessary.*
¿Hace falta tener visado?
Hay que tener visado.

2 *Ask whether you are obliged to do something and express obligation.*
¿Tengo que ir al Consulado?
Debe ir al Consulado.
Tiene que esperar.

3 *Inquire and give information about the duration of an activity.*
¿Cuánto tarda el vuelo?
Tarda nueve horas y media.

## Días de la semana (*Days of the week*)

lunes *Monday*
martes *Tuesday*
miércoles *Wednesday*
jueves *Thursday*
viernes *Friday*
sábado *Saturday*
domingo *Sunday*

Unlike English, the days of the week are not normally written with an initial capital letter in Spanish. Note the use of the masculine definite article in **el lunes, el martes** (*on Monday, on Tuesday*); **los miércoles, los jueves** (*on Wednesdays, on Thursdays*), etc.

## Meses del año (*Months of the year*)

enero *January*
febrero *February*
marzo *March*
abril *April*
mayo *May*
junio *June*
julio *July*
agosto *August*
se(p)tiembre *September*
octubre *October*
noviembre *November*
diciembre *December*

The months are also written with small letters in Spanish. The two prepositions most frequently used with the months are:

**en**: as in **en enero, en junio, en agosto, en diciembre**.
**de**: as in **2 de enero, 15 de marzo, 24 de mayo, 3 de julio**.

# Gramática

## 1 **Tener que** + infinitive (*to have to*)

**Tener que** indicates obligation or compulsion. Its forms are those of **tener** followed by **que** and an infinitive.

| | |
|---|---|
| **Tengo que** viaj**ar** a Caracas. | *I have to travel to Caracas.* |
| **Tiene que** esper**ar** | *You have to wait.* |

## 2 **Hay que** + infinitive (*one has to* or *needs to*)

**Hay que** indicates necessity. It is an impersonal form and cannot be used to refer to a specific person. Like **tener que**, it is followed by an infinitive.

| | | |
|---|---|---|
| **Hay que** | ten**er** visado. | *One has to have a visa.* |
| | **ir** al Consulado | *One has to go to the Consulate.* |

## 3 **Hacer falta** + infinitive (*to be necessary*)

**Hacer falta** followed by an infinitive indicates strong necessity. With an infinitive it is an impersonal form and therefore it cannot be used to refer to a specific person.

| | |
|---|---|
| **¿Hace falta tener** visado? | *Is it necessary to have a visa?* |
| **Hace falta** ten**er** visado. | *One needs to have a visa.* |

## 4 **Deber** + infinitive (*must*)

**Deber** followed by an infinitive indicates obligation. It is a regular verb and it is used to refer to specific persons. Its forms in the Present tense are: **debo, debes, debe, debemos, debéis, deben.**

| | |
|---|---|
| Debo viajar a Caracas. | *I must travel to Caracas.* |
| Debe ir al Consulado. | *You must go the Consulate.* |
| Debemos estar aquí mañana. | *We must be here tomorrow.* |

## 5 Que (*relative pronoun*)

**Que** is the word most commonly used to link two sentences. It can refer to things or people and it translates into English as *which, that* or *who.*

Debe ir al Consulado **que** está en el Paseo de la Castellana. *You have to go to the Consulate which is in Castellana Avenue.*

Tengo que visitar a un amigo **que** vive en Caracas. *I have to visit a friend who lives in Caracas.*

# Práctica

**PRÁCTICA 7.1** Lea, mire y responda.

*A* ¿Qué tiene que hacer el lunes?
*B* Tengo que ir a la agencia de viajes.
*A* ¿Y el martes?
*B* El martes no tengo nada que hacer.

| MAYO | |
|---|---|
| 15 Lunes<br>Ir a la Agencia de viajes | 19 Viernes<br>Llamar a Marta |
| 16 Martes<br>——— | 20 Sábado<br>Cenar con Luis |
| 17 Miércoles<br>9,00 Ir al dentista | 21 Domingo<br>——— |
| 18 Jueves<br>——— | Notas |

Look at the notes above and answer:

(*a*) ¿Qué tiene que hacer el miércoles?
(*b*) ¿Qué tiene que hacer el jueves?
(*c*) ¿Qué tiene que hacer el viernes?
(*d*) ¿Qué tiene que hacer el sábado?
(*e*) ¿Qué tiene que hacer el domingo?

**PRÁCTICA 7.2** Lea, mire y responda.

*A* Para ir a la Argentina hay que tener pasaporte pero no hace falta tener visado.
*B* ¿Y para ir a Cuba?
*A* Para ir a Cuba hay que tener pasaporte y visado.

Does one need a passport or visa to travel to these countries?

(*a*) ¿Para ir a Puerto Rico?
(*b*) ¿Para ir a Colombia?
(*c*) ¿Para ir a Brasil?
(*d*) ¿Para ir a Venezuela?

| AMERICA LATINA | |
|---|---|
| Argentina | Pasaporte |
| Brasil | Pasaporte |
| Colombia | Pasaporte |
| Cuba | Pasaporte, visado |
| México | Pasaporte |
| Puerto Rico | Pasaporte, visado |
| Venezuela | Pasaporte, visado |

**PRÁCTICA 7.3** Lea, mire y responda.

*A* ¿Cuándo debe viajar a Sudamérica?
*B* Debo viajar el martes doce de febrero.

Answer the questions below using these dates in the order in which they appear:

| (a) | (b) | (c) | (d) |
|---|---|---|---|
| MARZO | JUNIO | AGOSTO | DICIEMBRE |
| 2 | 24 | 16 | 30 |
| Viernes | Lunes | Jueves | Miércoles |

(*a*) ¿Cuándo debe usted volver a España?
(*b*) ¿Cuándo debe usted empezar a trabajar?
(*c*) ¿Cuándo debe usted entrar a clases?
(*d*) ¿Cuándo debe usted salir de Madrid?

**volver (o > ue)** *to return* **entrar a clases** *to start school*

**PRÁCTICA 7.4** Lea y escriba.

Tiene que ir al Consulado de Argentina que está en la Calle Vicuña Mackenna, 41.

*CONSULADOS*

**ARGENTINA**
Vicuña Mackenna 41 De 09:00 - 14.00 horas.
Fono: 228977

**ALEMANIA**
Agustinas 785 - Fono: 35031 7.° Piso
De 10:00 - 12:00 horas.

**AUSTRALIA**
Eliodoro Yáñez 1939 - Fono: 251441

**BRASIL**
Antonio Varas 647 De 10:00 - 14:00 horas.
Fonos: 749159 - 749355

**BOLIVIA**
Av. Santa María 2790 Fono. 256950
De 09:00 - 12:00 horas.

Continúe:

(*a*) . . . Alemania . . .
(*b*) . . . Australia . . .
(*c*) . . . Brasil . . .
(*d*) . . . Bolivia . . .

**PRÁCTICA 7.5** Mire y responda.

AEROPERU lo lleva los Martes. Jueves y Sábados a las 00 15 horas sin escala a Lima. Corazón de Sudamérica. Continúe a Sao Paulo. Rio de Janeiro Santiago o Buenos Aires en nuestros modernos DC-8 conclase Primera y Turista con el Cariño que le ofrece el Corazón Peruano.

(*a*) ¿Cuántos vuelos a la semana hay a Lima?
(*b*) ¿Qué días hay vuelos?
(*c*) ¿A qué hora?
(*d*) ¿Hace escala el avión?
(*e*) ¿Cómo se llama la línea aérea?

*Gente*, México, Año XI, N° 220.

**PRÁCTICA 7.6** Lea y escriba.

El vuelo **IB577** con destino a Santiago de Chile que sale de Madrid el martes a las nueve de la mañana, llega a Santiago el miércoles a las dos de la mañana, hora local. El vuelo **IB577** tarda veinte horas y hace escalas en Río de Janeiro y Buenos Aires.

Write similar texts about flights AL752 and BF883.

| *Vuelo* | **AL752** | **BF883** |
|---|---|---|
| *Destino* | México | Londres |
| *Procedente de* | Buenos Aires | Lima |
| *Salida* | jueves, 23.00 | lunes, 13.00 |
| *Llegada* | viernes, 8.00 | martes, 2.00 |
| *Duración* | 9 horas | 18 horas |
| *Escalas* | Caracas | Guayaquil |

# Comprensión

## 1 Conversación

Lea esta conversación y escoja la información correcta: (*a*), (*b*) o (*c*).

An English-speaking tourist is making enquiries about excursions at the reception of his hotel in Spain.

**Turista** Buenos días. ¿Puede decirme qué excursiones hay esta semana?

**Recepcionista** Sí, un momento, por favor. Mañana lunes hay una excursión a Granada. El miércoles tiene usted una excursión a Sevilla y el sábado a Córdoba.

**Turista** El sábado no es posible. Tenemos que volver a Inglaterra. ¿A qué hora es la excursión a Sevilla?

**Recepcionista** El autocar sale del hotel a las ocho y media de la mañana.

**Turista** ¿De dónde sale?

**Recepcionista** Sale desde el hotel. Pero hay que estar aquí un cuarto de hora antes, a las ocho y cuarto. Aquí tiene el programa de la excursión y un plano de Sevilla con información turística. El precio total del viaje es de cuatro mil doscientas pesetas.

**Turista** ¿Hace falta pagar ahora?

**Recepcionista** No, no hace falta. Pero si usted quiere me deja un depósito para hacer la reserva.
**Turista** De acuerdo. Aquí tiene usted tres mil pesetas.
**Recepcionista** ¿Cuántas personas son?
**Turista** Somos dos. Mi esposa y yo.
**Recepcionista** ¿Su nombre, por favor, señor?
**Turista** Peter Turner.
**Recepcionista** ¿Y en qué habitación están?
**Turista** Estamos en la doscientos quince.
**Recepcionista** Perfectamente, señor Turner. Aquí tiene usted su recibo por las tres mil pesetas. Muchas gracias.
**Turista** Hasta luego. Gracias.

**Responda:**

1 Los lunes hay excursión a

(*a*) Córdoba.
(*b*) Granada.
(*c*) Sevilla.

2 El Sr. y la Sra. Turner tienen que volver a Inglaterra

(*a*) el lunes.
(*b*) el miércoles.
(*c*) el sábado.

3 El autocar para Sevilla sale

(*a*) a las 8.15.
(*b*) a las 8.30.
(*c*) a las 8.45.

4 La excursión a Sevilla cuesta

(*a*) 2400 pesetas por persona.
(*b*) 3000 pesetas por persona.
(*c*) 4200 pesetas por persona.

5 Los Turner tienen que estar en la recepción

(*a*) a las 8.00.
(*b*) a las 8.15.
(*c*) a las 8.30.

## 2 Lectura

Lea este texto y responda a estas preguntas en inglés:

1 How does Mexico City compare with other Latin American capitals as regards population?
2 Why do so many migrants come to Mexico City?
3 What important source of wealth does Mexico have?
4 Why do Mexicans emigrate and where do they go?
5 Who are the chicanos?

# México

***Situación geográfica y población***

México está entre los Estados Unidos y los países centroamericanos de Guatemala y Belice. Al este está el Golfo de México y el Caribe y al oeste el Océano Pacífico. Su población total es de 56 millones de habitantes. La capital es la Ciudad de México, llamada también Distrito Federal (D.F.). Con unos 17 millones de habitantes, esta ciudad es la mayor capital de toda la América Latina y el número de personas aumenta día a día. Cientos de mexicanos de diferentes partes del país llegan cada año a la capital en busca de trabajo y mejores condiciones de vida.

***Los mexicanos***
La mayoría de los mexicanos son mestizos y descienden de los conquistadores españoles y de los antiguos indígenas, entre ellos los aztecas. En las regiones más remotas de la República hay tribus indígenas de raza pura que no hablan español. Aunque los indios mexicanos conservan sus tradiciones y costumbres, la mayor parte ha adoptado las formas de vida del resto de la población. Como en todos los países latinoamericanos, predomina aquí la religión católica.

***Una nación industrializada***
México es hoy una nación industrializada. Es rico en minerales y hoy ocupa un lugar importante entre los países exportadores de petróleo. Pero como el resto de Latinoamérica, México se enfrenta con serios problemas sociales. La falta de trabajo en muchas regiones obliga a los mexicanos a emigrar, principalmente a los Estados Unidos, frecuentemente de forma ilegal. En los Estados Unidos hay varios millones de mexicanos y descendientes de mexicanos, llamados *chicanos*. Sin embargo, gracias a su riqueza y a su estabilidad política México progresa rápidamente y hoy ocupa un lugar importante en el contexto de las naciones de América Latina.

**Vocabulario**

| | |
|---|---|
| **llamada** *called* | **aunque** *although* |
| **aumentar** *to increase* | **ha adoptado** *has adopted* |
| **en busca de** *in search of* | **rico** *rich* |
| **mejores** *better* | **riqueza** *wealth* |

# 8 Un café, por favor

The aim of this Unit is to teach you how to make requests and offers, how to respond to an offer, how to state preferences and ask people about their preferences.

CORRAL de la
MORERIA
RESTAURANTE TIPICO
ESPAÑOL
con tablao flamenco
MORERIA,17 - TENO - 265 84 46
• MADRID •


## Diálogo

Two friends go to a restaurant for a meal.

**Camarero** Buenas tardes, ¿Cuántas personas son?
**Señor** Somos dos.
**Camarero** ¿Quieren sentarse aquí, por favor?
**Señor** Sí, cómo no.
**Camarero** (*After they have seen the menu*) ¿Qué van a tomar?
**Señora** Para mí paella y de segundo bistec con patatas fritas.
**Camarero** ¿Cómo prefiere el bistec?
**Señora** Lo prefiero muy hecho.
**Camarero** ¿Y para usted señor?
**Señor** Yo quiero tortilla y de segundo chuletas de cerdo con ensalada mixta.
**Camarero** ¿Qué van a beber?
**Señor** Queremos una botella de vino tinto de la casa.

| | |
|---|---|
| **Camarero** | (*After they have finished the main course*) ¿Quieren tomar algo de postre? |
| **Señora** | Sí, a mí tráigame un flan. |
| **Señor** | Para mí nada, gracias. |
| **Camarero** | ¿Desean tomar café? |
| **Señor** | Sí, tráiganos dos cafés. (*Asking for the bill*) Y deme la cuenta también, por favor. |

**Vocabulario**

**la persona** *person*
**Somos dos** *We are two*
**sentarse** *to sit down*
**¿Qué van a tomar?** *What are you going to have?*
**para mí/para usted** *for me/for you*
**la paella** *Valencian dish (rice, chicken, shellfish, etc)*
**de segundo** *as a second course*
**el bistec** *beef steak*
**las patatas fritas** *fried potatoes*
**¿Cómo prefiere . . . ?** (preferir) *How do you prefer . . . ? (to prefer)*
**Lo prefiero muy hecho** *I prefer it well done*
**la tortilla** *omelette*
**las chuletas (de cerdo)** *(pork) chops*
**la ensalada mixta** *mixed salad*
**¿Qué van a beber?** *What are you going to drink?*
**queremos** *we want*
**una botella de vino tinto de la casa** *a bottle of red house wine*
**¿Quieren tomar algo de postre?** *Do you want a dessert?*
**algo** *something*
**el postre** *dessert*
**tráigame** (traer) *bring me (to bring)*
**el flan** *cream caramel*
**nada** *nothing*
**¿Desean tomar café?** *Do you want to have coffee?*
**tráiganos** *bring us*
**deme** (dar) *give me (to give)*
**la cuenta** *bill*
**también** *also*

## Comentario

Most Spanish and Latin American people have four meals during the day: **el desayuno**, which is usually very light, consisting of coffee and perhaps toast and butter with jam; **la comida** or **el almuerzo** (*lunch*) is the main meal and in Spain it is taken between 2 p.m. and 3 p.m. or even later!; **la merienda** (*mid-afternoon snack*) may consist of **bocadillos** (*sandwiches*) or **pasteles** (*pastries*) and a hot or a cold drink; **la cena** (*evening meal*) is between 8.30 p.m. and 10.00 p.m. and it is lighter than lunch.

## Cuestionario

1 ¿Verdadero o Falso?

(*a*) El señor quiere bistec con ensalada.
(*b*) La señora quiere paella.
(*c*) La señora quiere un flan.
(*d*) La señora y el señor quieren café.

2 Responda a estas preguntas:

(*a*) ¿Qué quiere de segundo la señora?
(*b*) ¿Quiere patatas fritas o ensalada?
(*c*) ¿Cómo prefiere el bistec?
(*d*) ¿Qué quieren beber?
(*e*) ¿Quiere postre el señor?

# Frases y expresiones importantes

**How to:**

**1** *Make a request.*
Tráigame un flan.
Tráiganos dos cafés.

**2** *Make an offer.*
¿Quieren sentarse aquí?
¿Quieren tomar algún postre?
¿Desean tomar café?

**3** *Accept or decline an offer.*
Sí, cómo no.
No, gracias.

**4** *Ask people about their preferences and state your preferences.*
¿Cómo prefiere el bistec?
Lo prefiero muy hecho.
¿Cómo prefiere las chuletas?
Las prefiero muy hechas.

# Gramática

## 1 Preferir (*to prefer*)

Radical-changing verb: **e** > **ie.**

¿Cómo **prefiere** el bistec? *How do you prefer the steak?*
Lo **prefiero** muy hecho. *I prefer it well done.*

(For further information on radical-changing verbs see page 127.)

## 2 Preposition + pronoun

| | | | |
|---|---|---|---|
| | **mí** | | *me* |
| **para** | **ti** | *for* | *you* (fam.) |
| **por** | **él, ella** | *for* | *him, her* |
| **de** | **usted** | *of* | *you* (form.) |
| **sin** | **nosotros** | *without* | *us* |
| **a** | **vosotros** | *to* | *you* (fam.) |
| **en** | **ellos, -as** | *in* | *them* |
| | **ustedes** | | *you* (form.) |

(For **con** + pronoun see page 44.)

Es **para** mí. *It's for me.*
Es **por** ellos. *It's because of them.*
Es **de** nosotros. *It's ours.*
Voy **sin** ella. *I'm going without her.*
**A** mí tráigame un flan. *Bring me (to me) a cream caramel.*
Confío **en** él. *I trust him (in him).*

## 3 Direct object pronouns

Look at this sentence:
(Yo) quiero el bistec. *I want the steak.*

Here the subject of the sentence is '**yo**', the verb is '**quiero**' and the object is '**el bistec**'. Now observe these two sentences:

(Yo) quiero el bistec. *I want the steak.*
**Lo** quiero muy hecho. *I want it well done.*

In order to avoid repetition of the noun '**el bistec**', we have used **lo**. **Lo** is a direct object pronoun (here it refers back to the object '**el bistec**').

Object pronouns can be masculine or feminine, singular or plural. Examples:

Luis tiene los billetes. *Luis has the tickets.*
Luis **los** tiene. *Luis has them.*

| | |
|---|---|
| El camarero trae la cuenta. | *The waiter brings the bill.* |
| El camarero **la** trae. | *The waiter brings it.* |
| Prefiero las chuletas con ensalada. | *I prefer the chops with salad.* |
| **Las** prefiero con ensalada. | *I prefer them with salad.* |

Direct object pronouns can also refer to people:

| | |
|---|---|
| ¿Conoces a Carmen? | *Do you know Carmen?* |
| Sí, **la** conozco. | *Yes, I know her.* |
| ¿Conoces a Carlos? | *Do you know Carlos?* |
| Sí, **le** conozco. | *Yes, I know him.* |
| Conozco a Laura y María. | *I know Laura and Maria.* |
| **Las** conozco. | *I know them.* |
| Conozco a Luis y Carlos. | *I know Luis and Carlos.* |
| **Les** conozco. | *I know them.* |

**Le** and **les** are masculine forms and they refer to people. However, in certain regions of Spain (e.g. Galicia) and in Latin America, one hears **lo** and **los** used for people.

The following rule may be easier to remember when using the masculine form of direct object pronouns:

Use **lo** and **los** for things.
Use **le** and **les** for people.

In direct address, **le** and **la** and **les** and **las** also stand for **usted** and **ustedes**, respectively:

| | |
|---|---|
| ¿Me oye usted? | *Can you hear me?* |
| Sí señor, **le** oigo. | *Yes, I can hear you* (masc.). |
| Sí señorita, **la** oigo. | *Yes, I can hear you* (fem.). |
| ¿Me ven ustedes? | *Can you see me?* |
| No **les** veo. | *I can't see you* (masc.). |
| No **las** veo. | *I can't see you* (fem.). |

Other object pronouns are:

| | | |
|---|---|---|
| **me** | Me visitan mucho. | *They visit me a lot.* |
| **te** | Te invito al cine. | *I invite you to the cinema.* |
| **nos** | El nos ve todos los días. | *He sees us every day.* |
| **os** | Os veo mañana. | *I will see you tomorrow.* |

The following table shows subject pronouns with their corresponding direct object pronouns.

| *Subject Pronouns* | | *Direct Object Pronouns* | |
|---|---|---|---|
| **yo** | I | **me** | *me* |
| **tú** | *you* | **te** | *you* |
| **él** | *he, it* | **le, lo** | *him, it* |
| **ella** | *she, it* | **la** | *her, it* |
| **usted** | *you* | **le, la** | *you* |
| **nosotros, -as** | *we* | **nos** | *us* |
| **vosotros, -as** | *you* | **os** | *you* |
| **ellos** | *they* (masc.) | **les, los** | *them* (masc.; people, things) |
| **ellas** | *they* (fem.) | **las** | *them* (fem.; people and things) |
| **ustedes** | *you* | **les, las** | *you* |

## 4 Position of object pronouns with infinitives

The normal position of the object pronoun is before the finite verb. However, in phrases where a finite verb precedes an infinitive, the object pronoun may either precede the finite verb or be attached to the infinitive:

Quiero escribir**lo**. *I want to write it.*
**Lo** quiero escribir. *I want to write it.*

## 5 Ir a + infinitive

The construction **ir** + **a** + infinitive is used to refer to the immediate future.

¿Qué {**vas** / **va** / **van**} **a** toma**r**? *What are you going to have?*

In a context such as that of the dialogue you need not use this construction in the reply. More frequent forms are:

Quiero (un bistec). *I want a steak.*
Para mí (un café). *Coffee for me.*
Tráigame (un té). *Bring me some tea.*

For further study of **ir** + **a** + infinitive see note 4 on page 141.

# Práctica

**PRÁCTICA 8.1** Lea y hable.

*A* ¿Qué va a tomar?
*B* Quiero una sopa de tomate.
*A* ¿Y de segundo qué quiere?
*B* De segundo quiero pescado con ensalada.

MENU DEL DIA

Sopa de tomates
Tortilla
Fideos
–
Pescado frito
Chuleta de ternera
Chuleta de cerdo

Postre y café

Ask and answer in a similar way using these notes:

**la sopa** *soup*
**el tomate** *tomato*
**los fideos** *spaghetti*
**el pescado** *fish*
**la ternera** *veal*

**PRÁCTICA 8.2** Lea, mire y responda.

*A* ¿Cómo prefiere el pescado? ¿Con ensalada o con patatas?
*B* Lo prefiero con patatas.

Study the preferences in this table and answer the questions:

| | | | | |
|---|---|---|---|---|
| filete | con ensalada | √ | con patatas | |
| bistec | con huevos | | con arroz | √ |
| chuletas | con arroz | | con puré de patatas | √ |
| carne | muy hecha | √ | poco hecha | |

**el filete** *fillet* **el puré de patatas** *mashed potatoes*
**el huevo** *egg* **la carne** *meat*
**el arroz** *rice* **poco hecha** *rare*

(*a*) ¿Cómo prefiere el filete?
(*b*) ¿Cómo prefiere el bistec?
(*c*) ¿Cómo prefiere las chuletas?
(*d*) ¿Cómo prefiere la carne?

**PRÁCTICA 8.3** Lea y hable.

*A* ¿Qué va a beber?
*B* Quiero un café, por favor.
*A* ¿Lo quiere con leche o sin leche?
*B* Lo quiero sin leche.
*A* ¿Lo quiere con azúcar o sin azúcar?
*B* Lo quiero con azúcar.

**la leche** *milk*
**el azúcar** *sugar*
**sin** *without*

Ask and answer in a similar way with this information:

| | | | | |
|---|---|---|---|---|
| (*a*) Una taza de té | con limón | √ | sin limón | |
| (*b*) Un whisky | con hielo | | sin hielo | √ |

**una taza de té** *a cup of tea*
**el limón** *lemon*
**el hielo** *ice*

**PRÁCTICA 8.4** Match the question and the answer:

1 ¿Cuántas personas son?
2 ¿Dónde prefieren sentarse?
3 ¿Con qué quiere las chuletas?
4 ¿Cómo las quiere?
5 ¿Qué va a beber?
6 ¿Qué va a tomar de postre?
7 ¿Con leche o sin leche?
8 ¿Quiere la cuenta?

(*a*) Un café solo.
(*b*) Muy hechas.
(*c*) Tráigame un flan.
(*d*) Son mil pesetas.
(*e*) Somos tres.
(*f*) Vino blanco de la casa.
(*g*) Con ensalada.
(*h*) Aquí.

**PRÁCTICA 8.5** Lea y hable.

*A* ¿Prefiere usted la comida italiana o la comida china?
*B* Prefiero la comida china.

Consider the preferences in this table and make up conversations like the one above:

| | PREFERENCIAS | |
|---|---|---|
| (*a*) | La comida francesa | ✓ |
| | La comida española | |
| (*b*) | El cine | ✓ |
| | El teatro | |
| (*c*) | La playa | |
| | El campo | ✓ |
| (*d*) | La música moderna | |
| | La música clásica | ✓ |
| (*e*) | El tenis | ✓ |
| | El fútbol | |

**la comida** *food*
**el cine** *cinema*
**el teatro** *theatre*
**la playa** *beach*
**el campo** *countryside*

**PRÁCTICA 8.6** Lea y responda.

*En el hotel*

**Sr Carrera** Queremos una habitación doble.
**Recepcionista** ¿La prefieren con baño o sin baño?
**Sr Carrera** Preferimos una habitación con baño.
**Recepcionista** ¿Con terraza o sin terraza?
**Sra Carrera** Yo la prefiero con terraza.
**Recepcionista** ¿Quieren la pensión completa, media pensión o sólo la habitación con desayuno?
**Sr Carrera** Queremos la habitación con desayuno. Preferimos comer en un restaurante.

**la habitación doble** *double room*
**el baño** *bathroom*
**la terraza** *balcony*
**la pensión completa** *full board*
**la media pensión** *half board*

What sort of accommodation and facilities are the Carreras seeking?

(*a*) ¿Qué quieren los señores Carrera?
(*b*) ¿Prefieren una habitación con baño o sin baño?
(*c*) ¿Prefieren una habitación sin terraza?
(*d*) ¿Quieren la pensión completa?
(*e*) ¿Dónde prefieren comer?

# Comprensión

## 1 Conversación

Lea esta conversación y escoja la información correcta: (*a*), (*b*) o (*c*).

Two friends meet for a drink and go out for a meal.

**El** Hola Marta.
**Ella** Hola Roberto. Pasa. (*Roberto comes in*) Siéntate.
**El** Gracias.
**Ella** ¿Cómo estás?
**El** Muy bien, ¿y tú?
**Ella** Bien gracias. ¿Quieres beber algo?
**El** Bueno. ¿Qué tienes para beber?
**Ella** Eh . . . tengo cerveza, vermut, whisky . . .
**El** Prefiero un vermut.
**Ella** ¿Lo quieres con limón y hielo?
**El** Con un poco de hielo y con limón.
**Ella** De acuerdo. Espera un momento. (*She returns with a couple of drinks*) Aquí tienes.
**El** Gracias. Salud.
**Ella** Salud.
**El** ¿Qué te parece si vamos a cenar a un restaurante esta noche?
**Ella** Estupendo.
**El** ¿Qué quieres comer? ¿Comida china, italiana, española?
**Ella** Prefiero ir a un restaurante chino.
**El** Pues, yo conozco uno nuevo que está cerca de la Plaza Juárez. Es bastante bueno.
**Ella** ¿Crees que es necesario reservar una mesa?
**El** Sí, creo que es preferible reservar. Es bastante conocido. Va mucha gente allí, sobre todo los fines de semana. ¿Qué te parece si reservamos una mesa para las nueve y media?
**Ella** Sí, a las nueve y media está bien.
**El** Espera, que voy a llamar por teléfono.

**Responda:**

1 Roberto quiere beber un vermut

(*a*) con limón y con hielo.
(*b*) con limón y sin hielo.
(*c*) sin limón y sin hielo.

2 Marta prefiere comer

(*a*) comida italiana.
(*b*) comida española.
(*c*) comida china.

3 Roberto hace una reserva.

(*a*) para las ocho y media.
(*b*) para las nueve y media.
(*c*) para las diez y media.

## 2 Lectura

Lea este texto y responda a estas preguntas en inglés:
1 Why is it difficult to determine the eating habits of Spaniards?
2 In what regions is chicken more popular?
3 What do Andalusians prefer to eat?
4 What do Spaniards eat less of nowadays?
5 Why do people consume more chicken?
6 What percentage of his salary does the average Spanish person spend on food and drink?

## A la hora de comer

No es fácil determinar las preferencias del español en cuanto a alimentación, ya que cada región presenta características propias que las diferencian de otras regiones. El consumo de carne de vacuno y de pescado es mayor en el norte, mientras que en Cataluña y Levante existe preferencia por la carne de pollo. Los catalanes y valencianos consumen también mayor cantidad de frutas y verduras que en otras partes de España. La carne y los huevos son parte importante de la dieta en las regiones de Castilla y Aragón, mientras que los andaluces prefieren el pescado y las frutas.

***Los productos más populares***

¿Cuáles son los productos más populares entre los españoles en general? Isabel Santis, dietista de una importante industria madrileña responde a esta pregunta: 'En general yo creo que los españoles comemos menor cantidad de patatas, de pan, de frutas y bebemos menos café y bebidas alcohólicas que antes. Hoy en día es mayor el consumo de carne, pescado, leche, mantequilla, queso y bebidas no alcohólicas. Con respecto a la carne, la preferencia es por la carne de pollo y de cerdo, particularmente por la carne de pollo por su precio más barato.'

El porcentaje de su salario que el español gasta en comer es mucho mayor que en otros países de Europa. El español medio gasta el 40 por ciento de su salario en alimentación y bebidas. En el campo la proporción es aun mayor.

**la alimentación** *food*
**el consumo** *consumption*
**la carne de vacuno** *beef*
**el pollo** *chicken*
**el pan** *bread*
**la mantequilla** *butter*
**el queso** *cheese*
**el porcentaje** *percentage*
**gastar** *to spend*

UNA RECETA

Gazpacho andaluz

El gazpacho andaluz es una sopa vegetal, de origen árabe, que se toma fría, principalmente durante el verano.

Ingredientes:

4 rodajas de pan
4 cucharadas de vinagre
2 cucharadas de agua
1 diente de ajo
3 tomates grandes
1 pimiento verde
½ pepino
⅓ taza de aceite de oliva

Preparación:

- Se mezcla el vinagre y el agua.
- Se echa sobre el pan.
- Se pone el ajo, los tomates, el pimiento y el pepino cortados en una batidora.
- Se agrega el aceite y el pan.
- Se mezcla todo en la batidora hasta hacer un puré.
- Se echa todo en una cacerola.
- Se agrega agua y se pone en la nevera.

**la receta** *recipe*
**la sopa** *soup*
**frío** *cold*
**la rodaja de pan** *slice of bread*
**la cucharada** *spoonful*
**el vinagre** *vinegar*
**el diente de ajo** *clove of garlic*
**el pimiento verde** *green pepper*
**el pepino** *cucumber*
**la taza** *cup*
**el aceite de oliva** *olive oil*
**se mezcla** *one mixes, you mix* (impersonal)
**mezclar** *to mix*
**se echa** *one pours, you pour*
**echar** *to pour*
**la mezcla** *mixture*
**sobre** *over*
**se pone** *one puts, you put*
**poner** *to put*
**cortado** *cut* (past participle)
**cortar** *to cut*
**la batidora** *blender*
**se agrega** *one adds, you add*
**agregar** *to add*
**todo** *everything*
**hasta** *until*
**la cacerola** *casserole dish*
**la nevera** *refrigerator*

# 9 Me gusta

The aim of this Unit is to teach you to talk about likes and dislikes, to ask people whether they like or dislike something and to make simple comparisons. You will also learn other ways of inquiring and giving information about cost.

## Diálogo

A man goes into a shop to buy some clothes.

**Dependienta** ¿Qué desea?
**Cliente** Quisiera comprar una camisa.
**Dependienta** Tenemos de algodón, de poliéster, de seda . . .
**Cliente** La prefiero de algodón.
**Dependienta** ¿De qué talla?
**Cliente** Talla treinta y ocho.
**Dependienta** De algodón, en la talla treinta y ocho, tenemos éstas en marrón, en gris . . . ¿Le gustan?
**Cliente** Sí, me gustan esas camisas, pero prefiero un color más claro. ¿Tiene algo en amarillo o en blanco?
**Dependienta** (*Getting some other shirts*) Sí, aquí hay una en amarillo. Esta otra en blanco también es muy elegante. ¿Le gusta ésta?
**Cliente** Me gusta la amarilla. ¿Cuánto cuesta?
**Dependienta** Esta cuesta cuatro mil quinientas pesetas. ¿Desea algo más?
**Cliente** Sí, ¿tiene calcetines?
**Dependienta** Tenemos éstos que valen setecientas pesetas.
**Cliente** Son un poco caros. ¿No tiene otros más baratos?
**Dependienta** No, éstos son los más baratos que tenemos.
**Cliente** Bueno, deme dos pares.
**Dependienta** ¿Algo más?
**Cliente** No, nada más, ¿Cuánto es todo?
**Dependienta** Son cinco mil novecientas pesetas. Ahora le doy la factura.

## Vocabulario

**Me gusta** *I like it*
**Quisiera** *I would like*
**Comprar** *to buy*
**la camisa** *shirt*
**de algodón/de seda** *in cotton/in silk*
**¿De qué talla?** *What size?*
**en marrón/gris/amarillo/blanco** *in brown/grey/yellow/white*
**¿Le gustan?** *Do you like them?*
**Me gustan** I like them
**esas** *Those* (fem.)
**pero** *but*
**el color** *colour*
**(más) claro** *light(er)*
**(esta) otra** *(this) other one* (fem.)
**¿Le gusta ésta?** *Do you like this one?* (fem.)
**Me gusta la amarilla** *I like the yellow one*
**¿Algo más?** *Anything (something)else?*
**los calcetines** *socks*
**éstos** *these ones* (masc.)
**valen** (valer) *they cost (to cost)*
**un poco** *a little*
**caro** *expensive*
**otros** *others* (masc.)
**(más) baratos** *cheap(er)*
**Estos son los más baratos que tenemos** *These are the cheapest (that) we have*
**el par** *pair*
**nada más** *nothing else*
**ahora** *now*
**le** *to you* (sing., formal)
**doy** (dar) *I give (to give)*
**la factura** *bill*

## Comentario

In Spain as well as in most Latin American countries shops normally open at 9 a.m. and close at 1 p.m. Between 1 p.m. and 4 p.m. people go home for lunch. Some department stores are now open all day. The **siesta** custom is not so common as it used to be, particularly in large towns where a lot of time is spent travelling between home and work or school. Opening times in the afternoon are usually from 4 p.m. to 8 p.m.

## Cuestionario

1 ¿Verdadero o Falso?

(*a*) El cliente prefiere una camisa de seda.
(*b*) Quiere una camisa de la talla treinta y ocho.
(*c*) Quiere una camisa de color claro.
(*d*) Los calcetines cuestan seiscientas pesetas el par.

2 Responda a estas preguntas:

(*a*) ¿Cuánto cuesta la camisa amarilla?
(*b*) ¿Son baratos los calcetines?
(*c* ¿Hay calcetines más baratos?
(*d*) ¿Cuántos pares de calcetines quiere?
(*e*) ¿Cuánto es todo?

# Frases y expresiones importantes

**How to:**

**1** *Ask people whether they like something.*
¿Le gusta esta camisa?
¿Le gustan estas camisas?

**2** *Say whether you like or dislike something.*
(No) me gusta esta camisa.
(No) me gustan estos calcetines.

**3** *Make simple comparisons.*
(Prefiero un color) más claro.
¿(No tiene otros) más baratos?
(Estos son) los más baratos (que tenemos).

**4** *Ask and say how much something costs.*
¿Cuánto cuesta (vale) esta camisa?
Cuesta (vale) cuatro mil quinientas pesetas.
¿Cuánto cuestan (valen) estos calcetines?
Cuestan (valen) setecientas pesetas.

## Los colores (*colours*)

**amarillo** *yellow*
**azul** *blue*
**blanco** *white*
**gris** *grey*
**marrón** *brown*
**naranja** *orange*
**negro** *black*
**rojo** *red*
**rosa** *pink*
**verde** *green*

## La ropa (*clothes*)

**la camisa** *shirt*
**la blusa** *blouse*
**los pantalones** *trousers*
**la corbata** *tie*

**la chaqueta** *jacket*
**la americana** *coat*
**el traje** *suit*
**la falda** *skirt*
**el vestido** *dress*
**el jersey** *jersey*
**el suéter** *sweater*
**los calcetines** *socks*
**los guantes** *gloves*
**los zapatos** *shoes*

# Gramática

## 1 Costar (*to cost*)

**Costar** is normally used in the third person singular or plural depending on whether we are referring to the cost of one or more than one thing. It is an irregular verb which in the Present tense changes its stem from **o** into **ue**.

¿Cuánto **cuesta** esta camisa? *How much is this shirt?*
¿Cuánto **cuestan** estos calcetines? *How much are these socks?*

## 2 Comparisons (I)

**Más** + an adjective is equivalent to *-er* in English, as in *lighter*, *cheaper*, etc. When **más** is preceded by a definite article, **el, la, los** or **las**, this is equivalent to *-est* in English, as in *the lightest*, *the cheapest*, etc.

Prefiero un color **más** claro. *I prefer a lighter colour.*
Estos son **los más** baratos. *These are the cheapest.*

## 3 Otro (*other, another*)

**Otro** may be used as an adjective before a noun or as a pronoun, by itself. In both cases it changes in number and gender according to the noun to which it refers.

| | | |
|---|---|---|
| fem. sing. | **otra** camisa | *another shirt* |
| | **otra** | *another one* |
| masc. sing. | **otro** color | *another colour* |
| | **otro** | *another one* |
| fem. pl. | **otras** camisas | *other shirts* |
| | **otras** | *other ones; others* |
| masc. pl. | **otros** colores | *other colours* |
| | **otros** | *other ones; others* |

## 4 Algo (*something*), nada (*nothing*)

¿Desea **algo** más? *Do you want something else?*
No, **nada** más. *No, nothing else.*

## 5 Indirect object pronouns

Look at this sentence:

Ahora (yo) **le** doy la factura. *I'll give you the bill now.*

Here, the subject of the sentence is '**yo**', the verb is '**doy**', the direct object is '**la factura**' (the thing given), and the indirect object is '**le**' (**a usted** = *to you*, that is, the person to whom '**la factura**' is given).

Indirect object pronouns can be singular or plural:

**Le** doy la factura (a usted). *I give you* (sing.) *the bill.*
**Les** doy la factura (a ustedes). *I give you* (pl.) *the bill.*

With indirect object pronouns there is no distinction between masculine and feminine. **Le** stands for '**a él**' (*to him*), '**a ella**' (*to her*) and '**a usted**' (*to you*). **Les** stands for '**a ellos**' (*to them*, masc.), '**a ellas**' (*to them*, fem.) and '**a ustedes**' (*to you*).

To avoid ambiguity, '**a él**', '**a ella**', '**a usted**' or an actual noun can be added after the verb, but still keeping the indirect object pronoun **le**.

El cliente **le** da el dinero **a él**. *The customer gives him the money* or *The customer gives the money to him.*

El dependiente **le** da la factura **al cliente**. *The sales assistant gives the bill to the customer.*

Likewise, '**a ellos**', '**a ellas**', '**a ustedes**' or an actual noun can be used after the verb in a construction with **les**:

El **les** escribe una carta **a ellos**. *He writes a letter to them.*
El **les** escribe **a sus amigas**. *He writes to his friends.*
Yo **les** escribo **a ustedes**. *I write to you.*

The use of two indirect objects referring to the same person is a common feature of colloquial Spanish.

Sometimes the indirect object may be a thing, in which case **le** or **les** must be used:

(Yo) pongo sal a la comida. *I put salt in the food.*
(Yo) **le** pongo sal. *I put salt in it.*

Other indirect object pronouns are similar to direct object pronouns.

**Me** da la factura. *He gives me the bill.*
**Te** da el dinero. *He gives you the money.*
**Nos** escribe a menudo *He writes to us often.*
**Os** escribe a menudo. *He writes to you often.*

The following table will help you to compare indirect and direct object pronouns:

| *Direct Object Pronouns* | | *Indirect Object Pronouns* | |
|---|---|---|---|
| **me** | *me* | **me** | *to me* |
| **te** | *you* (fam.) | **te** | *to you* (fam.) |
| **le**, **la** | *you* (masc., fem.) | **le** | *to you* (masc. or fem.) |
| **le** | *him* | **le** | *to him, to it* |
| **lo** | *it* | **le** | *to her, to it* |
| **la** | *her, it* | | |
| **nos** | *us* | **nos** | *to us* |
| **os** | *you* (fam.) | **os** | *to you* (fam.) |
| **les**, **las** | *you* (masc., fem.) | **les** | *to you* (masc. or fem.) |
| **les** | *them* (people) | | |
| **los** | *them* (things) | **les** | *to them* (masc., or fem., people or things) |
| **las** | *them* (people or things, fem.) | | |

The position of indirect object pronouns is the same as that of direct object pronouns, that is, normally before the verb. But when there are two object pronouns in a sentence, one indirect and one direct, the indirect object must come first:

El dependiente **me** da **la factura**. *The sales assistant gives me the bill.*
El dependiente **me la** da. *The sales assistant gives it to me.*

When the indirect object **le** or **les** precedes **lo**, **la**, **los** or **las**, the indirect object becomes **se**:

Yo **le** doy **el dinero** al dependiente. *I give the money to the sales assistant.*
Yo **se lo** doy. *I give it to him.*
Yo **les** envío **una carta** a mis padres. *I send a letter to my parents.*
Yo **se la** envío. *I send it to them.*

## 6 Gustar

**Gustar** is normally used in the third person singular or plural, depending on the number of the noun which follows. The verb must be preceded by an indirect object pronoun: **me, te, le, nos, os** or **les.**

| | |
|---|---|
| **me gusta(n)** | *I like it (them)* (literally, *it pleases me*). |
| **te gusta(n)** | *You like it (them).* |
| **le gusta(n)** | *He, she likes it (them).* |
| **le gusta(n)** | *You like it (them).* |
| **nos gusta(n)** | *We like it (them).* |
| **os gusta(n)** | *You like it (them).* |
| **les gusta(n)** | *They like it (them).* |
| **les gusta(n)** | *You like it (them).* |

| | |
|---|---|
| ¿**Le gusta** este color? | *Do you like this colour?* |
| Sí, **me gusta.** | *Yes, I like it.* |
| ¿**Le gustan** estos calcetines? | *Do you like these socks?* |
| No **me gustan.** | *I don't like them.* |

# Práctica

PRÁCTICA **9.1** Lea, pregunte y responda.

*A* ¿Tiene blusas?
*B* Sí, tenemos de algodón y poliéster.
*A* Prefiero de algodón.
*B* ¿Qué color prefiere?
*A* En azul.

Make up similar dialogues using the following information:

| | | | | |
|---|---|---|---|---|
| (*a*) | Faldas | algodón √ | /poliéster | rojo |
| (*b*) | Jerseys | lana √ | /acrílico | verde |
| (*c*) | Guantes | plástico | /cuero √ | negro |

PRÁCTICA **9.2** Lea, mire y responda.

PARA TODOS
PANTALONES PANA
para mujer, hombre, chicas
y chicos.
Desde ________ **4.995,-**

**la lana** *wool* **el cuero** *leather* **la pana** *corduroy*

*A* ¿Cuánto cuestan los pantalones de pana?
*B* Estos pantalones de pana cuestan cuatro mil novecientas noventa y cinco pesetas.

How much are these clothes? Look at the advertisements and answer:

NIÑOS
ABRIGOS y ANORAKS, rebajados hasta el 50%
PANTALONES PANA
Desde 1.795,-

TIENDA JUVENIL
TRAJES para chico, desde 2.995,-
AMERICANAS sport, desde 1.995,-

(*El País*)

(*a*) ¿Cuánto cuestan los trajes para chico?
(*b*) ¿Cuánto cuestan las americanas?
(*c*) ¿Cuánto cuestan los pantalones de pana para niños?

**PRÁCTICA 9.3** Read this dialogue and then complete the sentences below in a similar way.

*A* Estas camisas son muy caras. ¿Tiene otras más baratas?
*B* No, ésas son las más baratas que tenemos.

Complete these sentences following the model above:

(*a*) Estos pantalones son muy grandes.
¿ . . . pequeños? No . . .
(*b*) Estos zapatos son muy duros.
¿ . . . suaves? No . . .
(*c*) Estas chaquetas son muy caras.
¿ . . . más baratas? No . . .
(*d*) Estas corbatas son muy oscuras.
¿ . . . más claras? No . . .

**pequeño** *small* **suave** *soft* **oscura** *dark*

**PRÁCTICA 9.4** Lea, mire y responda.

*A* ¿Le gusta el vino?
*B* Sí, me gusta el vino.
*A* ¿Le gusta la cerveza?
*B* No, no me gusta la cerveza.
*A* ¿Le gusta la comida española?
*B* Sí, me gusta mucho la comida española.

| | |
|---|---|
| me gusta(n) | √ |
| me gusta(n) mucho | √√ |
| no me gusta(n) | X |

Ignacio Ortíz, a Mexican, filled in the table below. Answer for him, using the model above:

| | | | |
|---|---|---|---|
| el campo | X | (*a*) | ¿Le gusta a usted el campo? |
| la playa | √ √ | (*b*) | ¿Le gusta a usted la playa? |
| la montaña | √ | (*c*) | ¿Le gusta a usted la montaña? |

| | | | |
|---|---|---|---|
| el fútbol | √ | (*d*) | ¿Le gusta a usted el fútbol? |
| el tenis | X | (*e*) | ¿Le gusta a usted el tenis? |
| la natación | √ √ | (*f*) | ¿Le gusta a usted la natación? |

**la montaña** *mountain* **la natación** *swimming*

PRÁCTICA **9.5** Lea y pregunte.

*A* ¿Le gusta México?
*B* Sí, me gusta México.
*A* ¿Y le gustan los mexicanos?
*B* Sí, los mexicanos me gustan mucho.

A tourist visiting Spain gave these replies to a series of questions put to him/her by another guest at his/her hotel. What were the questions?

(*a*) Sí, me gusta España.
(*b*) Sí, me gustan mucho los españoles.
(*c*) No, la cerveza española no me gusta.
(*d*) Sí, me gusta el vino español.
(*e*) Sí, la paella me gusta mucho.
(*f*) Sí, las playas de Andalucía me gustan mucho.

PRÁCTICA **9.6** Rearrange the words in this dialogue in order to make sense of what B says.

*A* ¿Qué desea?
*B* de/pantalones/un par/quisiera.
*A* ¿Son para usted?
*B* para/son/mi/hijo/no.
*A* ¿Quiere de lana o poliéster?
*B* lana/prefiero/de
*A* ¿De qué talla?
*B* la/treinta y ocho/talla.
*A* ¿Le gustan éstos?
*B* gustan/éstos/me/no. muy/son/oscuros.

*A* Tenemos éstos en gris.
*B* éstos/prefiero/grises. ¿pantalones/cuestan/éstos/cuánto?
*A* Estos cuestan seis mil pesetas.
*B* par/sí/quiero/un.
*A* ¿Quiere algo más?
*B* más/gracias/no/nada.

# Comprensión

## 1 Conversación

Lea esta conversación y escoja la información correcta: (*a*), (*b*) o (*c*).

A woman goes into a shop to buy a jersey.

**Dependienta** ¿Qué desea?
**Clienta** Quisiera un jersey, por favor.
**Dependienta** ¿Es para usted?
**Clienta** Sí, es para mí.
**Dependienta** ¿Lo quiere de lana o acrílico?
**Clienta** Lo prefiero de lana. Me gusta más.
**Dependienta** ¿Cuál es su talla?
**Clienta** Talla cuarenta.
**Dependienta** ¿Qué color prefiere? Tenemos en azul, en negro, en marrón, en rojo y en verde.
**Clienta** Lo prefiero en negro. Es un color más elegante.
**Dependienta** ¿Le gustan éstos? Son muy bonitos y muy elegantes.
**Clienta** Sí, éstos me gustan mucho. (*She wants to try one on*) ¿Puedo probarme éste?
**Dependienta** Sí, cómo no. Pase por aquí.
**Clienta** (*Having tried on the sweater*) Sí, éste está bien. ¿Cuánto vale?
**Dependienta** Cuatro mil ochocientas pesetas.
**Clienta** Sí, voy a llevar éste.
**Dependienta** ¿Desea algo más?
**Clienta** ¿Tiene blusas de seda?
**Dependienta** No, de seda no nos quedan. Sólo tenemos éstas de algodón.
**Clienta** No, prefiero de seda. Eso es todo entonces.
**Dependienta** Aquí tiene su factura. Son cuatro mil ochocientas pesetas. ¿Quiere pasar por caja, por favor?
**Clienta** Muchas gracias, adiós.
**Dependienta** Adiós. Buenas tardes.

**Responda:**

1 La clienta quiere un jersey

(*a*) de lana.
(*b*) de algodón.
(*c*) de acrílico

2 Prefiere un jersey

(*a*) en gris.
(*b*) en marrón.
(*c*) en negro.

3 Quiere un jersey de la talla

(*a*) 46.
(*b*) 36.
(*c*) 40.

4 El jersey vale

(*a*) 1900 pesetas.
(*b*) 4800 pesetas.
(*c*) 3600 pesetas.

## 2 Lectura

Lea este texto y responda a estas preguntas en inglés:

1 How does Argentina compare in size with Brazil?
2 Where do most people in Buenos Aires come from originally?
3 What does Mario Massini like about Buenos Aires?
4 What does he like most about the city?
5 What does María Inés say about Buenos Aires?
6 Does she like the climate? Why?

## La Argentina

La Argentina está en la costa atlántica de la América del Sur. Es el país más grande de Latinoamérica después del Brasil. La capital de la República Argentina es Buenos Aires, una ciudad de gran actividad comercial e industrial que hoy en día tiene más de diez millones de habitantes, la gran mayoría de origen europeo.

***Una ciudad moderna***
Mario Massini, argentino de origen italiano, de 38 años de edad, casado, con tres hijos, vive en Buenos Aires donde trabaja de arquitecto en una importante empresa de construcciones. Mario comenta: 'Estoy muy contento de vivir en Buenos Aires. Me gusta mucho la ciudad, me gusta su arquitectura, sus grandes avenidas y sus parques. Buenos Aires es una ciudad moderna y bien planificada, que al mismo tiempo tiene las características de una ciudad europea, con una vida cultural rica y variada. Lo que más me gusta de Buenos Aires es su cosmopolitismo, su gente.'

***Me gusta Buenos Aires***
María Inés Barrios, de 22 años, soltera, estudiante de medicina en la Universidad de Buenos Aires dice: 'Me gusta Buenos Aires. Es una ciudad moderna pero sin el ritmo de vida acelerado de ciudades como Nueva York o Los Angeles. También me gusta su clima, sin frío o calor excesivos.'

***Un país agrícola***
La riqueza de la Argentina está en la agricultura. La exportación de productos agrícolas y de carne constituye una de las fuentes de riqueza más importantes para el país.

**Vocabulario**

**el arquitecto** *architect*
**bien planificada** *well planned*
**la gente** *people*
**el ritmo de vida** *rhythm of life*
**acelerado** *fast*
**la fuente de riqueza** *source of wealth*

# 10 ¿Se puede aparcar?

The aim of this Unit is to teach you how to ask whether something is permitted or not permitted, how to ask and say whether something is considered possible or impossible, how to ask for suggestions and suggest something. You will also learn other ways of making requests in a formal way.

# Diálogo

Isabel has just arrived in a town and is looking for a hotel. She stops a passer-by.

**Isabel** Perdone. ¿Puede decirme si hay algún hotel por aquí?
**Señor** Sí, hay uno al final de esta calle, a mano izquierda. El Hotel Plaza.
**Isabel** Gracias.
**Señor** De nada.
**Isabel** (*En la recepción del hotel*) Buenos días. ¿Tiene una habitación?
**Recep.** No, de momento no tenemos ninguna. El hotel está completo. El lunes podemos tener una.

**Isabel** ¿Puede recomendarme algún otro hotel?
**Recep.** ¿Cerca de aquí?
**Isabel** Sí, en este barrio si es posible.
**Recep.** Pues, le recomiendo el Hotel Monte Real que está en la Calle Los Geranios, la segunda calle a la derecha. Es un hotel bastante grande. Allí puede encontrar habitaciones.
**Isabel** ¿Sabe usted si se puede aparcar en esa calle?
**Recep.** No, en esa calle no se puede aparcar, pero al lado del hotel hay un aparcamiento. Puede dejar su coche allí.
**Isabel** Bien, muchas gracias.
**Recep.** No hay de qué.

### Vocabulario

**¿Puede decirme si hay algún hotel?** *Can you tell me if there is a hotel?*
**Puede** (poder) *You can (can, be able to)*
**a mano izquierda** *on the left hand side*
**¿Tiene una habitación?** *Have you got a room?*
**de momento** *at the moment*
**no tenemos ninguna** *we haven't got any* (fem.)
**está completo** *it's full*
**El lunes podemos tener una** *On Monday we might have one*
**¿Puede recomendarme . . . ?** *Can you recommend (to me)?*
**El barrio** *area*
**si es posible** *if (it is) possible*
**le recomiendo** (recomendar) *I recommend (to you) (to recommend)*
**encontrar** *to find*
**¿Sabe usted si se puede aparcar?** *Do you know if one can park?*
**el aparcamiento** *car park*
**no hay de qué** *not at all, you're welcome*

## Comentario

**Coche.** Although the word **coche** (*car*) is a standard word which will be understood anywhere in Latin America, many countries use the word **carro** instead (e.g. México, Venezuela, Perú, etc.). You may also hear the word **auto**, short for **automóvil** (e.g. Chile).

**Aparcar, el aparcamiento. Aparcar** (*to park*) and **aparcamiento** (*parking place*) are used in Spain and some Latin American countries. In other countries one may hear the alternative forms **estacionar** and **el estacionamiento.**

### Cuestionario

1 ¿Verdadero o Falso?

(*a*) El Hotel Plaza está a mano izquierda.
(*b*) Está al final de la calle.
(*c*) En el Hotel Plaza no hay habitaciones libres.
(*d*) El Hotel Monte Real está lejos del Hotel Plaza.

2 Responda a estas preguntas:

(*a*) ¿En qué calle está el Hotel Monte Real?
(*b*) ¿Está en la primera calle a la derecha?
(*c*) ¿Cómo es el Hotel?
(*d*) ¿Se puede aparcar en la Calle Los Geranios?
(*e*) ¿Dónde hay un aparcamiento?

# Frases y expresiones importantes

**How to:**

**1** *Ask and say whether something is permitted or not.*
¿Se puede aparcar en esa calle?
No, en esa calle no se puede aparcar.

**2** *Ask and say whether something is considered possible or not.*
¿Puede tener una habitación el lunes?
El lunes podemos tener una.

**3** *Ask for suggestions and suggest something.*
¿Puede recomendarme algún otro hotel?
Le recomiendo el Hotel Monte Real.

**4** *Request information in a formal way.*
¿Puede decirme si hay algún hotel por aquí?
¿Sabe usted si se puede aparcar en esa calle?

# Gramática

## 1 Poder (*can or be able to*) (o > ue)

**Poder** is an irregular verb, which in the Present tense changes the **o** of the stem into **ue**, except for the first and second person plural: **puedo**,

**puedes, puede, podemos, podéis, pueden. Poder** may be used by itself or followed by an infinitive.

| | |
|---|---|
| Sí, **puedo.** | *Yes, I can.* |
| No, no **puedo.** | *No, I can't.* |

| | |
|---|---|
| **Puede** dejar su coche allí. | *You can leave your car there.* |
| **Podemos** tener una el lunes. | *We can have one on Monday.* |

## 2 Impersonal use of 'se'

One way of forming impersonal sentences in Spanish is by using the word **se** followed by a verb in the third person singular.

| | | |
|---|---|---|
| ¿**Se** puede | aparcar? | *Can one park?* |
| No **se** puede | aparcar. | *One can't park.* |
| Sí **se** puede | aparcar. | *One can park.* |

## 3 Alguno, ninguno (*some, any*)

**Alguno** changes according to gender and number. Before a masculine, singular noun it changes to **algún**:

| | |
|---|---|
| ¿Hay **algún** hotel? | *Is there any hotel?* |
| ¿Hay **alguno?** | *Is there any?* |
| Hay **algunos.** | *There are some.* |

| | |
|---|---|
| ¿Tiene **alguna** habitación? | *Have you got any room?* |
| ¿Tiene **alguna?** | *Have you got any?* |
| Tengo **algunas.** | *I have some.* |

**Ninguno** is used in negative sentences. It does not have a plural form. Before a masculine noun it changes into **ningún**:

| | | |
|---|---|---|
| No hay | **ningún** hotel. | *There isn't any hotel.* |
| | **ninguno**. | *There isn't any.* |
| | **ninguna** habitación. | *There isn't any room.* |
| | **ninguna**. | *There isn't any.* |

# Práctica

**PRÁCTICA 10.1** Lea, mire y responda.

*A* ¿Puede recomendarme algún hostal?
*B* Sí, le recomiendo el Hostal Hernández que está en la Calle Corredera Baja.

Reply to the requests below recommending each place in these advertisements:

(*a*) ¿Puede recomendarme algún restaurante?
(*b*) ¿Puede recomendarme algún hotel?
(*c*) ¿Puede recomendarme algún café?

**PRÁCTICA 10.2** Lea, mire y responda.

*A* ¿Se puede entrar por esta calle?
*B* No, no se puede entrar por esta calle.
*A* ¿Se puede aparcar aquí?
*B* No, no se puede aparcar.

Look at these road signs and answer the questions:

(*a*) ¿Se puede girar a la izquierda?
(*b*) ¿Se puede adelantar?
(*c*) ¿Se puede llamar por teléfono?
(*d*) ¿Se puede nadar aquí?
(*e*) ¿Se puede beber agua?

**entrar** *to go in* **girar** *to turn*
**adelantar** *to overtake* **nadar** *to swim*

**PRÁCTICA 10.3** Lea, mire y pregunte.

*A* ¿Puede decirme dónde está el ascensor?
*B* El ascensor está a la derecha.
*A* Gracias.
*B* De nada.

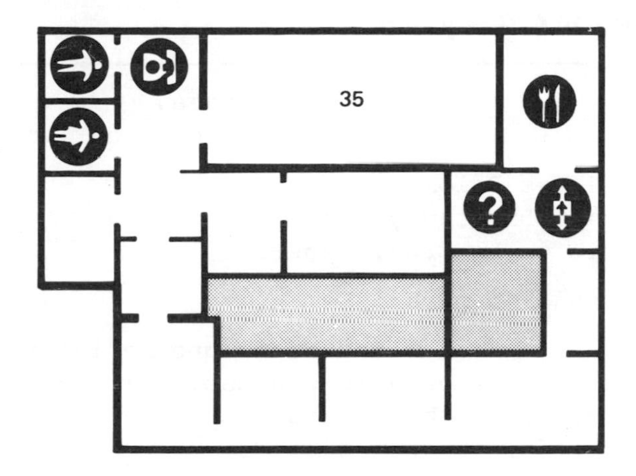


Ask the corresponding question. These are the answers:

(*a*) Los servicios están a la izquierda.
(*b*) El teléfono está a la izquierda.
(*c*) El restaurante está a la derecha.
(*d*) La sala treinta y cinco está al fondo.
(*e*) La oficina de información está al lado del ascensor.

**PRÁCTICA 10.4** Lea y responda.

*A* ¿Dónde puedo aparcar mi coche?
*B* Puede aparcarlo al lado del hotel.
*A* Gracias.

Answer using the information provided:

(*a*) ¿Dónde puedo dejar mi coche? (en el aparcamiento)
(*b*) ¿Dónde puedo dejar mi bicicleta? (aquí)
(*c*) ¿Dónde puedo coger el autobús (en la esquina)

(*d*) ¿Dónde puedo comprar gasolina? (en la estación de servicio)
(*e*) ¿Dónde puedo cambiar estas libras esterlinas? (en el banco)

**la bicicleta** *bicycle*
**la esquina** *corner*
**comprar** *to buy*
**la estación de servicio** *service station*
**cambiar** *to change*

**PRÁCTICA 10.5** Lea y escriba.

Zaragoza,
23 de mayo de (año)

Hotel Las Palomas,
Avenida La Playa, 531
Puerto de La Cruz, Tenerife

Muy señores míos:

Les ruego que me informen si pueden reservarme una habitación doble con cuarto de baño para una semana, a partir del 15 de junio....

Les saluda atentamente,

**Muy señores míos** *Dear Sirs*
**les ruego que me informen si . . .** *Please inform me if . . .*
**a partir de** *starting on*
**Le(s) saluda atentamente** *Yours faithfully*

You want to spend a few days at the Hotel Los Mayas in Acapulco, Mexico. Write a letter like the one above using these phrases:

Muy señores míos:/Les ruego que me informen si . . . / . . . una habitación individual/con baño . . . / . . . quince días . . . / . . . 30 de julio . . .

**PRACTICA 10.6** Lea y responda.

Joaquín Barrios was disappointed to receive the following letter. What did the letter say?

(*a*) ¿Pueden reservar una habitación para el 15 de junio?
(*b*) ¿Hay alguna habitación libre en esa fecha?
(*c*) ¿Cuándo pueden hacer una reserva?

```
                                Puerto de la Cruz,
                                28 de mayo de 19..

Sr. Joaquín Barrios,
El Monte, 442
Zaragoza

Muy señor mío:

                        Lamento informarle que no
podemos reservarle una habitación para el
15 de junio, ya que nuestro hotel está
completo en esa fecha. Sólo podemos
hacerle una reserva a partir del 1 de
julio. Le ruego informarme si esa fecha
es conveniente para usted....
```

**Lamento informarle** *I regret to inform you* **ya que** *as*
**esa fecha** *that date*

# Comprensión

## 1 Conversación

Lea esta conversación y escoja la información correcta: (*a*), (*b*) o (*c*).

A customer has come to see señor Alsina.

| | |
|---|---|
| **Cliente** | (*Knocking at the door*) ¿Se puede? |
| **Secretaria** | Sí, adelante. |
| **Cliente** | (*Coming in*) ¿Puedo hablar con el señor Alsina, por favor? |
| **Secretaria** | Lo siento, pero el señor Alsina no está. Vuelve dentro de media hora. Está en una reunión. ¿Quiere usted esperar un momento, por favor? |
| **Cliente** | No, no puedo esperar. Tengo que estar en la estación a las tres. |
| **Secretaria** | ¿Puede usted venir mañana? |
| **Cliente** | ¿A qué hora? |
| **Secretaria** | Por la tarde, a las cuatro. |
| **Cliente** | No, a las cuatro no puedo. Tengo una cita con el dentista. |

| | |
|---|---|
| **Secretaria** | Y el miércoles por la mañana, ¿puede venir? |
| **Cliente** | Sí, el miércoles puedo venir. |
| **Secretaria** | A las diez, ¿le parece bien? |
| **Cliente** | Sí, a las diez está bien. |
| **Secretaria** | Bien, el miércoles a las diez de la mañana. ¿Su nombre por favor? |
| **Cliente** | Jorge Echeverría. |
| **Secretaria** | De acuerdo, señor Echeverría. Hasta el miércoles, entonces. |
| **Cliente** | Gracias. Adiós. |

**Responda:**

1 El señor Alsina está

(*a*) en el banco.
(*b*) en una reunión.
(*c*) en una conferencia.

2 A las 3 el cliente tiene que estar

(*a*) en el aeropuerto.
[*b*) en la estación.
(*c*) en casa.

3 El cliente no puede venir mañana porque

(*a*) tiene una cita con el dentista
(*b*) tiene una fiesta.
(*c*) tiene una conferencia.

4 El cliente puede venir

(*a*) el martes a las 4.
(*b*) el jueves a las 3.
(*c*) el miércoles a las 10.

## 2 Lectura

Lea este texto y responda a estas preguntas en inglés:

1 How do the salaries of agricultural workers compare with those of other workers?
2 What sectors of the economy employ the largest number of people?
3 Do Spaniards work more or fewer hours than other Europeans?
4 How many hours a week does Teresa González work?

5 What holidays does she have?
6 What is **pluriempleo?**

## El trabajo

***Una nación industrializada***
España es uno de los diez países más industrializados del mundo y el español de hoy puede aspirar a un nivel de vida comparable al de otros europeos, aunque todavía es posible observar importantes contrastes entre diferentes sectores de la sociedad, particularmente entre los trabajadores agrícolas y los que trabajan en los servicios y en la industria. Los salarios agrícolas son muy inferiores a los de los otros sectores. La mayor parte de los españoles trabaja en los servicios y en la industria, con un porcentaje inferior en la agricultura y la construcción.

***Más horas de trabajo, más vacaciones***
En general los españoles deben trabajar más horas que otros europeos, aunque sus vacaciones son más largas, un mes completo aproximadamente. La situación de Teresa González, cajera de un banco de Madrid, es típica de los trabajadores de este sector: 'Trabajo cuarenta horas semanales y tengo treinta días de vacaciones pagadas al año.'

***El pluriempleo***
El pluriempleo, es decir, el tener más de una ocupación, es un fenómeno que ocurre también en algunos sectores de la sociedad española, particularmente entre las personas que ocupan puestos especializados y técnicos. Este es el caso de Jaime Valencia, técnico de una industria de electrodomésticos de Bilbao: 'Por la mañana, de ocho a dos, trabajo en la industria, y por la tarde, a partir de las cuatro, trabajo en mi taller donde hago reparaciones de aparatos electrodomésticos, de radios y de televisores. Tengo que trabajar muchas horas, pero es necesario ya que tengo una familia muy numerosa.'

**Vocabulario**

**los trabajadores agrícolas** *agricultural workers*
**los salarios** *salaries*
**la cajera** *cashier*
**las vacaciones pagadas** *paid holidays*
**el técnico** *technician*
**los aparatos electrodomésticos** *household electric appliances*
**el taller** *workshop*
**hacer reparaciones** *to do repairs*

# 11 Me levanto a las siete

The aim of this Unit is to teach you how to talk about things you usually do in the course of the day and in your spare time: your daily routine, travel to work or school, free time and entertainment. You will also learn to seek similar information from other people.

## Diálogo

Isabel has to write a report about the daily activities of the average Spaniard. This is an interview with a student from the University of Zaragoza. Isabel is using the familiar form of address.

**Isabel** ¿A qué hora te levantas por lo general?
**Pablo** Normalmente me levanto a eso de las siete y cuarto.
**Isabel** ¿Y a qué hora sales de casa?
**Pablo** Salgo a las ocho y media aproximadamente.
**Isabel** ¿Cómo vienes a la Universidad?
**Pablo** Vengo en autobús, y otras veces vengo con mi padre en el coche.
**Isabel** ¿A qué hora empiezan las clases?
**Pablo** Empiezan a las nueve.
**Isabel** ¿Qué haces después de clases?
**Pablo** Bueno, si no tengo mucho que estudiar, voy a ver a algún amigo y vamos a un café. Charlamos un rato y luego vuelvo a casa.
**Isabel** ¿A qué hora cenas?
**Pablo** Pues, en casa cenamos siempre a las nueve y media.
**Isabel** Y después de cenar, ¿qué haces?
**Pablo** Generalmente estudio o leo. A veces escucho la radio o veo la televisión.
**Isabel** ¿Te acuestas muy tarde?
**Pablo** Me acuesto entre las doce y media y la una.
**Isabetl** ¿Adónde vas en tus vacaciones?
**Pablo** En el verano suelo ir a San Sebastián.

**Vocabulario**

**¿a qué hora te levantas?** (levantarse) *what time do you get up? (to get up)*
**por lo general** *generally*
**normalmente** *normally*
**me levanto** *I get up*
**a eso de (las siete y cuarto)** *about, around (7.15)*
**salgo** (salir) *I leave (to leave)*
**aproximadamente** *approximately*
**¿cómo vienes a . . . ?** (venir) *how do you come to . . . ? (to come)*
**vengo en (autobús)** *I come by (bus)*
**el autobús** *bus*
**otras veces** *other times*
**el padre** *father*
**el coche** *car*
**las clases** *classes*
**empiezan** (empezar) *they begin (to begin)*
**¿qué haces?** (hacer) *what do you do? (to do)*
**después de (clases)** *after (classes)*
**charlamos** (charlar) *we talk (to talk)*
**un rato** *a while*
**luego** *then*
**vuelvo** (volver) *I return (to return)*
**¿a qué hora cenas?** (cenar) *what time do you have dinner? (to have dinner)*
**después de cenar** *after having dinner*
**generalmente** *generally*
**estudio** (estudiar) *I study (to study)*
**leo** (leer) *I read (to read)*
**a veces** *sometimes*
**escucho** (escuchar) *I listen (to) (to listen)*
**veo** (ver) *I watch, see (to watch, to see)*
**¿te acuestas muy tarde?** (acostarse) *Do you go to bed very late? (to go to bed)*
**me acuesto** *I go to bed*
**¿adónde vas?** *where do you go?*
**suelo ir** (soler) *I usually go (to be accustomed to)*

## Comentario

**El autobús** (*bus*). This is the standard word for this means of transport, used in Spain and understood in Latin America. Other words used outside the Peninsula with the same meaning are: **guagua** (used in the Canaries, Cuba and Puerto Rico. This same word in Chile means *baby*); **colectivo** and **ómnibus** (used in Argentina), **micro** (used in Chile, from the word **microbús**); **camión** (used in Mexico). The meaning of **camión** elsewhere is *lorry*. The word **bus** (short for **autobús**) is used in many Latin American countries.

## Cuestionario

1 ¿Verdadero o Falso?

(*a*) Pablo sale de su casa a las siete y cuarto.
(*b*) Pablo tiene clases a las nueve.
(*c*) Pablo cena en un restaurante.
(*d*) Cena a las nueve y media.

2 Responda a estas preguntas:

(*a*) ¿Se levanta muy tarde Pablo?
(*b*) ¿Qué hace después de cenar?
(*c*) ¿A qué hora se acuesta?
(*d*) ¿Adónde va en sus vacaciones?

# Frases y expresiones importantes

**How to:**

**1** *Ask and answer questions about daily activities.*
(Formal) ¿A qué hora se levanta por lo general?
(Familiar) ¿A qué hora te levantas por lo general?
Normalmente me levanto a las siete y cuarto.

**2** *Ask people what they do and say what you do.*
¿Qué hace(s) (después de cenar)?
Generalmente estudio o leo.
A veces escucho la radio o veo la televisión.

**3** *Say how often you do something.*
*Sometimes*: A veces escucho la radio.
*Generally*: Generalmente estudio o leo.
*Normally*: Normalmente me levanto a las siete y cuarto.
*Always*: Cenamos siempre a las nueve y media.

**4** *Ask and answer questions about travel to work or school.*
¿Cómo vienes a la Universidad?
Vengo en autobús.

# Gramática

## 1 Reflexive verbs

A reflexive verb is one that is normally indicated by '**-se**' added to the infinitive, e.g. **levantarse** (*to get up*), **acostarse** (*to go to bed*). **Se** is sometimes translated into English as '*oneself*' e.g. **mirar** (*to look*), **mirarse** (*to look at oneself*) but often it is not expressed at all. Reflexive pronouns **me**, **te**, **se**, **nos**, **os**, **se**, could be said to correspond to forms such as *myself*, *yourself*, *himself*, etc. Reflexive verbs are conjugated in the usual way but with a reflexive pronoun preceding the finite parts of the verb.

**levantarse** *to get up*

| | | | |
|---|---|---|---|
| **me** levanto | *I get up* | **nos** levantamos | *we get up* |
| **te** levantas | *you get up* (fam.) | **os** levantáis | *you get up* (fam.) |
| **se** levanta | *he, she gets up* | **se** levantan | *they get up* |
| **se** levanta | *you get up* | **se** levantan | *you get up* |

## 2 Present tense of some irregular verbs

**salir** (*to go out*)
**salgo**, sales, sale,
salimos, salís, salen

**venir** (*to come*)
**vengo**, vienes, viene,
venimos, venís, vienen

**hacer** (*to do, make*)
**hago**, haces, hace,
hacemos, hacéis, hacen

**oir** (*to hear*)
**oigo**, **oyes**, **oye**,
oímos, oís, **oyen**

**ir** (*to go*)
**voy**, **vas**, **va**,
**vamos**, **vais**, **van**

## 3 Radical-changing verbs

Radical- or stem-changing verbs are those which undergo a change in the stem, which occurs only when the stem is stressed. Therefore, the 1st and 2nd person plural are not affected by this change. Radical-changing verbs have the same endings as regular verbs. Here is the list of the most common radical-changing verbs in the Present tense.

***1st conjugation:* -ar**

**o > ue**

Example: **acostarse** (*to go to bed*)

| | |
|---|---|
| me ac**ue**sto | nos acostamos |
| te ac**ue**stas | os acostáis |
| se ac**ue**sta | se ac**ue**stan |
| se ac**ue**sta | se ac**ue**stan |

Other verbs like **acostarse** are:

acordarse *to remember* (me ac**ue**rdo, te ac**ue**rdas . . . )
contar *to tell, to count* (c**ue**nto, c**ue**ntas . . . )
costar *to cost* (c**ue**sta, c**ue**stan)
encontrar *to find* (enc**ue**ntro, enc**ue**ntras . . .)
mostrar *to show* (m**ue**stro, m**ue**stras . . .)
sonar *to ring, to sound* (s**ue**na, s**ue**nan)
soñar *to dream* (s**ue**ño, s**ue**ñas . . .)
volar *to fly* (v**ue**lo, v**ue**las . . .)

**e > ie**

Example: **empezar** (*to begin*)

| | |
|---|---|
| emp**ie**zo | empezamos |
| emp**ie**zas | empezáis |
| emp**ie**za | emp**ie**zan |
| emp**ie**za | emp**ie**zan |

Other verbs like **empezar** are:

cerrar *to close, to shut* (c**ie**rro, c**ie**rras . . .)
despertarse *to wake up* (me desp**ie**rto, te desp**ie**rtas . . .)
merendar *to have an afternoon snack* (mer**ie**ndo, mer**ie**ndas . . .)
nevar *to snow* (n**ie**va)
pensar *to think* (p**ie**nso, p**ie**nsas . . .)
sentarse *to sit down* (me s**ie**nto, te s**ie**ntas . . .)

***2nd conjugation:* -er**

**o > ue**

devolver *to give back* (dev**ue**lvo, dev**ue**lves . . .)
doler *to hurt* (me d**ue**le, te d**ue**le . . .)
llover *to rain* (ll**ue**ve)
poder *to be able* (p**ue**do, p**ue**des . . .)
soler *to be accustomed to* (s**ue**lo, s**ue**les . . .)
volver *to return* (v**ue**lvo, v**ue**lves . . .)

**e > ie**

defender *to defend* (def**ie**ndo, def**ie**ndes . . .)
encender *to light* (enc**ie**ndo, enc**ie**ndes . . .)
entender *to understand* (ent**ie**ndo, ent**ie**ndes . . .)
obtener *to obtain* (**obtengo**, obt**ie**nes, obt**ie**ne . . .)
perder *to lose, to miss* (bus, etc) (p**ie**rdo, p**ie**rdes . . .)
tener *to have* (**tengo**, t**ie**nes, t**ie**ne . . .)

***3rd conjugation:* -ir**

**o > ue**

morir(se) *to die* (also fig.) (m**ue**ro, m**ue**res . . .)
dormir *to sleep* (d**ue**rmo, d**ue**rmes . . .)
dormirse *to go to sleep* (me d**ue**rmo, te d**ue**rmes . . .)

**e > ie**

divertirse *to enjoy oneself* (me div**ie**rto, te div**ie**rtes . . .)
preferir *to prefer* (pref**ie**ro, pref**ie**res . . . )
sentirse *to feel* (me s**ie**nto, te s**ie**ntes . . .)
sentir *to be sorry* (s**ie**nto, s**ie**ntes . . .)
venir *to come* (**vengo**, v**ie**nes, v**ie**ne . . .)

**e > i**

Example: **vestirse** (to get dressed)

| | |
|---|---|
| me v**i**sto | nos vestimos |
| te v**i**stes | os vestís |
| se v**i**ste | se v**i**sten |
| se v**i**ste | se v**i**sten |

Other verbs like **vestirse** are:

corregir *to correct* (corr**i**jo, corr**i**ges, corr**i**ge . . .)
decir *to say, to tell* (**digo**, d**i**ces, d**i**ce . . .)
despedirse *to say goodbye* (me desp**i**do, te desp**i**des . . .)
pedir *to ask for* (p**i**do, p**i**des . . .)
reirse *to laugh* (me r**í**o te r**í**es . . .)
repetir *to repeat* (rep**i**to, rep**i**tes . . .)
seguir *to follow* (s**i**go, s**i**gues, s**i**gue . . .)
servir *to serve* (s**i**rvo, s**i**rves . . .)
sonreir *to smile* (sonr**í**o, sonr**í**es . . .)

## 4 Soler (o > ue)

This radical-changing verb is normally used with an infinitive with the meaning of *to be in the habit of* or *to be accustomed to*:

| | |
|---|---|
| **Suelo ir** a San Sebastián. | *I usually go to San Sebastian.* |
| **Suele cenar** a las 9:30. | *He usually has dinner at 9:30.* |

## 5 Frequency adverbs

| | |
|---|---|
| **por lo general** *generally* | **siempre** *always* |
| **generalmente** *generally* | **a veces** *sometimes* |
| **normalmente** *normally* | **nunca** *never* |
| **a menudo** *often* | **de vez en cuando** *from time to time* |

| | |
|---|---|
| Me levanto **siempre** a las 8:00. | *I always get up at 8:00.* |
| **Siempre** me levanto a las 8:00. | |
| **Nunca** me acuesto tarde. | *I never go to bed late.* |
| **No** me acuesto **nunca** tarde. | |

# Práctica

PRÁCTICA **11.1** Lea y responda.

*A* ¿A qué hora se levanta usted?
*B* Me levanto a las ocho por lo general.
*A* ¿A qué hora sale de casa?
*B* Salgo a las nueve y cuarto.
*A* ¿Cómo viene al trabajo?
*B* Vengo en el metro.
*A* ¿A qué hora vuelve a casa?
*B* Vuelvo a las ocho y media.
*A* ¿Se acuesta muy tarde?
*B* Normalmente me acuesto a las once.

Answer in a similar way using the information provided:

(*a*) ¿A qué hora se levanta usted? . . . 7:45 . . .

(*b*) ¿A qué hora sale de casa? . . . 8 : 30 . . .
(*c*) ¿Cómo viene al trabajo? . . . en coche . . .
(*d*) ¿A qué hora vuelve a casa? . . . 7 : 15 . . .
(*e*) ¿Se acuesta muy tarde? . . . 11 : 30 . . .

Now answer the same questions about yourself.

**PRÁCTICA 11.2** Lea y pregunte.

Change the questions above into the familiar form. These are the answers:

(*a*) Me levanto a las 8 : 15.
(*b*) Salgo de casa a las 9 : 00.
(*c*) Vengo a la Universidad a pie.
(*d*) Vuelvo a casa a las 6 : 00.
(*e*) Me acuesto a las 12 : 30.

**PRÁCTICA 11.3** Lea y escriba.

'Me llamo Cecilia Rodríguez, trabajo como dependienta en unos grandes almacenes de Barcelona. En un día normal me levanto a las ocho menos cuarto, desayuno y voy a mi trabajo. Al mediodía vuelvo a casa a comer. A las cuatro y media vuelvo a trabajar y salgo a las ocho y media. Después voy con mi novio a dar una vuelta o a tomar una copa. A veces voy al cine. Generalmente vuelvo a casa a las nueve, ceno, escucho la radio o veo la televisón y a las doce me acuesto.'

**la dependienta** *sales assistant*
**los grandes almacenes** *department store*
**dar una vuelta** *to go for a walk*
**el novio** *boyfriend*
**al mediodía** *at midday*

Write a passage based on the information provided by Cecilia:

Cecilia trabaja como dependienta en unos grandes almacenes de Barcelona. En un día normal . . .

Continúe.

Now write a similar paragraph about your own activities on an ordinary day.

**PRÁCTICA 11.4** Lea y responda.

This is part of a survey carried out among Spanish executives.

## ENCUESTA

| ¿Cuántas horas al día trabaja habitualmente? | |
|---|---|
| Más de 10 | ★★★ |
| Más de 7 | ★★ |
| Más de 12 | ★★ |

| ¿Cuántos días a la semana tiene comidas o cenas de trabajo? | |
|---|---|
| Entre 1 y 3 | ★★★ |
| Todos | ★★ |

| ¿Qué deporte practica? | |
|---|---|
| Tenis | ★★★ |
| Ski | ★★ |
| Caza | ★★ |
| Ninguno | ★★ |
| Acuáticos | ★★ |

| ¿Qué género de lectura elige para sus vacaciones? | |
|---|---|
| De actualidad económica política | ★★★ |
| Novela/ficción | ★★★ |
| Policíaca/espionaje | ★★ |
| Clásicos/filosofía | ★★ |

(*Actualidad Económica*)

(*a*) La mayoría de los ejecutivos trabaja . . . horas al día.
(*b*) Por lo general tienen . . . comidas o cenas de trabajo a la semana.
(*c*) El deporte más popular es . . .
(*d*) La lectura preferida durante las vacaciones es . . .

**PRÁCTICA 11.5** Lea y escriba.

Complete this paragraph with the correct form of the verb in brackets:

El señor y la señora Morales viven en Valencia. Los fines de semana (*ir*) generalmente a la playa, (*salir*) de Valencia el sábado por la mañana y (*volver*) el domingo por la noche. En los meses de invierno (*quedarse*) en Valencia, a veces (*ir*) al cine, (*cenar*) en algún restaurante o (*encontrarse*) con sus amigos o familiares para tomar una copa y charlar.

Write a paragraph saying what you normally do at weekends.

**quedarse** to stay **los familiares** relatives

**PRÁCTICA 11.6** Lea y responda.

*A* ¿Qué hacen ustedes los fines de semana?
*B* El sábado por la mañana salimos de compras, por la tarde limpiamos el apartamento y por la noche cenamos fuera. El domingo nos levantamos bastante tarde, vamos a misa,

almorzamos a las dos y por la noche nos quedamos en casa.

**limpiar** *to clean* **fuera** *out* **ir a misa** *to go to mass*

Answer the following question using the **nosotros** form of the verb as above:

*A* ¿Qué hacen ustedes los fines de semana?

*B* El sábado por la mañana (*levantarse*) tarde, (*ir*) al supermercado para hacer las compras y (*volver*) a casa a almorzar. Por la tarde (*descansar*) un rato y por la noche (*ir*) al cine o al teatro. A veces (*invitar*) a algunos amigos a cenar con nosotros. El domingo (*salir*) en coche a la playa o al campo. Los fines de semana (*acostarse*) siempre bastante tarde.

**descansar** *to rest* **el campo** *countryside*

# Comprensión

## 1 Conversación

Lea esta conversación y escoja la respuesta correcta: (*a*), (*b*) o (*c*).

This is an interview with Teresa Prado. Teresa is the owner of a shop which sells children's clothes.

**Entrevistador** ¿Cómo se llama usted, por favor?

**Teresa** Me llamo Teresa Prado de García.

**Entrevistador** Teresa, usted trabaja, ¿no?

**Teresa** Sí, trabajo. Tengo una pequeña tienda de ropa de niños.

**Entrevistador** ¿Qué hace usted en un día normal?

**Teresa** Bueno, durante la semana me levanto siempre a las siete y media, preparo el desayuno para mi marido y para mi hija, luego Luis lleva a nuestra hija a la escuela y yo me voy a hacer las compras del día. A eso de las ocho y media o nueve menos cuarto vuelvo a casa y me arreglo para ir a la tienda. Normalmente salgo de casa a las nueve.

**Entrevistador** ¿Va a la tienda en coche?

**Teresa** Sí, voy en coche.

**Entrevistador** ¿Almuerza usted en casa?

**Teresa** A veces sí, pero por lo general como en algún restaurante cerca de la tienda.

**Entrevistador** ¿Y después qué hace?

**Teresa** Después doy una vuelta en el coche y a las cuatro vuelvo a abrir la tienda. A las ocho y media termino y me voy a casa a preparar la cena. Después de cenar vemos un rato la televisión, a veces escuchamos un poco de música o leemos y entre las once y las once y media nos acostamos.

**Entrevistador** ¿Está usted contenta con su trabajo?

**Teresa** Sí, muchísimo.

**Responda:**

1 Después que se levanta Teresa

(*a*) prepara el desayuno.
(*b*) lleva a su hija a la escuela.
(*c*) hace las compras.

2 Teresa almuerza por lo general

(*a*) en un café.
(*b*) en casa.
(*c*) en un restaurante.

3 A las cuatro

(*a*) vuelve a la tienda.
(*b*) vuelve a casa.
(*c*) termina su trabajo.

4 Cuando llega a casa

(*a*) ve la televisión.
(*b*) prepara la cena.
(*c*) lee.

## 2 Lectura

Lea estos textos y responda a estas preguntas en inglés:

1 What percentage of Spaniards sleep less than seven hours a day?
2 What is the most popular spare time activity among Spaniards?
3 What percentage of Spanish people read books: on Saturday?, on Sunday?
4 Do many people read newspapers and magazines daily?
5 Where do many Spaniards go on Sunday?
6 Which are the most popular cultural activities in Spain?
7 Why is it difficult to stage new plays?
8 What form of theatre has emerged in the last few years?

# Tiempo de ocio

***El reino de la televisión***

De entrada, el español descansa poco porque duerme poco. Un 5 por 100 duerme menos de seis horas, un 13 por 100 menos de siete y un 29 por 100 hasta ocho horas. Es decir, que el 47 por 100 de los españoles duermen menos de ocho horas habitualmente. Los afortunados que duermen nueve horas llegan al 27 por 100, y algo más del 25 por 100 superan ese tiempo.

Fuera de dormir y trabajar, la actividad a la que los españoles se dedican con más asiduidad es a ver la televisión. La televisión es casi el líder del ocio y sólo el 9 por 100 de los españoles no la ve nunca. Más o menos tiempo, un 75 por 100 de los españoles la ven todos los días.

La lectura no lleva mucho tiempo al español desocupado. Sólo un 4,7 por 100 de los españoles lee libros en días laborables, y la proporción baja al 4,5 los sábados y al 3,5 los domingos. Periódicos y revistas tienen más clientela, pero sin exceso. Una de cada cuatro personas no lee nunca el periódico y sólo el 9,8 dedican un tiempo apreciable diariamente a la lectura de éstos, aunque declaran hojearlo el 39 por 100.

En cuanto a otras actividades recreativas, pocos españoles les dedican una parte de su tiempo en días laborables. Bailar o asistir a espectáculos sólo un 4,5 por 100 de españoles lo hacen diariamente (durante el veraneo ese porcentaje se eleva). Los sábados de cualquier época del año llega al 10,3 por 100 y los domingos casi el 20 por 100 de los españoles se van a bailar, al cine o al teatro.

(*Cambio 16*)

***El teatro***

Las actividades culturales que cuentan con mayor asistencia de público en España son quizá los conciertos y recitales. El teatro, salvo en el caso de obras excepcionales, no logra competir con el cine o la televisión.

La falta de recursos económicos y la ausencia de un público regular hace difícil la puesta en escena de obras de nuevos dramaturgos. Sin embargo, en los últimos años, comienza a observarse el surgimiento de un teatro regional. El caso más evidente es el de Cataluña, que cuenta con excelentes grupos de teatro que representan sus obras en catalán. Cataluña, por lo demás, tiene una tradición propia en lo que se refiere a teatro popular.

**TEATRO BARCELONA**
**Teléfono 318 94 97**
**Gran éxito a las 6.30 tarde**
**y 10.45 noche**
**de**
**ROSA MARIA SARDA**
**y FERNANDO GUILLEN**
**en**
**"YO ME BAJO EN LA PROXIMA, ¿Y USTED?"**
Un espectáculo escrito y dirigido por ADOLFO MARSILLACH.

## Vocabulario

**el ocio** *spare time*
**descansar** *to rest*
**dormir** *to sleep*
**fuera de** *apart from*
**la lectura** *reading*
**los días laborables** *working days*
**hojear** *to glance through (pages)*
**bailar** *to dance*
**asistir a espectáculos** *to attend a show*
**cuentan con** *(they) have*
**contar con** *to have*
**la asistencia** *attendance*
**quizá** *perhaps*
**el concierto** *concert*
**salvo** *except*
**la obra (de teatro)** *play*
**lograr** *to manage*
**competir** *to compete*
**la falta** *lack*
**los recursos** *resources*
**la ausencia** *absence*
**la puesta en escena** *staging*
**el dramaturgo** *playwright*
**sin embargo** *however*
**el surgimiento** *emergence*
**por lo demás** *moreover*
**propio** *own*
**en lo que se refiere a** *as regards*

# 12 Está trabajando

The aim of this Unit is to teach you how to ask for people and identify yourself on the telephone, how to talk about actions happening at the moment of speaking, how to talk about future actions and how to talk about intentions.

5 MESES EN CARTEL EN MADRID

Una Producción
Agata Films · José Luis Dibildos

LA COLMENA

La obra maestra de
Camilo José Cela

Director: MARIO CAMUS

# Diálogo

Javier telephones Ana to make arrangements to go to the cinema.

**Voz** ¿Dígame?
**Javier** Buenas tardes. ¿Está Ana?
**Voz** Un momento, por favor.
**Ana** Sí, ¿diga?
**Javier** Hola Ana. Soy Javier. ¿Estás ocupada?
**Ana** Pues, sí.
**Javier** ¿Qué estás haciendo?
**Ana** Estoy escribiendo una carta.
**Javier** Si quieres puedo llamarte más tarde.
**Ana** No, ¡qué va! Ya estoy terminándola.
**Javier** Mira, ¿qué vais a hacer tú y Francisco este sábado?
**Ana** Nada, ¿por qué?
**Javier** Patricia y yo pensamos ir al cine. ¿Queréis venir con nosotros?
**Ana** ¿Qué película vais a ver?
**Javier** Vamos a ver *La Colmena*.
**Ana** ¿Dónde la ponen?
**Javier** En el Cine Luna.
**Ana** Vale. Voy a decirle a Francisco. En este momento está trabajando. ¿A qué hora empieza la película?
**Javier** Hay una sesión a las siete y media y otra a las nueve y media. ¿Te parece bien si vamos a la sesión de las nueve y media?
**Ana** De acuerdo. Te llamaré cuando llegue Francisco.
**Javier** Bueno. Hasta luego.
**Ana** Hasta luego.

**Vocabulario**

**¿dígame?/¿diga?** *hello!* (telephone)
**¿está Ana?** *is Ana there?*
**¿estás ocupada?** *are you busy?*
**pues, sí** *well, yes*
**¿qué estás haciendo?** *what are you doing?*
**estoy escribiendo** (escribir) *I'm writing (to write)*
**la carta** *letter*
**puedo llamarte** (llamar) *I can call you (to call)*
**más tarde** *later*
**¡qué va!** *it doesn't matter*
**ya** *already*
**estoy terminándola** (terminar) *I'm finishing it (to finish)*
**mira** *look!*

**¿qué vais a hacer?** *what are you going to do?*
**¿por qué?** *why?*
**pensamos** (pensar) **ir** *we're thinking (to think) of going*
**la película** *film*
**vamos a ver** *we're going to see*
**¿dónde la ponen?** *where is it on?*
**vale** *O.K.* (used in Spain)
**voy a decirle a (Francisco)** *I'm going to tell (Francisco)*
**está trabajando** *he is working*
**la sesión** *show (cinema)*
**¿te parece bien si?** (parecer) *is it all right with you if? (to seem)*
**te llamaré** *I'll call you*
**cuando llegue (Francisco)** *when (Francisco) arrives*
**bueno** *good!*
**hasta luego** *goodbye* (lit. *until later)*

## Comentario

**¿Dígame?** or **¿diga?** are normally used in Spain when answering the phone. Other forms used in Latin American countries are: **¿aló?** (e.g. Perú, Chile), **¿hola?** (e.g. Argentina), **¿bueno?** (e.g. México).

**¿Qué vais a hacer?** (*what are you going to do?*). The word **vais** is the familiar, plural form of the Present tense of the verb **ir**. The personal pronoun that goes with it is **vosotros** (*you*, plural, fam.). In Latin America, the familiar, plural form is not used. Instead, the third person plural **ustedes (van)** is used in both familiar and formal contexts.

## Cuestionario

1 ¿Verdadero o Falso?

(*a*) Ana está leyendo una carta.
(*b*) Francisco está trabajando.
(*c*) La primera sesión del cine es a las 7 : 30.
(*d*) Javier quiere ir a la sesión de las 7 : 30.

2 Responda a estas preguntas:

(*a*) ¿Qué está escribiendo Ana?
(*b*) ¿Qué película quiere ver Javier?
(*c*) ¿Dónde la ponen?
(*d*) ¿A qué hora empieza la segunda sesión?
(*e*) ¿Tiene algo que hacer Ana el sábado?

# Frases y expresiones importantes

**How to:**

1 *Ask for people and identify yourself on the phone.*
¿Está Ana?
Sí, ¿diga?
Soy Javier.

2 *Talk about actions happening at the moment of speaking.*
¿Qué estás haciendo?
Estoy escribiendo una carta.

3 *Talk about future actions.*
¿Qué película vais a ver?
Vamos a ver (*La Colmena*).

4 *Talk about intentions.*
Pensamos ir al (Cine Luna).
Pensamos ver (*La Colmena*).

# Gramática

## 1 Gerund

| | | | |
|---|---|---|---|
| **-ar** termin**ar** | *to finish* | termin**ando** | *finishing* |
| **-er** hacer | *to do* | haci**endo** | *doing* |
| **-ir** escrib**ir** | *to write* | escrib**iendo** | *writing* |

## 2 Estar + gerund

**Estar** + gerund is used to refer to an action which is happening at the moment of speaking:

| | |
|---|---|
| ¿Qué **estás** haci**endo** | *What are you doing?* (fam.) |
| ¿Qué **está** haci**endo** | *What is he/she doing? (What are you doing?)* (form.) |
| **Estoy** escrib**iendo** | *I am writing* |
| **Está** trabaj**ando** | *He/she is working (you are working)* (form.) |
| **Estamos** le**yendo** | *We are reading* |
| **Estáis** empez**ando** | *You are starting* (fam.) |
| **Están** termin**ando** | *They are finishing (you are finishing)* (form.) |

## 3 Use of gerund with pronouns

As with infinitives, object pronouns may either be attached to the end of the gerund, in which case the gerund must carry an accent, or else the pronoun may precede the finite verb.

| | |
|---|---|
| Estoy **terminando la carta**. | *I am finishing the letter.* |
| Estoy **terminándola**.<br>**La** estoy **terminando**. | *I am finishing it.* |

## 4 Immediate future

**Ir** + **a** + infinitive is used to refer to actions which are going to happen.

Singular

| | | | | | |
|---|---|---|---|---|---|
| **voy**<br>**vas**<br>**va** | **a** | **ir** al cine.<br><br>**llamar** a Ana. | *I am going*<br>*You are going*<br>*He, she is going* | *to* | *go to the cinema.*<br><br>*call Ana.* |

Plural

| | | | | | |
|---|---|---|---|---|---|
| **vamos**<br>**vais**<br>**van** | **a** | **ver** una película.<br><br>**salir**. | *We are going*<br>*You are going*<br>*They are going* | *to* | *see a film.*<br><br>*go out.* |

## 5 Pensar (*to think*) (e > ie)

Radical-changing verb: **e** changes into **ie**, except for first and second persons plural:

| | | | |
|---|---|---|---|
| **¿Piensas** | ir al cine? | *Are you thinking of going to the cinema?* | |
| **Pienso**<br>**Pensamos** | salir. | *I am thinking of*<br>*We are thinking of* | *going out* |

# Práctica

**PRÁCTICA 12.1** Lea y responda.

*A* ¿Qué estás haciendo?
*B* Estoy escribiendo una carta.
*A* ¿Y qué está haciendo Francisco?
*B* Francisco está trabajando.

Answer the questions on the next page in a similar way using the verb in brackets:

(*a*) ¿Qué está haciendo Ana? (*terminar una carta*)
(*b*) ¿Qué está haciendo usted? (*llamar a Ana*)
(*c*) ¿Qué están haciendo ellos? (*beber un café*)
(*d*) ¿Qué estás haciendo tú? (*leer una carta*)
(*e*) ¿Qué estáis haciendo vosotros? (*mirar la televisión*)

**PRÁCTICA 12.2** Match each sentence in column A with an appropriate sentence from column B.

| *A* ¿Dónde están? | *B* ¿Qué están haciendo? |
|---|---|
| 1 Juan está en el garaje. | (*a*) Bebiendo unas cervezas. |
| 2 Estoy en la cocina. | (*b*) Enviando un telegrama. |
| 3 Estamos en el bar. | (*c*) Reparando el coche. |
| 4 Está en el banco. | (*d*) Preparando la comida. |
| 5 Están en Correos. | (*e*) Cambiando un cheque. |

**PRÁCTICA 12.3** Lea y responda.

(*a*) ¿Qué película ponen en el Cine Oeste?
(*b*) ¿Cuántas sesiones hay?
(*c*) ¿A qué hora empieza la primera sesión?
(*d*) ¿A qué hora es la última sesión?

**OESTE.** Hospital, 1 (322 88 62). 175 ptas.
8.ª semana. Aut. may. 18 años. H.P. 5.10, 7.30, 10.30
**MAMA CUMPLE CIEN AÑOS.** Española. 1979. Dramática. Color. Geraldine Chaplin, Amparo Muñoz, Rafaela Aparicio, Fernando Fernán Gómez, José Vivó, Charo Soriano, Angeles Torres, Rita Maiden, Norman Brinsk. Dr.: Carlos Saura. Guión: Carlos Saura. **Buena película.**
*En la aislada mansión de una pintoresca familia se celebra el centenario de la abuela*

**CINE**

**PRÁCTICA 12.4** Lea, mire y responda.

*A* ¿Qué vas a hacer esta noche?
*B* Voy a ir al cine.
*A* ¿Qué película vas a ver?
*B* Voy a ver *El Juez y el Asesino*.
*A* ¿A qué cine vas a ir?
*B* Voy a ir al Cine Colón.

**COLON.** Carniceros, 21 (331 48 20). 150 ptas.
Estreno-reposición. Aut. may. 18 años.
**EL JUEZ Y EL ASESINO** (Le Juge et l'Assassin). Francesa. Dramática. Color. Philippe Noiret, Michel Galabru, Renee Faure, Isabelle Huppert, Cecile Vassort. Dr.: Bertrand Tavernier. Guión: Bertrand Tavernier y Jean Aj renche. **Excelente película.**
*Un juez ambicioso, con deseos de enfrentarse a un caso criminal de cierta notoriedad, le sigue los pasos a un asesino que acaba de salir de un hospital psiquiátrico.*

A friend wants to know what you are doing tomorrow night. Answer as in the dialogue above using the information below:

(*a*) ¿Qué vas a hacer mañana por la noche?
(*b*) ¿Qué película vas a ver?
(*c*) ¿A qué cine vas a ir?

**ALAMEDA.** Palacio Valdés, 9 (369 49 24). Precio: 600 ptas.

3.ª semana. Aut. may. 18 años.

**LA NARANJA MECANICA** (Clockwork Orange). USA. Dramática. Color. Versión doblada. Malcom McDowell, Patrick Magee, Michael Bates, Warren Clarke, John Clive, Adrienne Corri, Carl Duering. Dr.: Stanley Kubrick. Guión: Stanley Kubrick. **Muy interesante.**

*Una pandilla de jóvenes, sometida a la violencia de la sociedad, son reeducados en una penitenciaría de Gran Bretaña.*

**PRÁCTICA 12.5** Lea, mire y responda.

*A* ¿Qué planes tiene para estas vacaciones?
*B* Pienso ir a Budapest y Viena.
*A* ¿Cuánto tiempo piensa estar?
*B* Pienso estar ocho días.
*A.* ¿En qué va a viajar?
*B* Voy a ir en avión.

**BUDAPEST**
**VIENA**
**8 días 62.900.-Ptas.**
Viajes **TULSA**
**En Madrid**
**Gandia, 2; Tel. 251 95 16 y 251 95 80**
**Ancora,38; Tel. 239 43 45**

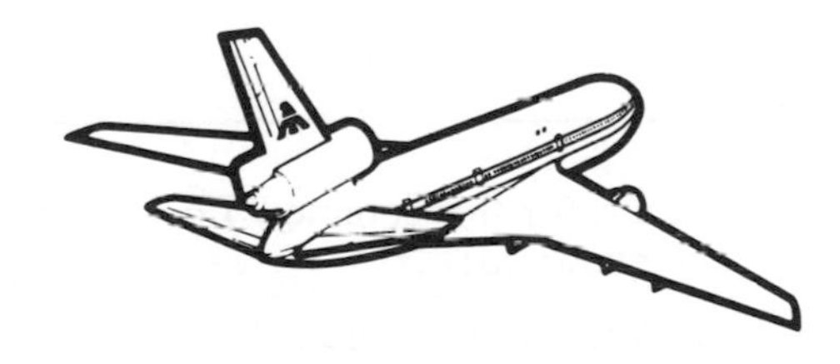

A friend wants to know about your holiday plans. Look at the information on the next page and answer:

(*a*) ¿Qué planes tiene para estas vacaciones?
(*b*) ¿Cuánto tiempo va a estar?
(*c*) ¿En qué va a viajar?
(*d*) ¿En qué hotel va a estar?

# PORTUGAL
# 7 DIAS

INCLUYENDO:

— Transporte en autocar de lujo.

— Guía acompañante durante todo el itinerario.

— Alojamiento 6 noches en el hotel y régimen elegidos.

— Almuerzos en ruta.

Cómodo hotel situado cerca de la playa y en pleno centro comercial y área de restaurantes de Cascais.
Habitaciones con baño, teléfono y terraza. A sólo 2 kms. del Casino de Estoril.

**PRÁCTICA 12.6** Lea y responda.

...este verano voy a ir dos semanas a los Estados Unidos. Pienso salir de Madrid el 15 de julio y volver a España el día 31. Voy a viajar directamente en avión desde Madrid a San Francisco. Allí voy a quedarme una semana en casa de unos amigos norteamericanos. Luego pienso ir a Los Angeles a visitar a unos parientes que viven allí desde hace tres años.....

Antonio

What are Antonio's plans for this summer? Look at the paragraph above and answer the questions:

(*a*) ¿Qué va a hacer Antonio este verano?
(*b*) ¿Por cuánto tiempo va a ir?
(*c*) ¿Cuándo piensa salir de Madrid?
(*d*) ¿Cuándo piensa volver a España?
(*e*) ¿En qué va a viajar?
(*f*) ¿Cuánto tiempo va a quedarse en San Francisco?
(*g*) ¿Qué otra ciudad va a visitar?

Now write a similar paragraph about your own holiday plans.

# Comprensión

## 1 Conversación

Lea esta conversación y escoja la respuesta correcta, (*a*), (*b*) o (*c*).

Isabel has been sent by her magazine to Mexico. She telephones a colleague in Mexico City to confirm her travel arrangements.

**Recepcionista** Prensa Internacional. Buenos días.
**Isabel** Buenos días. Quisiera hablar con el señor Gonzalo Martínez.
**Recepcionista** ¿De parte de quién?
**Isabel** De parte de Isabel Martín, de Madrid.
**Recepcionista** Un momento, por favor. Voy a llamarle.
**Gonzalo** ¿Dígame?
**Isabel** Hola. ¿Gonzalo?
**Gonzalo** Sí, hola Isabel. ¿Cómo estás?
**Isabel** Bien. Mira, te llamo desde Madrid. Es para confirmarte mi visita a México.
**Gonzalo** Sí, si. ¿Qué día vas a llegar?
**Isabel** El miércoles catorce.
**Gonzalo** ¿A qué hora?
**Isabel** Por la tarde. A las tres y media.
**Gonzalo** Perfectamente. El miércoles catorce a las tres y media de la tarde.
**Isabel** Eso es.
**Gonzalo** ¿Y en qué línea vas a viajar?
**Isabel** En Aeroméxico.
**Gonzalo** ¿Sabes el número de vuelo?
**Isabel** Si, es el ME 725.
**Gonzalo** ME 725. De acuerdo. No te preocupes. Voy al aeropuerto a recogerte y te llevo al hotel. La habitación ya está reservada. Vas a estar una semana, ¿no?
**Isabel** Si, una semana solamente. Pienso volver a Madrid el día veintidós.
**Gonzalo** Bien. Hasta el miércoles, entonces. ¡Y que tengas buen viaje!
**Isabel** Gracias, Gonzalo. Hasta pronto.

**Responda:**

1 Isabel va a llegar a México

(*a*) el martes 13.
(*b*) el miércoles 14.
(*c*) el jueves 15.

2 Va a llegar a las

(*a*) 6:30 de la mañana.
(*b*) 9:30 de la noche.
(*c*) 3:30 de la tarde.

3 En México va a quedarse

(*a*) en un hotel.
(*b*) en casa de un amigo.
(*c*) con su familia.

4 Isabel va a estar en México

(*a*) 7 días.
(*b*) 15 días.
(*c*) 21 días.

## 2 Lectura

Lea este texto y responda a estas preguntas en inglés:

1 What can be said about the role of religion in Spain and Latin America?
2 What religious feast has great importance in Spain and Latin America?
3 What does the text say about Spanish films?
4 What has happened after Franco's death?
5 What is the most popular sport in Spain and Latin America?

## Fiestas y diversiones

***Las fiestas religiosas***

La religión juega un papel importante en la mayoría de los países de habla española y, aunque esta situación está cambiando y el número de personas que practica la religión católica en España y otros países es menor que en épocas pasadas, todavía tienen mucha importancia las fiestas religiosas. Algunas de estas fiestas tienen una larga tradición. La Semana Santa, por ejemplo, se celebra en toda España y en Latinoamérica. Las celebraciones de Semana Santa de Sevilla son las más famosas. Miles de personas de todas partes de España y del extranjero vienen a Sevilla para presenciar las procesiones y otros actos con que los sevillanos celebran esta fiesta religiosa.

***El cine***

Uno de los pasatiempos favoritos de españoles y latinoamericanos es el cine. En las principales ciudades los cines están siempre llenos de espectadores. Sin embargo, el número de películas españolas que tienen aceptación internacional es inferior al de países como Francia e Italia. Esto se debe, en parte, a la estricta censura que existió durante el régimen del General Franco y a la falta de incentivos económicos. Con la desaparición de Franco empezó en España un período de expansión del cine, el teatro y las artes en general.

***Los deportes***

Para el español como para el latinoamericano, el deporte favorito es el fútbol. En las principales ciudades de España y de Latinoamérica hay enormes estadios que cada domingo se llenan de espectadores ansiosos de ver jugar a su equipo favorito. El fútbol es un deporte que entusiasma a grandes y chicos, a hombres y mujeres de todas las clases sociales. Otros deportes, tales como el tenis, la natación, el atletismo, el balonvolea, etc. tienen hoy mucha más popularidad entre la gente joven.

**Vocabulario**

**la fiesta religiosa** *religious feast*
**jugar un papel** *to play a role*
**la Semana Santa** *Holy Week*
**presenciar** *to attend*
**lleno de** *full of*
**esto se debe a** *this is due to*
**la censura** *censorship*
**que existió** *which existed*
**empezó** *there began*
**el deporte** *sport*
**el estadio** *stadium*
**el equipo** *team*
**el balonvolea** *volley-ball*

# 13 Nací el 24 de abril

The aim of this Unit, like Units 1 to 3, is to teach you how to give further information about yourself and other people. You will learn to say when and where you were born and to ask people about their date and place of birth. You will also learn to talk about your studies and work with reference to the past and to ask and say how long someone has been doing something.

IMPORTANTE EMPRESA
CONSTRUCTORA
**PRECISA**
**ECONOMISTA**
**para integrarse**
**en el Departamento**
**Económico Administrativo**

**Se requiere:**

- Edad: alrededor de 35 años.
- Experiencia: 4 años como mínimo en Compañía de Construcción.
- Idioma: Francés.

**Se ofrece:**

- Remuneración a convenir.
- Amplias posibilidades de promoción.
- Puesto de responsabilidad.
- Residencia en Madrid.
- Disponibilidad para viajar.

**Los interesados** deberán dirigirse, adjuntando "curriculum vitae" y fotografía, al Apartado de Correos nº 158 de Madrid. Refª 868.

*(M-1.759.0.421)*

## Diálogo

This is an interview with Ricardo Valdés, an economist, who is applying for a job with a Spanish company.

**Entrevistadora** ¿Su nombre, por favor?
**Sr Valdés** Ricardo Valdés Ramírez.
**Entrevistadora** ¿Cuál es su domicilio?
**Sr Valdés** Vivo en la Calle de Siena, 251, segundo, izquierda.
**Entrevistadora** ¿Cuál es la fecha de su nacimiento?
**Sr Valdés** Nací el veinticuatro de abril de 1951.
**Entrevistadora** ¿Y el lugar de nacimiento?
**Sr Valdés** Nací en Valladolid.
**Entrevistadora** ¿Está usted soltero o casado?
**Sr Valdés** Casado
**Entrevistadora** ¿Cuándo terminó sus estudios?
**Sr Valdés** Los terminé en el año 1974.
**Entrevistadora** ¿En qué universidad estudió?
**Sr Valdés** Estudié en la Universidad de Zaragoza.
**Entrevistadora** ¿Qué estudió?
**Sr Valdés** Ciencias económicas.
**Entrevistadora** ¿Dónde trabaja usted actualmente?
**Sr Valdés** En una empresa de construcciones en Burgos.
**Entrevistadora** ¿Hace cuánto tiempo que trabaja allí?
**Sr Valdés** Hace casi tres años.
**Entrevistadora** ¿Qué idiomas habla usted?
**Sr Valdés** Hablo ingles y francés. Estudié en Londres. Viví allí un año después de terminar mis estudios en la universidad. Luego pasé seis meses en París.

**Vocabulario**

**su nombre completo** *your full name*
**¿cuál es su domicilio?** *what's your address?*
**el domicilio** *address*
**segundo, izquierda** *second floor, on the left*
**¿cuál es la fecha de su nacimiento?** *what's your date of birth?*
**la fecha** *date*
**el nacimiento** *birth*
**nací** (nacer) *I was born (to be born)*
**el lugar** *place*
**¿cuándo terminó?** *when did you finish?*
**los estudios** *studies*
**los terminé** *I finished them*
**la empresa de construcciones** *construction company*
**¿hace cuánto tiempo que trabaja?** *how long have you been working?*
**hace tres años** *for three years*
**los idiomas** *languages*
**estudié** (estudiar) *I studied (to study)*
**viví** (vivir) *I lived (to live)*

## Comentario

**Addresses:** In an address like **Calle de Siena, 251, segundo, izquierda, '251'** indicates the number of the house or building, **'segundo'** (*2°*) refers to the floor (*second floor*) and **'izquierda'** (*left*) indicates the flat on that floor. Sometimes the flat may have a letter, e.g. **B** or a number, e.g. **4**. On an envelope the address would be written like this:

**Calle de Siena, 251—2°—izda.** (or **dcha.** = **derecha**)

A person sending a letter will write his or her own address, not on the letter itself but on the back of the envelope.

## Cuestionario

1 ¿Verdadero o Falso?

(*a*) El señor Valdés está soltero.
(*b*) Estudió en Zaragoza.
(*c*) Habla inglés y francés.
(*d*) Vivió tres años en París.

2 Responda a estas preguntas:

(*a*) ¿Cuál es el nombre completo del señor Valdés?
(*b*) ¿Dónde vive?
(*c*) ¿Nació en Zaragoza?
(*d*) ¿Qué estudió en la Universidad?
(*e*) ¿Dónde trabaja?

# Frases y expresiones importantes

**How to:**

**1** *Say when and where you were born.*
Nací el 24 de abril de 1951.
Nací en Valladolid.

**2** *Ask people about their date and place of birth.*
¿Cuál es la fecha de su nacimiento?
¿Dónde nació?
¿Lugar de nacimiento?

**3** *Ask and say what studies you did, where and when.*
*What?*
¿Qué estudió?
Ciencias económicas.

*Where?*
¿En qué Universidad estudió?
Estudié en la Universidad de Zaragoza.

*When?*
¿Cuándo terminó sus estudios?
Los terminé en el año 1974.

4 *Ask and say how long someone has been doing something.*
¿Hace cuánto tiempo que trabaja allí?
Hace tres años (que trabajo allí).

# Gramática

## 1 Preterite tense

The Preterite tense is used to refer to actions which were completed in the past. It may refer to a single action, e.g. **Terminé** en el año 1974 (*I finished in 1974*), or to an action which went on for a period of time, e.g. **Viví** un año en Londres (*I lived in London for a year*), but which ended in the past.

The Preterite is the most frequent tense used in the expression of past events in Spanish and it is found both in the spoken and the written language. Its use sometimes overlaps with that of another tense, the Perfect (see page 192), when the action referred to has occurred recently or has just ended.

| termin**ar** *to finish* | nac**er** *to be born* | viv**ir** *to live* |
|---|---|---|
| termin**é** | nac**í** | viv**í** |
| termin**aste** | nac**iste** | viv**iste** |
| termin**ó** | nac**ió** | viv**ió** |
| termin**amos** | nac**imos** | viv**imos** |
| termin**asteis** | nac**isteis** | viv**isteis** |
| termin**aron** | nac**ieron** | viv**ieron** |

¿Cuándo **terminó?** — *When did you finish?*
**Terminé** en 1974. — *I finished in 1974.*

¿Cuándo **nació?** — *When were you born?*
**Nací** en 1951. — *I was born in 1951.*

¿Dónde **vivió?** — *Where did you live?*
**Viví** en Londres. — *I lived in London.*

## 2 ¿Hace cuánto tiempo? *or* ¿Cuánto tiempo hace?

This construction, followed by **que** and a verb in the Present tense, is used to ask people how long they have been doing something.

| | | |
|---|---|---|
| **¿Hace cuánto tiempo que** / **¿Cuánto tiempo hace que** | trabaja / vive / estudia | allí? |
| *How long have you been* | *working / living / studying* | *there?* |

Here is one way of saying how long you have been doing something

| | | | | |
|---|---|---|---|---|
| **Hace** | seis meses / un año / tres años | **que** | trabaj**o** / viv**o** / estudi**o** | **allí.** |
| *I have been* | *working / living / studying* | *there for* | *six months. / one year. / three years.* | |

# Práctica

**PRÁCTICA 13.1** Match the question with the answer.

*A* Preguntas

1 ¿Su nombre?
2 ¿Su nacionalidad?
3 ¿Dónde nació?
4 ¿Cuál es la fecha de su nacimiento?
5 ¿Está soltera?
6 ¿En qué trabaja?
7 ¿Dónde vive actualmente?

*B* Respuestas

(*a*) No, estoy casada.
(*b*) Soy chilena.
(*c*) En la Calle Miraflores, 71
(*d*) Nací en Chile.
(*e*) Me llamo Paula Mena Ugarte.
(*f*) El 18 de agosto de 1958.
(*g*) Soy dentista.

**PRÁCTICA 13.2** Lea y escriba.

Miguel Bastías Moreno es cubano, nació en La Habana, en Cuba, el 27 de diciembre de 1948. Miguel está casado, es profesor y vive en Chicago, en los Estados Unidos, en la Avenida Washington, 1562.

Look at the following information and use it to write a paragraph like the one above:

| | |
|---|---|
| Nombre: | Dolores Romero |
| Nacionalidad: | española |
| Lugar de nacimiento: | Málaga |
| Fecha de nacimiento: | 16 de Mayo de 1959 |
| Estado civil: | soltera |
| Profesión: | azafata |
| Lugar de residencia: | Sevilla |
| Domicilio: | Calle La Giralda, 24 |

**PRACTICA 13.3** Lea, mire y responda.

*A* ¿En qué Universidad estudió usted?
*B* Estudié en la Universidad de San Felipe en Caracas.
*A* ¿Cuándo empezó sus estudios?
*B* Los empecé en el año 1973.
*A* ¿Cuándo los terminó?
*B* Los terminé en 1978.
*A* ¿Dónde trabajó usted antes?
*B* Trabajé en la Clínica Santá Marta.
*A* ¿Cuántos años trabajó allí?
*B* Trabajé tres años.

Verónica Rodríguez is applying for a job as an economist. Look at the information in this form and answer for her the questions on the next page.

| EDUCACION UNIVERSITARIA | |
|---|---|
| *NOMBRE DE LA UNIVERSIDAD* | *FECHAS* |
| Universidad Autónoma de Madrid | 1965–1970 |
| **HISTORIAL DE TRABAJO** | |
| *EMPRESA O INSTITUCION* | *FECHAS* |
| Ministerio del Interior | 1971–1982 |
| *PUESTO* | |
| Economista | |

(*a*) ¿En qué Universidad estudió usted?
(*b*) ¿Cuándo empezó sus estudios?
(*c*) ¿Cuándo los terminó?
(*d*) ¿Dónde trabajó usted antes?
(*e*) ¿Cuántos años trabajó allí?

PRÁCTICA **13.4** Now give information about yourself.

(*a*) ¿Cómo se llama Vd.?
(*b*) ¿Qué nacionalidad tiene?
(*c*) ¿Dónde nació usted?
(*d*) ¿Cuándo nació?
(*e*) ¿Dónde estudió usted antes?
(*f*) ¿Cuándo empezó sus estudios?
(*g*) ¿Cuándo los terminó?

PRÁCTICA **13.5** Lea y responda.

'Me llamo Paloma Pujol, soy catalana, soy actriz. Nací en Barcelona el 9 de octubre de 1954. A la edad de 17 años terminé mis estudios de bachillerato en un colegio privado de Barcelona. Un año después empecé mis estudios de teatro en el Instituto de Arte Dramático. En el año 1975 actué por primera vez en un pequeño teatro de Barcelona con un grupo local. En 1977 me casé, pero continué mi carrera artística. Mi primer hijo nació en enero de 1979. En el mes de julio de ese año nuestro grupo actuó en el Festival de Teatro de Aviñón, en Francia. Actualmente estoy trabajando en una nueva obra que se va a presentar en el Teatro de Cataluña.'

**la actriz** *actress*
**los estudios de bachillerato** *secondary-school studies*
**actuar** *(to act)*
**el colegio privado** *private school*
**la obra (de teatro)** *play*
**casarse** *to get married*

(*a*) ¿Dónde nació Paloma Pujol?
(*b*) ¿Cuándo nació?
(*c*) ¿Cuándo terminó sus estudios de bachillerato?
(*d*) ¿Cuándo empezó sus estudios de teatro?
(*e*) ¿Dónde actuó por primea vez?
(*f*) ¿En qué año se casó?
(*g*) ¿En qué mes y año nació su primer hijo?
(*h*) ¿Dónde actuó en julio de 1979?

**PRÁCTICA 13.6** Lea y pregunte.

*A* ¿Hace cuánto tiempo que vive usted en México?
*B* Hace cinco años que vivo en México.
*A* ¿Hace cuánto tiempo que trabaja en esta compañía?
*B* Hace cuatro años que trabajo en esta compañía.

Ask in a similar way:

(*a*) Hace seis meses que estudio español.
(*b*) Hace un año que vivo en España.
(*c*) Hace un año y medio que tengo este coche.
(*d*) Hace tres años que no voy a Francia.
(*e*) Hace mucho tiempo que conozco a Paloma.

Now answer these questions about yourself.
(*f*) ¿Hace cuánto tiempo que vive usted en esta ciudad?
(*g*) ¿Hace cuánto tiempo que estudia usted español?
(*h*) ¿Trabaja usted? ¿En qué trabaja? ¿Hace cuánto tiempo que trabaja?

**PRÁCTICA 13.7** Complete the phrases below.

| | |
|---|---|
| 1 ¿ . . . es la fecha de su nacimiento? | (*a*) ¿Cuántos? |
| 2 ¿ . . . año se casó? | (*b*) ¿Dónde? |
| 3 ¿ . . . estudió español? | (*c*) ¿Cuánto tiempo? |
| 4 ¿ . . . años estudió español? | (*d*) ¿Cuál? |
| 5 ¿ . . . otro idioma habla usted? | (*e*) ¿En qué? |
| 6 ¿Hace . . . que vive usted en España? | (*f*) ¿Qué? |

# Comprensión

## 1 Conversación

Lea esta conversación y escoja la respuesta correcta (*a*), (*b*) o (*c*).

This is an interview with an Andalusian immigrant in Barcelona.

**Entrevistador** ¿Cómo se llama usted?
**Rosario** Me llamo Rosario Rodríguez.
**Entrevistador** ¿De dónde es usted, Rosario?
**Rosario** Pues, yo nací en Palma del Río. Es un pueblo que está cerca de Córdoba.
**Entrevistador** ¿Cuándo llegó usted a Barcelona?
**Rosario** Llegué aquí en el año 1970.
**Entrevistador** O sea que hace varios años que vive usted aquí.

| | |
|---|---|
| **Rosario** | Si, vivo aquí desde hace bastante tiempo. |
| **Entrevistador** | ¿Se casó usted aquí? |
| **Rosario** | Sí, señor, me casé en Barcelona. |
| **Entrevistador** | ¿Y su marido también es andaluz? |
| **Rosario** | Sí, él es de Granada, pero nos conocimos aquí. |
| **Entrevistador** | ¿Tienen ustedes hijos? |
| **Rosario** | Sí, tenemos dos. Un chico y una chica. |
| **Entrevistador** | ¿Por qué decidió venir a Barcelona? |
| **Rosario** | Pues, para trabajar. |
| **Entrevistador** | ¿Y en qué trabajó usted cuando llegó? |
| **Rosario** | Primero trabajé en un hotel de camarera. Después empecé a trabajar en un supermercado. |
| **Entrevistador** | ¿Todavía trabaja en el supermercado? |
| **Rosario** | Sí, trabajo allí desde hace dos años y medio. |
| **Entrevistador** | ¿Habla usted catalán? |
| **Rosario** | No, yo no, pero mis hijos sí lo hablan. |
| **Entrevistador** | ¿Piensa usted volver a Palma del Río? |
| **Rosario** | No, pensamos quedarnos aquí. |

**Responda:**

1 Rosario es de

(*a*) Granada.
(*b*) Córdoba.
(*c*) Palma del Río.

2 Llegó a Barcelona en el año

(*a*) 1960.
(*b*) 1970.
(*c*) 1980.

3 Se casó con una persona de

(*a*) Barcelona.
(*b*) Córdoba.
(*c*) Granada.

4 Rosario trabajó primero en

(*a*) un hotel.
(*b*) un supermercado.
(*c*) un mercado.

## 2 Lectura

Lea este texto y responda a estas preguntas en inglés:

1 What was one of the effects of tourism in Spain?
2 What happened in January 1986?
3 Where do most foreign students come from?
4 How long do they come for?
5 What did Carol study at Manchester University?
6 What does she say regarding her knowledge of the language?

## Estudiantes extranjeros en España:

Uno de los efectos del turismo masivo que se inició en España en los años sesenta ha sido sin duda el mayor interés por el aprendizaje del español. Este interés por aprender la lengua española se vio fortalecido todavía más después de la integración de España en la Comunidad Económica Europea en enero de 1986.

Hoy en día son varios miles los estudiantes extranjeros que llegan a España con el propósito de participar en uno de los muchos cursos de español que se imparten a lo largo y ancho del país.

***¿De dónde vienen?***
La gran mayoría procede de Europa y de los Estados Unidos, pero también hay numerosos estudiantes provenientes de lugares tan diversos como Africa, el Oriente Medio o el Japón. Muchos vienen solamente durante el verano. Otros vienen por un año, hacen un curso de lengua en alguna universidad o institución española y luego vuelven a su país de origen.

***Impresiones de España***
Carol Johnson tiene 21 años. Carol realizó estudios hispánicos de lengua y literatura en la Universidad de Manchester y antes de comenzar a trabajar decidió pasar un año en España para mejorar su dominio del idioma. Carol, que vivió en Salamanca, hace el siguiente comentario sobre su estancia en España: 'Me encanta España. Mis conocimientos de la lengua me permiten ahora comunicarme sin problemas con la gente. Los españoles son muy sociables y yo tengo muy buenos amigos entre ellos.'

**estudiantes extranjeros** *foreign students*
**ha sido sin duda** *has been without any doubt*
**el aprendizaje** *learning*
**aprender** *to learn*
**se vio fortalecido** *it was reinforced*
**todavía más** *even more*
**con el propósito de** *in order to*
**que se imparten** *which are taught*
**a lo largo y ancho** *throughout*
**provenientes** *coming from*
**el dominio** *mastery*

# 14 Fui al mercado

The aim of this Unit is to teach you to talk about a sequence of events in the past and to ask questions with regard to such events. You will learn to ask for reasons and give reasons. You will also learn to express approximation with regard to time.

## Diálogo

Señora Alsina reports a burglary to the police.

| | |
|---|---|
| **Policía** | ¿A qué hora salió usted de casa esta mañana? |
| **Sra Alsina** | Salí a eso de las nueve y media. |
| **Policía** | ¿Qué hizo usted después? |
| **Sra Alsina** | Primero fui al mercado, hice la compra y luego tuve que ir al banco. |
| **Policía** | ¿Cuánto tiempo estuvo fuera de casa? |
| **Sra Alsina** | Estuve fuera unas dos horas. |
| **Policía** | Volvió alrededor de las once y media, ¿no? |
| **Sra Alsina** | Sí, a las once y media aproximadamente y fue entonces cuando vi la puerta abierta y decidí llamar por teléfono a mi marido y a la policía. |
| **Policía** | (*Interviewing Sr Alsina*) Y usted señor, ¿a qué hora se fue esta mañana? |
| **Sr Alsina** | Me fui a las nueve menos cuarto, saqué el coche del garaje y salí para la oficina. Estuve allí toda la mañana. |
| **Policia** | Y al mediodia vino usted a casa, ¿no? |
| **Sr Alsina** | Sí, vine en cuanto pude porque mi mujer me llamó por teléfono y me dijo lo sucedido. |

### Vocabulario

**¿a qué hora salió?** (salir) *what time did you leave (to leave)*
**esta mañana** *this morning*
**salí** *I left*
**¿qué hizo?** (hacer) *what did you do? (to do)*

**fui** (ir) *I went (to go)*
**el mercado** *market*
**hice la compra** *I did the shopping*
**tuve que ir** (tener) *I had to go (to have)*
**fuera** *out, outside*
**estuve fuera** *I was out*
**unas dos horas** *about two hours*
**volvió** (volver) *you returned (to return)*
**alrededor de las once y media** *about, around 11.30*
**fue** (ser) *it was (to be)*
**entonces** *then*
**vi** *I saw*
**la puerta** *door*
**abierta** (abrir) *open (to open)*
**decidí** (decidir) *I decided (to decide)*
**llamar por teléfono** *to telephone*
**mi marido** *my husband*
**la policía** *police*
**¿a qué hora se fue?** (irse) *what time did you leave? (to leave)*
**me fui** *I left*
**saqué**(sacar) *I took out (to take out)*
**salí** (salir) *I left (to leave)*
**hasta** *to, as far as*
**toda la mañana** *the whole morning*
**al mediodía** *at midday*
**vino usted a casa, ¿no?** (venir) *you came home, didn't you? (to come)*
**vine** *I came*
**en cuanto pude** (poder) *as soon as I could (can, be able to)*
**porque** *because*
**mi mujer** *my wife*
**me llamó por teléfono** *(she) telephoned me*
**me dijo** (decir) *(she) told me (to tell)*
**lo sucedido** *what had happened*

## Comentario

**Conducir** (*to drive*) is used mainly in Spain. Most Spanish-speaking countries in Latin America use the word **manejar** instead, although **conducir** will also be understood.

**La policía, el policía,** are both standard terms used to refer to the police force and a policeman respectively. In Spain there are different kinds of policemen: the **Guardia Civil** (*Civil Guard*) patrol the streets of towns and country roads; the **Policía Armada,** or armed police, are usually seen guarding public buildings; the **Policía Municipal,** some of them women, are responsible for the enforcement of traffic regulations.

## Cuestionario

1 ¿Verdadero o Falso?

(*a*) La señora Alsina salió de casa a eso de las 9 : 30.
(*b*) Fue al supermercado.

(*c*) Estuvo una hora fuera de casa.
(*d*) El señor Alsina llamó por teléfono a su mujer.

2 Responda a estas preguntas:

(*a*) ¿A qué hora volvió la señora Alsina a casa?
(*b*) ¿Quién llamó a la policía?
(*c*) ¿A qué hora se fue el señor Alsina?
(*d*) ¿Fue a la oficina en autobús?

# Frases y expresiones importantes

**How to:**

**1** *Talk about a sequence of events in the past.*
Primero fui al mercado, hice la compra y luego tuve que ir al banco.

Me marché a las nueve, saqué el coche del garaje y salí para la oficina.

**2** *Ask questions with regard to events in the past.*
¿A qué hora salió usted de casa?
¿Qué hizo usted después?

**3** *Ask for reasons and give reasons.*
¿Por qué vino usted a casa?
Vine a casa porque mi mujer me llamó por teléfono.

**4** *Express approximation with regard to time.*
A eso de las nueve y media.
Unas dos horas.

# Gramática

## 1 The Preterite tense (irregular verbs)

Here are the singular and plural forms of some of the most frequent irregular verbs in the Preterite:

**hacer** (*to do, to make*).
**hice, hiciste, hizo,**
**hicimos, hicisteis, hicieron.**

**venir** (*to come*)
**vine, viniste, vino,**
**vinimos, vinisteis, vinieron.**

**decir** (*to say*)
**dije, dijiste, dijo,**
**dijimos, dijisteis, dijeron.**

**conducir** (*to drive*)
**conduje, condujiste, condujo,**
**condujimos, condujisteis, condujeron.**

**tener** (*to have*)
**tuve, tuviste, tuvo,**
**tuvimos, tuvisteis, tuvieron.**

**estar** (*to be*)
**estuve, estuviste, estuvo,**
**estuvimos, estuvisteis, estuvieron.**

**poder** (*to be able*)
**pude, pudiste, pudo,**
**pudimos, pudisteis, pudieron.**

**ir** (*to go*), **ser** (*to be*)
**fui, fuiste, fue,**
**fuimos, fuisteis, fueron.**

Some verbs need a change in the spelling in the first person singular to enable the final consonant of the stem to keep the same sound as in the infinitive. Examples are:

**llegar** (*to arrive*)
**llegué**, llegaste, llegó,
llegamos, llegasteis, llegaron

**sacar** (*to take out*)
**saqué**, sacaste, sacó,
sacamos, sacasteis, sacaron

**pagar** (*to pay*)
**pagué**, pagaste, pagó,
pagamos, pagasteis, pagaron

**tocar** (*to play, to touch*)
**toqué**, tocaste, tocó,
tocamos, tocasteis, tocaron.

**acercarse** (*to come near*)
**me acerqué**, te acercaste, se acercó,
nos acercamos, os acercasteis, se acercaron.

A spelling change may also occur because of an accent in the infinitive or because there would otherwise be more than two vowels together.

**oír** (*to hear*)
oí, oíste, **oyó**,
oímos, oísteis, **oyeron**.

**caer** (*to fall*)
caí, caíste, **cayó**,
caímos, caísteis, **cayeron**.

## 2 ¿Por qué? Porque (*Why? Because*)

**¿Por qué** vino a casa? *Why did you come home?*
**Porque** mi mujer me llamó. *Because my wife called me.*

## 3 Approximation in time

**A eso de** las nueve y media. *About 9 : 30.*
**Alrededor de** las once y media. *Around 11 : 30.*
A las once y media **aproximadamente** *About 11 : 30.*
**Unas** dos horas. *About two hours.*

# Práctica

PRÁCTICA **14.1** Lea y escriba.

*A* ¿A qué hora llegó usted a la oficina?
*B* Llegué a la oficina a las nueve y cuarto.
*A* ¿Qué hizo usted después?
*B* Leí la correspondencia y a las nueve y media llamé a mi secretaria y le dicté una carta. Luego llamé por teléfono al banco y a las diez recibí a un cliente. A eso de las diez y media bebí un café y entre las once menos cuarto y las doce asistí a una reunión. Alrededor de las doce y cuarto recibí una llamada telefónica de mi mujer.

| | |
|---|---|
| **leer la correspondencia** *to read the mail*<br>**dictar una carta** *to dictate a letter*<br>**recibir a un cliente** *to receive a client* | **entre** *between*<br>**asistir a una reunión** *to attend a meeting* |

Complete this text with information from the dialogue on the previous page:

El señor Alsina **llegó** a la oficina a las nueve y cuarto, después **leyó** la correspondencia y a las nueve y media . . . (continúe usted)

**PRÁCTICA 14.2** Lea y responda.

La señora Alsina salió de casa a las nueve y media. Luego fue al mercado e hizo algunas compras. A las diez y media cogió un autobús y fue al banco donde cambió un cheque. Después que cambió el cheque fue a la panadería y compró un kilo de pan. Luego volvió a casa. Llegó a las once y media.

**las compras** *shopping* **cambiar un cheque** *to cash a cheque*
**la panadería** *baker's shop*

Complete this dialogue answering for Sra Alsina:

*A* ¿A qué hora salió de casa?
*B* **Salí** de casa a las nueve y media.
*A* ¿Qué hizo luego?
*B* Luego **fui** al mercado e . . .

**PRÁCTICA 14.3** Lea y escriba.

1 ¿Cuál fue la duración de sus vacaciones de verano de 1990?
2 ¿Dónde pasó sus vacaciones?
3 ¿Dónde fue?
4 ¿Qué tipo de alojamiento eligió?
5 ¿Qué tipo de actividades practicó en vacaciones?

| Sra Alba | Sr Caro |
|---|---|
| 15 días | 1 semana |
| en España | en Escocia |
| a la playa | Edimburgo |
| un hotel | con amigos |
| natación | montañismo |

**el alojamiento** *accommodation* **elegir** *to choose*

Now read the text on the next page:

La señora Alba tuvo quince días de vacaciones, las que pasó en España. Fue a la playa donde estuvo en un hotel. Durante sus vacaciones la señora Alba practicó la natación . . .

Escriba. El señor Caro . . .

Now answer these questions about yourself:

(*a*) ¿Dónde pasó usted sus últimas vacaciones?
(*b*) ¿Cómo fue? ¿En avión, en tren, en autocar o en coche?
(*c*) ¿Con quién fue?
(*d*) ¿Qué tipo de alojamiento eligió?
(*e*) ¿Qué tipo de actividades practicó en vacaciones? ¿Nadó? ¿Tomó el sol? ¿Salió de excursión? etc.
(*f*) ¿Cuánto tiempo estuvo fuera?

**PRÁCTICA 14.4** Lea y responda.

VACACIONES EN PORTUGAL

Nombre: Sr. y Sra. Plaza

**DEL 30 DE DICIEMBRE AL 3 DE ENERO**

| | |
|---|---|
| 30 Dic./90 | MALAGA - SETUBAL/TROIA. Salida por la mañana. Almuerzo en ruta. Cena y alojamiento en TROIA. |
| 31 Dic./90 | TROIA. Estancia en régimen de media pensión en el hotel. Excursión de día completo a LISBOA. |
| 01 Ene./91 | TROIA. Estancia en régimen de media pensión en el hotel. Excursión a FATIMA, BATALHA y NAZARE. |
| 02 Ene./91 | TROIA. Estancia en régimen de media pensión en el hotel. Excursión a CASCAIS y ESTORIL. Tarde libre. |
| 03 Ene./91 | TROIA-MALAGA. Desayuno en el hotel y salida hacia Málaga. Almuerzo en ruta. |

FIN DEL VIAJE Y DE NUESTROS SERVICIOS

(*a*) ¿Qué día salieron de Málaga los señores Plaza?
(*b*) ¿Dónde cenaron el día 30?
(*c*) ¿Cuándo fueron a Lisboa?
(*d*) ¿Qué lugares visitaron el día 1 de enero?
(*e*) ¿Cuándo tuvieron una tarde libre?
(*f*) ¿Dónde desayunaron el día 3?

Now answer the following questions for Sr and Sra Plaza. Like this:

¿Adónde fueron ustedes de vacaciones?
Fuimos a Portugal.

(*a*) ¿Qué día salieron ustedes de Málaga?
(*b*) ¿Cuándo volvieron a Málaga?
(*c*) ¿Cuántos días estuvieron en Portugal?
(*d*) ¿Qué lugares visitaron el primer día?
(*e*) ¿Dónde almorzaron el primer día?
(*f*) ¿Dónde cenaron?
(*g*) ¿Dónde desayunaron el último día?
(*h*) ¿Qué hicieron después de desayunar?

**PRÁCTICA 14.5** Lea y responda.

El tiempo ayer

ESPAÑA: Hubo algunas tormentas en la zona centro durante la tarde y siguieron las temperaturas altas, sobre todo en el sur de la península.

CATALUÑA: Siguió el tiempo muy estable y sin grandes cambios, temperaturas muy altas sobre todo en los llanos del interior. Al atardecer hubo algunas tormentas en puntos del litoral y prelitoral, pero de distribución irregular.

La temperatura máxima en Barcelona fue de 33 grados y la temperatura mínima fue de 22 grados.

Temperaturas

Máximas y mínimas

| | | |
|---|---|---|
| Amsterdam | 15 | 13 |
| Berlín | 23 | 12 |
| Berna | 26 | 12 |
| Bruselas | 18 | 13 |
| Copenhague | 16 | 13 |
| Dublín | 15 | 7 |
| Estocolmo | 11 | 9 |
| Helsinki | 17 | 8 |
| Lisboa | 37 | 17 |
| Londres | 16 | 11 |
| París | 21 | 16 |
| Praga | 20 | 12 |
| Oslo | 16 | 4 |
| Roma | 30 | 13 |
| Varsovia | 25 | 12 |
| Viena | 24 | 13 |

**hubo tormentas** *there were storms*

(*a*) ¿En qué parte de España hubo tormentas?
(*b*) ¿Hubo tormentas durante la tarde?
(*c*) ¿Dónde siguió el tiempo muy estable?
(*d*) ¿Cuál fue la temperatura máxima en Londres?

(*e*) ¿Cuál fue la temperatura máxima en Roma?
(*f*) ¿Cuál fue la temperatura mínima en Dublín?
(*g*) ¿Cuál fue la temperatura mínima en Bruselas?

**PRÁCTICA 14.6** Match each question in column A with an appropriate answer from column B:

| *A* **¿por qué?** | *B* **porque** |
|---|---|
| 1 ¿Por qué fue usted al banco? | (*a*) Porque me levanté muy tarde. |
| 2 ¿Por qué fue usted al mercado? | (*b*) Porque hubo un robo en mi casa. |
| 3 ¿Por qué llegó usted tarde a la oficina? | (*c*) Porque no la recibí. |
| 4 ¿Por qué llamó usted a la policía? | (*d*) Porque tuve que cambiar un cheque. |
| 5 ¿Por qué comió usted en un restaurante? | (*e*) Porque tuve que comprar fruta. |
| 6 ¿Por qué no respondió usted a mi carta? | (*f*) Porque unos amigos me invitaron. |

# Comprensión

## 1 Las Noticias

Lea este texto y escoja la información correcta (*a*), (*b*) o (*c*).

This is a transcript of a news bulletin from Madrid.

**Madrid.** El Presidente de la República de México llegó esta tarde al aeropuerto de Barajas. El Presidente mexicano fue recibido por el Presidente del Gobierno español. Esta visita tiene gran importancia en el contexto de las relaciones comerciales y culturales entre ambos países.

**San Sebastián.** Ayer comenzó en San Sebastián el Festival Internacional de Cine. En el festival participan naciones de todos los continentes y al él asisten numerosos directores y actores tanto nacionales como extranjeros.

**Madrid.** El resultado del partido de fútbol jugado en la tarde del domingo entre el Real Madrid y el Manchester United, fue favorable al equipo español. Real Madrid 2–Manchester United 0.

**Caracas.** Hoy llegó a Caracas una misión comercial española. El Presidente de la comisión fue recibido en el aeropuerto internacional de Maiquetía por el Ministro de Industria y Comercio de Venezuela. El Ministro venezolano declaró a los periodistas que ve con optimismo el futuro de las relaciones comerciales entre su país y España.

**El tiempo.** Continúa el buen tiempo en la mayor parte de la Península. La temperatura máxima de ayer en Madrid fue de veinticinco grados. La mínima fue de catorce grados. Pronóstico para mañana: estable, con una temperatura máxima probable en Madrid de 27 grados.

**Responda:**

1 El Presidente mexicano llegó a España

(*a*) en la mañana.
(*b*) muy tarde.
(*c*) esta tarde.

2 En el Festival de San Sebastián participan naciones

(*a*) europeas.
(*b*) de Europa y América.
(*c*) de todos los continentes.

3 El partido de fútbol entre el Real Madrid y el Manchester United fue

(*a*) el sábado por la mañana.
(*b*) el domingo por la tarde.
(*c*) el lunes por la noche.

4 La comisión comercial española fue recibida

(*a*) por el Presidente.
(*b*) por el cónsul español.
(*c*) por un ministro.

5 La temperatura máxima ayer en Madrid fue de

(*a*) 27 grados.
(*b*) 25 grados.
(*c*) 14 grados.

## 2 Lectura

Lea este texto y responda a estas preguntas en inglés:

1 When did the Moors come to Spain?
2 What did they call the Iberian Peninsula?

3 Where did Abd-al-Rahman I come from?
4 Where did he establish his capital?
5 In what part of the Peninsula were the Christian kingdoms?
6 Which was the last Moorish kingdom to fall to the Christians?

## La España musulmana

***Los musulmanes***
Los musulmanes, seguidores del profeta Mahoma, llegaron a la Península Ibérica en el año 712 y en sólo seis años ocuparon la mayor parte del territorio peninsular, al que llamaron al-Andalus. De la palabra al-Andalus deriva el nombre de Andalucía.

Años más tarde un joven príncipe musulmán, procedente de Damasco, derrotó al gobernador de al-Andalus, se proclamó emir con el nombre de Abd-al-Rahman I y estableció su capital en Córdoba. Con él comenzó un período de gran esplendor y prosperidad. Abd-al-Rahman empezó la construcción de la imponente Mezquita de Córdoba y sus sucesores construyeron magníficos monumentos y palacios.

El interés de los musulmanes por las artes y las ciencias hizo de Córdoba el centro cultural e intelectual de Europa.

***La Reconquista***
En el año 929 Córdoba se transformó en un califato independiente de Bagdad y con los califas Abd-al-Rahman III y su hijo Al Hakam, la capital alcanzó su máxima prosperidad. Pero luego, un período de anarquía y de conflictos internos entre los moros, favoreció el fortalecimiento de los reinos cristianos del norte de la Península y ayudó a la reconquista de los territorios ocupados por los musulmanes. A mediados del siglo XII se independizó Portugal y años más tarde los cristianos intensificaron sus ataques y lograron importantes triunfos.

En 1492, los Reyes Católicos, Isabel de Castilla y Fernando de Aragón, reconquistaron el último enclave moro, el reino de Granada.

**seguidores** *followers*
**derrotar** *to defeat*
**establecer** *to establish*
**la mezquita** *mosque*
**construir** *to build*
**el califato** *caliphate*
**alcanzar** *to reach*
**el fortalecimiento** *strengthening*
**ayudar** *to help*
**a mediados de** *in the middle of*
**lograr** *to achieve*

# 15 ¿Qué hacías

The aim of this Unit is to teach you to talk about what you used to do and what you liked, and to get similar information from other people. You will also learn to ask and say how long ago a particular event took place.

## Diálogo

Ricardo Valdés talks to his friend Pilar about his stay in London.

**Pilar** ¿Cuánto tiempo hace que estuviste en Londres?
**Ricardo** Estuve allí hace varios años. Fue después que terminé mis estudios en la universidad.
**Pilar** ¿Y qué hacías en Londres?
**Ricardo** Estudiaba inglés en un instituto de idiomas.
**Pilar** ¿Dónde vivías?
**Ricardo** Alquilaba una habitación en casa de una familia inglesa. Vivía a unos veinte minutos del centro.
**Pilar** ¿Cómo ibas al instituto?
**Ricardo** Iba en el metro.
**Pilar** ¿A qué hora tenías clases?
**Ricardo** Tenía clases por la mañana solamente. Las clases empezaban a las nueve y terminaban a la una.
**Pilar** ¿Y por la tarde qué hacías?
**Ricardo** Pues, volvía a casa a eso de la una y media, comía, estudiaba un rato y por la noche salía con algunos de mis amigos al cine, a algún bar o alguna discoteca.
**Pilar** ¿Te gustaba Londres?
**Ricardo** Sí, a mí me gustaba muchísimo.

**Vocabulario**

**¿hace cuánto tiempo que estuviste en Londres?** *how long ago were you in London?*
**estuve allí hace varios años** *I was there several years ago*
**¿qué hacías?** *what were you doing?*

**estudiaba** *I was studying*
**alquilaba** *I was renting*
**vivía** *I was living*
**¿cómo ibas . . . ?** *how did you go?*
**iba** *I used to go*
**solamente (sólo)** *only*
**empezaban** *they used to start*
**terminaban** *they used to finish*
**volvía** *I used to return*
**comía** *I used to eat*
**¿te gustaba?** *did you like it?*
**a mí me gustaba** *I liked it* (emphatic)

## Comentario

Until recently, most Spanish children used to take French at school. However, in the last few years, English has become very popular as a foreign language option, not only among school children, but also among adults who study the language for a variety of purposes. While many Spaniards would prefer to travel to Britain to study the language, an increasing number of them attend language schools in their own country.

## Cuestionario

1 ¿Verdadero o Falso?

(*a*) Ricardo estuvo en Londres varios años.
(*b*) Ricardo estudiaba en la Universidad de Londres.
(*c*) Vivía a veinte minutos del centro.
(*d*) Tenía cuatro horas de clases por la mañana.

2 Responda a estas preguntas:

(*a*) ¿Cuándo fue Ricardo a Londres?
(*b*) ¿Vivía con amigos?
(*c*) ¿A qué hora empezaban las clases?
(*d*) ¿A qué hora terminaban?
(*e*) ¿Dónde comía?

# Frases y expresiones importantes

**How to:**

**1** *Say what you used to do or were doing.*
Estudiaba inglés.
Alquilaba una habitación.

**2** *Ask people what they used to do.*
¿Qué hacías en Londres?
¿Y por la tarde qué hacías?

**3** *Ask people whether they liked something and respond.*
¿Te gustaba Londres?
Sí, me gustaba mucho.

**4** *Ask and say how long ago a particular event took place.*
¿Cuánto tiempo hace que estuviste en Londres?
Estuve allí hace varios años.

# Gramática

## 1 Imperfect tense

The Imperfect tense is used:

(*a*) To refer to a continuous or repeated action in the past:

**Volvía** a casa a eso de la una y media. *I used to return home about half past one.*

(*b*) To refer to an action which was taking place when something else happened. Here it is used in conjunction with the preterite.

**Iba** al cine cuando **me encontré** con ella. *I was going to the cinema when I met her.*

(*c*) To describe people, places and things in the past.

**Se llamaba** María. *Her name was Maria.*
La casa **tenía** cuatro habitaciones. *The house had four rooms.*
El libro **costaba** mil pesetas. *The book cost one thousand pesetas.*

Unlike the preterite, the Imperfect tense cannot be used to indicate a definite and completed action in the past.

| estudi**ar** | hac**er** | viv**ir** |
|---|---|---|
| estudi**aba** | hac**ía** | viv**ía** |
| estudi**abas** | hac**ías** | viv**ías** |
| estudi**aba** | hac**ía** | viv**ía** |
| estudi**ábamos** | hac**íamos** | viv**íamos** |
| estudi**abais** | hac**íais** | viv**íais** |
| estudi**aban** | hac**ían** | viv**ían** |

The Imperfect tense is the most regular tense in Spanish. Notice that '**-er**' and '**-ir**' verbs have similar endings and that the 1st and 3rd persons singular are the same. The 1st person plural of '**-ar**' verbs has an accent, while '**-er**' and '**-ir**' verbs carry accents on all endings.

Here are some more examples of the use of the Imperfect tense found in this Unit:

¿Qué **hacías** en Londres? *What did you do in London?* or *What were you doing in London?*
**Estudiaba** inglés. *I was studying English.*
¿A qué hora **tenías** clases? *What time did you have classes?*
**Tenía** clases por la mañana. *I had classes in the morning* or *I used to have classes in the morning.*
¿Te **gustaba** Londres? *Did you like London?*
Me **gustaba** mucho. *I liked it very much.*

## 2 Imperfect tense of irregular verbs

Three verbs are irregular in the Imperfect:

| **ir** *to go* | **ser** *to be* | **ver** *to see* |
|---|---|---|
| **iba** | **era** | **veía** |
| **ibas** | **eras** | **veías** |
| **iba** | **era** | **veía** |
| **íbamos** | **éramos** | **veíamos** |
| **ibais** | **erais** | **veíais** |
| **iban** | **eran** | **veían** |

**Iba** al instituto en el metro. *I used to go to the institute on the underground.*
La familia **era** inglesa. *The family was English.*
Por la noche **veía** a mis amigos. *In the evening I used to see my friends.*

## 3 ¿Hace cuánto tiempo? (*II*)

This construction, followed by **que** and a verb in the preterite, is used to ask people how long ago a particular event took place.

**¿Hace cuánto tiempo que** estuviste en Londres? *How long ago were you in London?*

This is how you would reply to such a question

**Estuve** allí **hace** varios años.
or
**Hace** varios años **que estuve** allí.
} *I was there several years ago*

# Práctica

**PRÁCTICA 15.1** Lea y responda.

*A* ¿Qué hacía usted en Málaga?
*B* Estudiaba español.

PROGRAMA CURSO DE ESPAÑOL

| | |
|---|---|
| **Por la mañana:** | 15 horas semanales de clase. |
| **Por la tarde:** | Audiciones, conferencias, cine, deportes, piscina, excursiones, visitas a museos. |
| **Otras actividades:** | Excursiones, fiestas sociales, cursos de guitarra española. |
| **Alojamiento:** | Con familias españolas. |

Continúe:

(*a*) ¿Tenía clases por la mañana o por la tarde?
(*b*) ¿Cuántas horas de clase tenía por semana?
(*c*) ¿Cuándo hacía excursiones?
(*d*) ¿Visitaba museos por la mañana?
(*e*) ¿Con quién vivía?

**PRÁCTICA 15.2** Lea, responda y escriba.

Luisa trabajaba de traductora en una empresa internacional donde ganaba un millón de pesetas por año. Luisa trabajaba de lunes a viernes. Empezaba su trabajo a las nueve de la mañana y terminaba a la una. Por la tarde iba a la oficina de cuatro a ocho.

(*a*) ¿Qué hacía Luisa en la empresa?
(*b*) ¿Cuánto ganaba?
(*c*) ¿Qué días trabajaba?
(*d*) ¿A qué hora empezaba por la mañana?
(*e*) ¿A qué hora terminaba?
(*f*) ¿A qué hora iba a la oficina por la tarde?

The following information tells you what José González used to do. Use it to write a paragraph like the model above.

José/dependiente/una tienda/60.000 pts. por mes/lunes a sábado/9:00—1:30/4:30—8:00.

**PRÁCTICA 15.3** Lea y responda.

*A* ¿Qué hacían ustedes en sus vacaciones?
*B* Generalmente nos levantábamos a las nueve de la mañana, desayunábamos y luego íbamos a la playa, tomábamos el sol y nadábamos y a la una y media volvíamos al hotel. Normalmente comíamos a las dos de la tarde.
*A* ¿Y por la tarde qué hacían?
Continúe:

| POR LA TARDE | |
|---|---|
| | hacer la siesta |
| 4:00 | ir de paseo o hacer excursiones |
| 6:00 | ir a algún bar |
| 8:00 | volver al hotel y ver la televisión |
| 9:30 | cenar |
| 11:00 | acostarse |

**PRÁCTICA 15.4** Lea y escriba

En el año 1974 el señor Soto trabajaba en Caracas. El señor Soto iba a su trabajo en coche, viajaba ocho kilómetros y tardaba veinte minutos en llegar. Normalmente salía de su casa a las nueve y llegaba a la oficina a las nueve y veinte.

Write similar texts with the following information:

| | Transporte | Km. | Tiempo | Salida | Llegada |
|---|---|---|---|---|---|
| Srta Pérez, 1981, Lima | tren | 15 | media hora | 8:30 | 9:00 |
| Sra Caro, 1980, Quito | autobús | 4 | 15 min. | 9:15 | 9:30 |

**PRÁCTICA 15.5** Lea y pregunte.

*A* ¿A usted le gustaba Sydney?
*B* ¿Sí, a mí me gustaba mucho Sydney.
*A* ¿Qué le gustaba hacer en su tiempo libre?
*B* Me gustaba ir a la playa.

Ask questions similar to the ones above. These are the answers:

(*a*) Sí, a mí me gustaba mucho Toronto.
Me gustaba salir de paseo.
(*b*) Sí, a nosotros nos gustaba bastante Chicago.
Nos gustaba ir al lago.
(*c*) Sí, al señor Ruiz le gustaba Santiago.
Le gustaba ir a la montaña.
(*d*) Sí, a la señora Caro le gustaba Quito. Le gustaba salir de compras.
(*e*) Sí, a ellos les gustaba Río de Janeiro. Les gustaba ir a bailar.

**el lago** *lake* **ir a bailar** *to go dancing*

**PRÁCTICA 15.6** Lea y responda.

*A* ¿Cuánto tiempo hace que estuvo usted en Brasil? (*4 años*)
*B* Estuve en Brasil hace cuatro años.

(*a*) ¿Cuánto tiempo hace que llegó usted a España? (*1 año*)
(*b*) ¿Cuánto tiempo hace que fue usted a Sudamérica? (*6 meses*)
(*c*) ¿Cuánto tiempo hace que terminaste tus estudios? (*varios años*)
(*d*) ¿Cuánto tiempo hace que empezaste a trabajar? (*2 años*)
(*e*) ¿Cuánto tiempo hace que se casaron ustedes? (*muy poco tiempo*)
(*f*) ¿Cuánto tiempo hace que dejó usted la escuela primaria?
(*g*) ¿Cuánto tiempo hace que empezó usted a estudiar español?
(*h*) ¿Trabaja usted? ¿Cuánto tiempo hace que empezó a trabajar?

# Comprensión

## 1 Conversación

Lea esta conversación y responda a las preguntas.

Cristina used to work as a tourist guide in Southern Spain.
**Entrevistador** Cristina, ¿en qué consistía tu trabajo?

**Cristina** Yo tenía que ir al aeropuerto a esperar a los turistas que llegaban de Inglaterra, de Francia, Alemania y otros países a pasar sus vacaciones en la Costa del Sol. Desde el aeropuerto les llevaba a los hoteles y durante su estancia visitaba el hotel tres veces por semana.

**Entrevistador** ¿Organizabas excursiones?

**Cristina** Sí, nuestra compañía hacía excursiones a Granada, a Córdoba y a Sevilla.

**Entrevistador** ¿Qué otras actividades realizabas?

**Cristina** Pues, la mayoría no hablaba español y en ocasiones yo tenía que hacer de intérprete, cuando salíamos de excursión por ejemplo, en una tienda, en un restaurante. En fin, cosas de ese tipo.

**Entrevistador** ¿Te gustaba tu trabajo?

**Cristina** Sí, me gustaba mucho, porque tenía la oportunidad de conocer gente diferente y hacer amistades.

**Entrevistador** ¿Y por qué decidiste dejar tu trabajo?

**Cristina** Pues, me casé, después vinieron los niños y fue muy difícil continuar.

**Entrevistador** ¿Piensas volver a trabajar algún día?

**Cristina** Sí, espero que sí.

**Responda**:

1 ¿De dónde venían los turistas?
2 ¿Quién llevaba a los turistas a los hoteles?
3 ¿Hablaban español?
4 ¿Le gustaba el trabajo a Cristina?
5 ¿Por qué decidió dejar su trabajo?

## 2 Lectura

Lea este texto y responda a estas preguntas en inglés:

1 What happened in 1492?
2 Who conquered Mexico?
3 Whom did Felipe II marry?
4 Who was King in 1558?
5 What happened in that year?
6 What is el *Siglo de Oro*?

### El Imperio español

El año 1492 marcó uno de los momentos más importantes en la historia de España. Por una parte, fue el fin de la Reconquista, con la derrota de los moros y la toma de Granada. Por otra, el descubrimiento de América por Cristóbal Colón, al servicio de los Reyes Católicos, que trajo para España enormes riquezas y expansión territorial. En pocos años España dominaba la mayor parte de los territorios del Nuevo Mundo. Y en los años que siguieron, otros muchos exploradores llegaron al nuevo continente. Cortés a México, centro de la cultura azteca, Pizarro al Perú, centro de la civilización inca.

***Carlos V***

La expansión territorial continuó después de la muerte de los Reyes Católicos. Carlos I, nieto de Isabel y Fernando, llegó a ser Emperador con el nombre de Carlos V. Austria, parte de Alemania, de Italia y de Holanda formaban parte de su gran imperio. Después de muchas guerras contra los protestantes alemanes, contra Francia y contra los turcos que querían invadir Europa, Carlos I abdicó y dejó el trono a su hijo Felipe II. Felipe II estaba casado con María Tudor de Inglaterra. La derrota de la Armada Invencible por parte de los ingleses ocurrió en el año 1558, bajo el reinado de Felipe II. El poderío de España empezó a declinar.

***El Siglo de Oro***

El Siglo de Oro fue un período de florecimiento artístico y espiritual. Santa Teresa y San Juan de la Cruz son figuras representantes de la literatura mística. El espíritu religioso de la época se refleja también en la obra de El Greco, pintor de origen cretense que estuvo al servicio de la corte española. El genio de Cervantes crea la gran obra literaria Don Quijote de la Mancha. No menos importante es la obra teatral de Calderón y Lope de Vega. Y la abundante obra artística de Velázquez, pintor sevillano, refleja las muchas facetas de la sociedad española.

**Vocabulario**

**el descubrimiento** *discovery*
**la muerte** *death*
**el nieto** *grandson*
**el imperio** *empire*
**el emperador** *emperor*
**la guerra** *war*
**el trono** *throne*
**el Siglo de Oro** *Golden Age*
**el florecimiento** *achievement*
**reflejarse** *to be reflected*
**el pintor** *painter*
**cretense** *Cretan*
**la corte** *court*

# 16 Estaba enfrente de la plaza

The aim of this Unit, like that of Unit 4, is to teach you how to describe. Unit 16 will teach you how to describe places and people with reference to the past. You will learn to ask and answer questions with regard to existence and quantity in the past and you will also learn more about comparisons, first studied in Unit 9.

## Diálogo

Isabel is interviewing people in a resort in Southern Spain. The old people talk about life in the town before the tourist boom began.

**Isabel** ¿Cómo era este lugar hace treinta años?

**Sr 1** Pues, era un pueblecito bastante pequeño, con muy pocos habitantes. No había tantos coches como ahora. Se podía andar tranquilamente por la calle.

**Isabel** (*Addressing a woman*) Y usted señora, ¿qué recuerda usted de su pueblo?

**Sra** Bueno, la vida era más agradable que ahora. Entonces venían muy pocos turistas. Recuerdo que había una sola pensión que estaba enfrente de la plaza. Claro, había poco trabajo, eso sí, muy poco trabajo. La gente joven tenía que emigrar.

**Isabel** (*Addressing another man*) Y a usted señor, ¿qué es lo que más le gustaba del pueblo?

**Sr 1** Pues, a mí lo que más me gustaba era la tranquilidad. Aquí no había ni discotecas ni clubs. En cambio ahora . . .

**Isabel** ¿Había cine?

**Sr 2** No, tampoco había cine.

**Isabel** Y los jóvenes, ¿cómo eran entonces?

**Sr 2** Los jóvenes no eran tan libres como ahora. Se respetaba más la autoridad de los padres.

**Isabel** Muchas gracias.

**Sr 2** De nada.

**Vocabulario**

**¿cómo era este lugar?** *what was this place like?*
**el lugar** *place*
**era** *it was*
**un pueblecito** *a little town*
**había** *there was, there were*
**tantos coches como ahora** *as many cars as today*
**se podía andar** *one could walk*
**tranquilamente** *peacefully*
**por la calle** *on the street*
**¿qué recuerda?** (recordar) *what do you remember? (to remember)*
**la vida** *life*
**más agradable que ahora** *more pleasant than today*
**una sola pensión** *a single boarding-house*
**estaba** *it was*
**claro** *certainly*
**eso sí** *for sure*
**la gente joven** *young people*
**emigrar** *to emigrate*
**¿qué es lo que más le gustaba?** *what did you like most?*
**a mí lo que más me gustaba** *what I liked most*
**la tranquilidad** *tranquillity*
**ni discotecas ni clubs** *neither discotheques nor clubs*
**en cambio** *on the other hand, instead*
**tampoco había cine** *there was no cinema either*
**los jóvenes** *young people*
**tan libres como** *as free as*
**respetar** *to respect*
**la autoridad** *authority*
**los padres** *parents*

## Comentario

The development of the tourist industry in the 1960s brought Spain out of the economic stagnation which had confronted her since the end of the Civil War (1939). In a country which was highly dependent on imports, tourism brought the much needed foreign currency to meet the increasing demand for goods. It brought work to many impoverished areas. New apartment blocks and hotels sprang up all along the coast. Spain's isolation from the rest of Europe brought an awareness of a way of life little known until then to many Spaniards.

## Cuestionario

1 ¿Verdadero o Falso?

(*a*) Antes había tantos coches como ahora.
(*b*) La vida era más agradable.
(*c*) Había muy pocos hoteles.
(*d*) El pueblo era más tranquilo.

2 Responda a estas preguntas:

(*a*) ¿Tenía muchos habitantes el pueblo?
(*b*) ¿Venían muchos turistas?
(*c*) ¿Dónde estaba la pensión?
(*d*) ¿Por qué tenía que emigrar la gente?
(*e*) ¿Había discotecas?

# Frases y expresiones importantes

**How to:**

**1** *Describe a place with reference to the past.*
¿Cómo era este lugar hace treinta años?
Era un pueblecito bastante pequeño.

**2** *Describe people with reference to the past.*
¿Cómo eran los jóvenes?
La juventud no era tan libre como ahora.

**3** *Ask and answer questions with regard to existence and quantity.*
¿Había cine?
No había cine.
Había poco trabajo.

**4** *Make comparisons.*
No había tantos coches como ahora.
La vida era más agradable que ahora.
La juventud no era tan libre.

# Gramática

## 1 Imperfect tense (II)

The Imperfect tense is used to describe people, places and objects with reference to the past (see Unit 15, page 171). The verbs most frequently used in description are **ser** (*to be*), **estar** (*to be*), **tener** (*to have*) and the impersonal forms of **haber**, such as **hay** (*there is, there are*), **había** (*there was, there were*).

Remember that in description **ser** is normally used to indicate general characteristics or features of a person, place or thing, whereas **estar** is used to indicate location or a temporary state or condition.

La vida **era** más agradable. *Life was more pleasant.*
*La pensión* **estaba** enfrente de la plaza. *The boarding house was opposite the square.*
**Tenía** muy pocos habitantes. *It had very few inhabitants.*
No **había** tantos coches como ahora. *There weren't as many cars as today.*

## 2 Comparisons (II)

The construction **más** + adjective + **que** forms the comparative.

La vida era **más agradable que** ahora. *Life was more pleasant than now.*

The construction definite article + **más** + adjective + **de** is used to form the superlative (*the most*).

**El más agradable de todos.** *The most pleasant of all.*

The construction **tan . . . como** expresses equality in positive or negative sentences. It is used with adjectives.

La juventud no era **tan libre como** ahora. *Young people weren't as free as now.*

The construction **tanto . . . como** is used with nouns. **Tanto** varies according to the gender and number of the noun which follows (**tanto, tanta, tantos, tantas**).

No había **tantos coches como** ahora. *There weren't as many cars as now.*

## 3 Negatives (tampoco, ni . . . ni)

**Tampoco** había cine.
**No** había cine **tampoco**.
} *There wasn't a cinema either.*

**No** había **ni** discotecas **ni** clubs. *There were neither discotheques nor clubs.*

## 4 Diminutives

The most frequent diminutive endings are **-ito** and **-cito.**

| | |
|---|---|
| Un momento *a moment* | Un pueblo *a town* |
| Un momen**tito** | Un pueble**cito** *a small town* |

**Momentito** is often used as a sign of politeness.

# Práctica

**PRÁCTICA 16.1** Mire el mapa y responda.

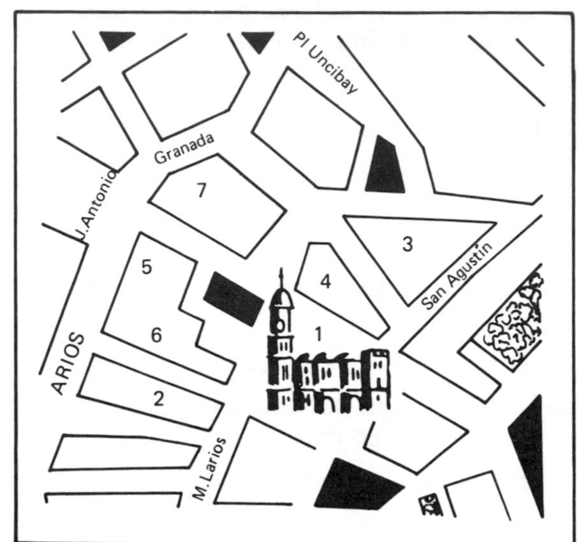


**1** Iglesia
**2** Bar El Mono
**3** Plaza
**4** Restaurante
**5** Correos
**6** Pensión El Sol
**7** Bar Andaluz

*A* ¿Era pequeño o grande?
*B* Era pequeño.

*A* ¿Cuántos habitantes tenía?
*B* Tenía tres mil habitantes.

Continúe:

(*a*) ¿Cuántas iglesias tenía?
(*b*) ¿Cuántos bares tenía?
(*c*) ¿Había plaza?
(*d*) ¿Qué había enfrente de la plaza?
(*e*) ¿Qué había al lado de Correos?
(*f*) ¿Cómo se llamaba la pensión?
(*g*) ¿Dónde estaba el Bar Andaluz?

**PRÁCTICA 16.2** Look at the following map showing the location of an apartment and complete each phrase in column A with an appropriate phrase from column B.

| | A | | B |
|---|---|---|---|
| (*a*) | El piso estaba en | 1 | la Calle Padilla y la Calle Cerdeña. |
| (*b*) | La Calle Lepanto estaba entre | 2 | de la plaza Alfonso El Sabio. |
| (*c*) | La estación de metro estaba cerca | 3 | la Calle Lepanto 369. |

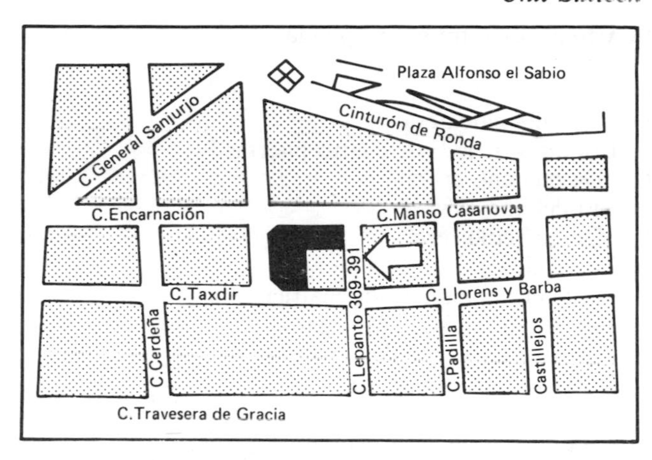


Now look at the following plan of the apartment and match each phrase in column A with an appropriate phrase from column B.

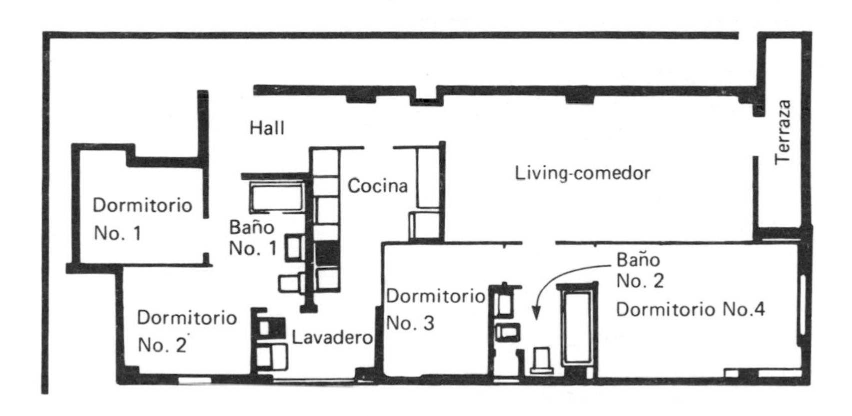


| A | | B | |
|---|---|---|---|
| (*d*) | El piso era | 4 | baños. |
| (*e*) | Tenía cuatro | 5 | junto al living-comedor. |
| (*f*) | Había dos | 6 | bastante grande. |
| (*g*) | La terraza estaba | 7 | cerca de la cocina. |
| (*h*) | El lavadero estaba | 8 | dormitorios. |

**el piso** *flat, apartment*
**el lavadero** *utility room*
**el comedor** *dining-room*
**el dormitorio** *bedroom*

**PRÁCTICA 16.3** Lea, mire y responda.

A stolen car
*A* ¿De qué marca era su coche?
*B* Era un Seat 133, de cuatro puertas.
*A* ¿De qué año era?
*B* Era del año 1989.
*A* ¿De qué color era?
*B* Era azul.
*A* ¿Cuál era el número de matrícula?
*B* MA 785932. Era de Málaga.
*A* ¿Qué había dentro del coche?
*B* Había un maletín negro.
*A* ¿Dónde estaba su coche?
*B* Estaba enfrente de Correos.
*A* ¿Qué hora era cuando desapareció?
*B* Eran las diez de la mañana.

Your car was stolen from the Plaza Mayor. Look at this information and answer questions about your car.

| INFORME POLICIAL | |
|---|---|
| Coche | Fiat 127, 2 puertas |
| Año | 1990 |
| Color | blanco y negro |
| Matrícula | VA 346821, Valencia |
| Contenido | una maleta roja |
| Lugar | Plaza Mayor |
| Hora | 14:00 |

(*a*) ¿De qué marca era su coche?
(*b*) ¿De qué año era?
(*c*) ¿De qué color era?
(*d*) ¿Cuál era el número de matrícula?
(*e*) ¿Qué había dentro del coche?
(*f*) ¿Dónde estaba su coche?
(*g*) ¿Qué hora era cuando desapareció?

**PRÁCTICA 16.4** Fill in the blank spaces in the following paragraph with the correct Imperfect tense form of **ser** *or* **estar**:

El Hotel Delicias . . . un hotel de cuatro estrellas y . . . a sólo cinco minutos de la playa; . . . un hotel grande y moderno y . . . a unos cinco kilómetros de la ciudad.

El hotel tenía una piscina, dos bares y un restaurante. El restaurante . . . muy elegante y . . . junto a la piscina. El personal del hotel . . . español, pero la mayoría de los turistas . . . extranjeros.

**PRÁCTICA 16.5** Lea y escriba.

. . . se llamaba **María Luisa,** tenia 23 años, era alta, morena, tenía pelo negro y ojos marrones. Maria Luisa era guapa y simpática . . .

Write similar texts with the information below.

(*a*) **Andrés**
29 años
bajo
moreno
pelo castaño
ojos verdes
guapo y
agradable

(*b*) **Sofía**
34 años
baja
rubia
pelo largo
ojos azules
inteligente y
divertida

**PRÁCTICA 16.6** Look at the information in these boxes and read the example which follows:

| Nombre | Altura |
|---|---|
| Ana | 1.70 m. |
| Rosa | 1.68 m. |

| Nombre | Precio |
|---|---|
| Hotel Plaza | 3.800 pts. |
| Hotel Ritz | 4.500 pts. |

| Ciudad | Habit. |
|---|---|
| Madrid | 4000.000 |
| Valencia | 600.000 |

| Monte | Altura |
|---|---|
| Everest | 8.880m. |
| Aconcagua | 6.959 m. |

A Ana/alta/Rosa
Ana es más alta que Rosa.

Write similar sentences using the information in the boxes on the previous page.

(*a*) El Hotel Ritz/caro/el Hotel Plaza.
(*b*) Madrid/grande/Valencia.
(*c*) El Monte Aconcagua/bajo/el Monte Everest.

Now look at the following boxes:

| Nombre | Precio |
|---|---|
| Pensión El Mar | 1800 pts. |
| Pensión El Sol | 1800 pts. |

| Nombre | Trabaja |
|---|---|
| Luis | 43 horas |
| Nora | 43 horas |

| Nombre | Vacaciones |
|---|---|
| Juan | 3 semanas |
| José | 3 semanas |

| Nombre | Experiencia |
|---|---|
| Marta | 2 años |
| Pedro | 2 años |

*A* La Pensión El Mar/barata/la Pensión El Sol.
La Pensión El Mar es tan barata como la Pensión El Sol.
*B* Luis/horas/Nora.
Luis trabaja tantas horas como Nora.

Continúe:

(*d*) Juan/tiene/vacaciones/José.
(*e*) Marta/tiene/experiencia/Pedro.

**PRÁCTICA 16.7** Lea y responda.

*A* ¿Había discotecas?
*B* No, no había discotecas.
*A* ¿Había clubs?
*B* No, tampoco había clubs. No había ni discotecas ni clubs.

Answer in a similar way.

(*a*) ¿Había cines? (no)/¿Había teatros? (no)
(*b*) ¿Había playa? (no)/¿Había piscina? (no)
(*c*) ¿Hablaba francés (no)/¿Hablaba alemán? (no).
(*d*) ¿Sabía italiano? (no)/¿Sabía portugués? (no).

# Comprensión

## 1 Conversación

Lea este texto y responda.

A passenger has lost her luggage at the airport in Mexico City.

| | |
|---|---|
| **Empleado** | ¿Cuál era el número de su vuelo? |
| **Sra** | Era el vuelo BA 727. |
| **Empleado** | Usted venía de Nueva York, ¿no? |
| **Sra** | Sí, de Nueva York. |
| **Empleado** | ¿Qué equipaje traía usted señora? |
| **Sra** | Traía dos maletas, una grande y una pequeña. |
| **Empleado** | ¿De qué color eran? |
| **Sra** | La maleta grande era negra y la más pequeña era de color marrón. |
| **Empleado** | ¿De qué material eran? |
| **Sra** | La pequeña era de plástico, pero la grande era de cuero. |
| **Empleado** | ¿Llevaban su nombre? |
| **Sra** | No, llevaban el nombre de mi marido. Carlos García. |
| **Empleado** | ¿Qué llevaba usted en las maletas? |
| **Sra** | En la grande traía toda mi ropa y en la otra llevaba algunos libros, regalos y otras cosas. |
| **Empleado** | Bien, me espera un momento, por favor. |

**¿Verdadero o Falso?**

(*a*) La señora venía en el vuelo BA 727.
(*b*) La señora venía de Nueva York.
(*c*) La maleta grande era marrón.
(*d*) La maleta pequeña era negra.
(*e*) La maleta pequeña era de plástico.
(*f*) Las maletas llevaban el nombre de la señora.
(*g*) En la maleta grande había ropa.

## 2 Lectura

Lea este texto y responda a estas preguntas en inglés:

1 When did the conquest of Mexico begin?
2 Who led the Spanish conquest of Mexico?
3 Where was the city of Tenochtitlan?
4 What was the city like?

5 Who was Montezuma?
6 What happened to Montezuma and to Tenochtitlan?

## La conquista de México

***Hernán Cortés llega a México***
A principios del siglo XVI, los españoles iniciaron la conquista de los territorios que había descubierto Cristobal Colón. El año 1519, procedente de Cuba, llegó a Veracruz, en el sur de México, Hernán Cortés. Con quinientos hombres, Cortés inició la conquista de México en nombre de la corona de España y de su emperador Carlos V.

***Tenochtitlan***
Pocos meses después de desembarcar en Veracruz, Cortés inició la marcha hacia la capital azteca, que se llamaba Tenochtitlan.

Tenochtitlan era el centro de la civilización azteca y se encontraba en una isla, en medio de un gran lago. Era una ciudad magnífica. En ella había pirámides, palacios, plazas, jardines y mercados. El emperador de los aztecas era Montezuma II. Montezuma vio en Cortés al dios blanco que, según una antigua leyenda azteca, un día llegaría. El emperador ofreció su hospitalidad a Cortés y sus hombres. Cortés, en cambio, le hizo apresar. Los aztecas, irritados por la sumisión de Montezuma y sublevados contra los españoles, mataron al emperador.

***La destrucción de Tenochtitlan***
Un año después de la muerte de Montezuma, Cortés y sus hombres atacaron y destruyeron casi completamente la ciudad de Tenochtitlan. Cuauhtémoc, el nuevo emperador azteca, fue capturado y muerto. Después de la rendición de Tenochtitlan, Cortés inició la reconstrucción de la ciudad y dividió las tierras y los nativos entre sus soldados. En 1521 se inició en México el período colonial que culminó con su independencia de España en el año 1810.

### Vocabulario

**a principios de** *at the beginning of*
**se encontraba** *it was situated*
**en medio de** *in the middle of*
**el dios** *god*
**según** *according to*
**llegaría** *he would arrive*
**apresar** *to take prisoner*
**matar** *to kill*
**atacar** *to attack*
**fue muerto** *he was killed*

# 17 No ha llegado

The aim of this Unit is to teach you to express degrees of certainty and uncertainty with regard to something, you will also learn to ask and answer questions about what has happened and to say what you have done or what was done by someone else. Another aim of this Unit is to teach you to ask and say who is calling when using the phone and to ask whether someone wants to leave a message. You may wish to review Unit 12, which contains other expressions used on the telephone.

## Diálogo

A tour operator telephones señor Alsina to confirm his reservation for Mexico. He is not at the office that morning.

**Recepcionista** Anglohispana. ¿Dígame?

**Sra Mendoza** Quisiera hablar con el señor Alsina, por favor.

**Recepcionista** Me parece que el señor Alsina no ha llegado todavía. ¿De parte de quién?

**Sra Mendoza** De parte de Emilia Mendoza, de la Agencia Latinotur.

*(Receptionist telephones the manager's office and talks to his secretary)*

**Recepcionista** No, señora. El señor Alsina no ha venido hoy.

**Sra Mendoza** ¿Está enfermo?

**Recepcionista** No, creo que no. Me parece que ha ido a visitar a un cliente. ¿Quiere dejarle algún recado?

**Sra Mendoza** Sí, por favor. ¿Quiere decirle que ha llamado Emilia Mendoza de la Agencia de Viajes Latinotur. Dígale que ya he hecho la reserva para el viaje a México. Que está confirmada.

**Recepcionista** Un momento, que tomo nota. De parte de la señora Emilia Mendoza, que ya ha hecho la reserva para el viaje a México y que está confirmada.

**Sra Mendoza** Eso es. Muchas gracias.

**Recepcionista** De nada.

**Vocabulario**

**quisiera** *I would like*
**me parece que** *I think* (lit. *it seems to me*)
**no ha llegado** *he has not arrived*
**todavía** *yet, still*
**¿de parte de quién?** *who is speaking?*
**no ha venido** *he has not come*
**¿está enfermo?** *is he ill?*
**creo que no** (creer) *I don't think so (to think)*
**ha ido a visitar** *he has gone to visit*
**el cliente** *customer, client*
**¿quiere dejarle algún recado?** *do you want to leave a message?*
**el recado** *message*
**ha llamado Emilia Mendoza** *Emilia Mendoza has telephoned*
**dígale** *tell him*
**he hecho la reserva** *I have made the reservation*
**ha hecho la reserva** *she has made the reservation*
**el viaje** *journey, trip*
**que está confirmada** *that it is confirmed*
**tomo nota** (tomar nota) *I make a note (to make a note)*
**eso es** *that's it*

## Comentario

When Franco took power at the end of the civil war (1939), Mexico continued to recognise the republican goverment in exile. Travelling between Spain and Mexico was not easy. Spaniards wanting to go to Mexico needed a visa and had to pay a deposit on entering the country. After General Franco's death in 1975, Mexico recognised the new democratic government and relations were quickly restored.

## Cuestionario

1 ¿Verdadero o Falso?

(*a*) La señora Mendoza quiere hablar con el señor Alsina.
(*b*) El señor Alsina está enfermo.
(*c*) La señora Mendoza todavía no ha hecho la reserva.
(*d*) El señor Alsina va a ir a México.

2 Responda a estas preguntas:

(*a*) ¿Quién llama por teléfono al señor Alsina?
(*b*) ¿Qué quiere confirmar?
(*c*) ¿Está el señor Alsina en la oficina?
(*d*) ¿Dónde trabaja la señora Mendoza?

# Frases y exprcsiones importantes

**How to:**

1 *Express degrees of certainty and uncertainty.*
Me parece que (no) ha llegado.
Me parece que ha ido a visitar a un cliente.
Creo que (no) está enfermo.

2 *Talk about what has happened, and say what you have done.*
El señor Alsina no ha venido hoy.
Ha ido a visitar a un cliente.
(Yo) he hecho la reserva.

3 *Ask and say who is calling when using the phone.*
¿De parte de quién? De parte de (Emilia Mendoza).

4 *Ask people whether they want to leave a message.*
¿Quiere dejarle algún recado?

# Gramática

## 1 Parecer (*to seem, to think*)

This verb is used in the same way as **gustar.**

| | | | |
|---|---|---|---|
| **(a mí)** | **me** parece | **(a nosotros)** | **nos** parece |
| **(a ti)** | **te** parece | **(a vosotros)** | **os** parece |
| **(a él)** | **le** parece | **(a ellos)** | **les** parece |
| **(a ella)** | **le** parece | **(a ellas)** | **les** parece |
| **(a usted)** | **le** parece | **(a ustedes)** | **les** parece |

**Me parece** que no ha llegado. *I think he has not arrived. It seems to me he has not arrived.*
A la recepcionista **le parece** que no ha llegado. *The receptionist thinks he has not arrived. It seems to the receptionist that he has not arrived.*

## 2 Past participle

Regular past participles of **-ar** verbs end in **-ado**; those of **-er** and **-ir** verbs end in **-ido**:

lleg**ar**:lleg**ado** s**er**:s**ido** ven**ir**:ven**ido**

**The Past Participle is used in the following formations:**

***(a) Forming the Perfect tense***
The past participle is often used with the auxiliary verb **haber** (*to have*) in the forming of compound tenses such as the Perfect:

**Ha llamado** la señora Mendoza. *Señora Mendoza has called.*

***(b) Forming the Passive voice***
The past participle may be used with **ser** to express the English Passive, in which case it always agrees with the subject.

La reserva **fue hecha** por la secretaria. *The reservation was made by the secretary.*

When used with **estar** it functions like an adjective, and is used to express a state which follows from a particular action:

La reserva **está confirmada.** *The reservation is confirmed.*
El viaje **está confirmado.** *The trip is confirmed.*

*Note*: The Reflexive **se** used with a singular verb is roughly the equivalent of the impersonal English '*one*' or '*you*' and is often used in Spanish to avoid the Passive. See in particular the examples in the recipe for *Paella*, in Unit 8, page 99.

## 3 Irregular past participles

| | | | | | |
|---|---|---|---|---|---|
| **hacer** | **hecho** | (*done*) | **escribir** | **escrito** | (*written*) |
| **decir** | **dicho** | (*said*) | **abrir** | **abierto** | (*opened*) |
| **volver** | **vuelto** | (*returned*) | **ver** | **visto** | (*seen*) |
| **poner** | **puesto** | (*put*) | **morir** | **muerto** | (*dead*) |

## 4 Perfect tense

This is used to refer to recent or past events which bear some relation to the present. It is often found with expressions of time such as **alguna vez** (*ever*), **nunca** (*never*), **todavía** (*still, yet*), **ya** (*already*), **hoy** (*today*), **esta mañana** (*this morning*), **este mes** (*this month*), **este año** (*this year*), etc.

The uses of the Perfect tense in Spanish are very similar to those of the English Perfect tense.

El no **ha llegado** todavía. *He has not arrived yet* (but may still arrive).
**¿Has estado** en México alguna vez? *Have you ever been to Mexico?* (up until now)?
No **he estado** nunca allí. *I have never been there* (up until now).

As in English, the Perfect tense and not the Preterite (or Simple Past) must be used in such a context. But also like English, the Perfect tense sometimes overlaps with the Preterite. In the examples which follow, either tense is correct:

El no **ha venido** a trabajar. *He hasn't come to work.*
El no **vino** a trabajar. *He didn't come to work.*

**Ha ido** a visitar a un cliente. *He has gone to visit a customer.*
**Fue** a visitar a un cliente. *He went to visit a customer.*

**He hecho** la reserva. *I have made the reservation.*
**Hice** la reserva. *I made the reservation.*

The tendency is to use the Perfect tense when the verb refers to the recent past, whereas the Preterite is preferred to indicate a more distant action in the past.

Generally speaking, the Preterite seems to be more frequent in Spanish than the Perfect tense when referring to past events. However, when talking about recent events and actions, the Perfect tense is used more widely in Spain, whereas Latin Americans prefer to use the Preterite.

The Perfect tense is formed with the Present tense of **haber** (*to have*) followed by a past participle which is invariable:

| | |
|---|---|
| **He llegado** | *I have arrived.* |
| **Has llegado** | *You have arrived* (fam.). |
| **Ha llegado** | *He, she has, you have arrived* (form.). |
| **Hemos llegado** | *We have arrived.* |
| **Habéis llegado** | *You have arrived* (fam.). |
| **Han llegado** | *They, you have arrived* (form.). |

Negative forms and pronouns go before the auxiliary:

**No ha llegado.** *He has not arrived.*
**Se ha marchado.** *He has left.*

# Práctica

**PRÁCTICA 17.1** Match the questions in column A with the answers in column B.

| *A* Un viajero (*traveller*) | *B* Una viajera |
|---|---|
| 1 ¿Sabe usted a qué hora sale el avión para Panamá? | (*a*) Creo que la van a anunciar en diez minutos más. |
| 2 ¿Cuál es la puerta de embarque? | (*b*) Me parece que es la número doce. |
| 3 ¿Han llamado para subir al avión? | (*c*) Sí, estoy segura que no. |
| 4 ¿A qué hora van a anunciar la salida? | (*d*) No, creo que todavía no han llamado. |
| 5 ¿Sabe usted dónde están los servicios? | (*e*) Me parece que a las 9:30. |
| 6 ¿Está segura que todavía no han anunciado el vuelo? | (*f*) Creo que están aquí a la izquierda. |

**estar seguro** *to be sure*

**PRÁCTICA 17.2** Rearrange the sentences in this dialogue in order to make sense of what B says.

*A* Quisiera hablar con la señorita Mora, por favor.
*B* ¿de/quién/parte/de?
*A* De Gustavo Meza.
*B* señorita Mora/ha/hoy/no venido/la.
*A* ¡Qué lástima!
*B* ¿algún/dejarle/quiere/recado?
*A* Sí, por favor.
*B* momento/un/nota/que/tomo.
*A* Dígale por favor que ha llamado el señor Meza y que la voy a llamar mañana.
*B* ¿a/hora/qué/llamar/a/va?
*A* A las diez y cuarto.

**PRÁCTICA 17.3** Lea y responda

| Lunes, 24 de junio | |
|---|---|
| Llamar a la Sra Mendoza | Sí |
| Ir al banco | No |
| Llevar coche al garaje | No |
| Comprar sellos | Sí |

| Pagar cuenta del gas | Sí |
|---|---|
| Pedir cita con dentista | No |
| Sacar entradas para el cine | Sí |

*A* ¿Ha llamado usted a la Sra Mendoza?
*B* Sí, la he llamado.
*A* ¿Ha ido usted al banco?
*B* No, no he ido.

Continúe.

(*a*) ¿Ha llevado usted el coche al garaje?
(*b*) ¿Ha comprado los sellos?
(*c*) ¿Ha pagado la cuenta del gas?
(*d*) ¿Ha pedido cita con el dentista?
(*e*) ¿Ha sacado las entradas para el cine?

**llevar** *to take* **pagar** *to pay*
**los sellos** *stamps* **pedir cita** *to make an appointment*

**PRÁCTICA 17.4** Mire y escriba.
Look at the graphs and write sentences similar to the example which follows:

(La inflación/bajar)
La inflación ha bajado.

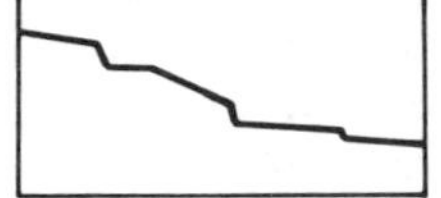

(*a*) Los precios/subir
(*prices/to go up*)

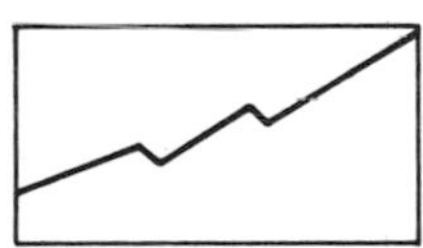

(*b*) Los salarios/aumentar
(*salaries/to increase*)

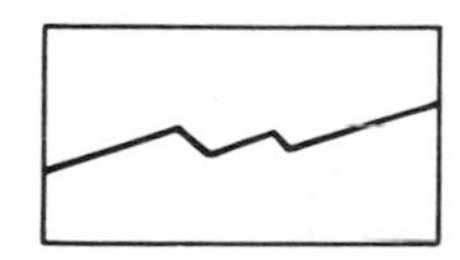

(*c*) El desempleo/crecer
(*unemployment/to grow*)

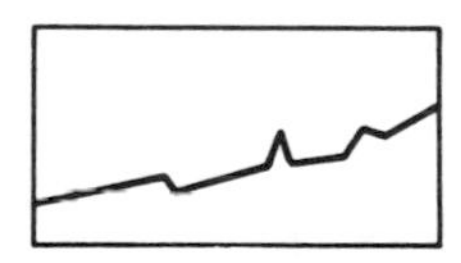

(*d*) las exportaciones/bajar
(*exports/to go down*)

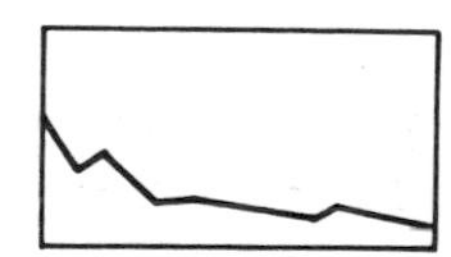

**PRÁCTICA 17.5** Lea y responda.

```
                    Madrid, 26 de junio de 19..

Muy señor mío:

             Tengo el agrado de informarle
que hemos reservado un billete en primera
clase para el vuelo ME559 de Aeroméxico
del 2 de julio a las 15:30 horas. Además,
esta mañana hemos recibido una carta del
Hotel Monterrey de Ciudad de México
confirmándonos que le han reservado una
habitación individual con baño para la
fecha que usted ha solicitado, del 3 al 10
de julio.
Deseando que tenga un buen viaje, le
saludamos muy atentamente.
```

**además** *besides* **la fecha** *date* **solicitar** *to request*

(*a*) ¿Han reservado un billete en clase turista?
(*b*) ¿Para qué día han reservado el billete?
(*c*) ¿De dónde han recibido una carta?
(*d*) ¿Cuándo la han recibido?
(*e*) ¿Cuántas habitaciones han reservado?
(*f*) ¿Han confirmado la reserva de la habitación?

**PRACTICA 17.6** Lea y responda.

*A* ¿Han hecho ustedes la reserva?
*B* Sí, ya la hemos hecho.
No, todavía no la hemos hecho.

(*a*) ¿Han escrito ustedes la carta? Sí . . .
(*b*) ¿Han visto ustedes la habitación? No . . .
(*c*) ¿Han abierto ustedes la cuenta? No . . .
(*d*) ¿Han hecho ustedes el trabajo? Sí . . .
(*e*) ¿Han puesto ustedes los sellos? Sí . . .
(*f*) ¿Han devuelto ustedes los libros? No, . . .

**la cuenta** *account* **devolver** *to return*

# Comprensión

## 1 Conversación

Lea esta conversación y responda.

Pablo, an employee at Anglohispana, telephones a local company to complain about the non-arrival of some office material which had been ordered.

**Empleada** ¿Dígame?
**Pablo** Buenos días. Llamo de parte del señor Alsina, de Anglohispana.
**Empleada** Sí, dígame.
**Pablo** Hemos hecho un pedido de material de oficina, pero todavía no lo hemos recibido.
**Empleada** ¿Cuándo hicieron el pedido?
**Pablo** Lo hicimos la semana pasada.
**Empleada** Un momento, por favor. ¿Cómo ha dicho que se llama la firma?
**Pablo** Anglohispana.
**Empleada** Ah sí, me parece que ha sido despachado. (*pause*) Sí, efectivamente. Ya lo hemos enviado.
**Pablo** ¿Cuándo lo enviaron?
**Empleada** Lo enviamos el lunes por la tarde.
**Pablo** (*Expressing surprise*) ¿El lunes por la tarde? ¿Está segaur?
**Empleada** Sí, señor, estoy totalmente segura. Lo hemos enviado a la dirección que ustedes nos han dado. Calle Cervantes 314.
**Pablo** Señorita, nuestra dirección no es Calle Cervantes 314. Es Calle Cervantes 214.
**Empleada** Ah, perdone usted. Fue un error de nuestro encargado. ¿Quiere esperar un momento? Voy a ver qué podemos hacer.

**¿Verdadero o Falso?**

(*a*) Anglohispana hizo un pedido de material de oficina.
(*b*) La firma ya ha recibido el pedido.
(*c*) El pedido ha sido despachado.
(*d*) Lo despacharon el lunes por la mañana.
(*e*) La dirección de Anglohispana es Calle Cervantes 214.

**el pedido** *order*

## 2 Lectura

Lea este texto y responda a estas preguntas en inglés:

1 When did the Spaniards arrive in Perú?
2 Which city was the centre of the Inca Empire?
3 How was the Empire organized?
4 How were the territories divided?
5 Who was the maximum authority?
6 When did the Empire come to an end?

## El imperio de los Incas

***Los españoles en la América del Sur***

Más de cuatrocientos años han pasado desde que los primeros españoles llegaron a la costa oeste de la América del Sur. Los territorios conquistados se han dividido en diferentes repúblicas: Chile, en el sur; al norte de Chile el Perú y Bolivia y más al norte Ecuador.

***Los incas***

Cuando los españoles llegaron al Perú en el año 1532, estos territorios formaban parte de un vasto imperio al que los conquistadores llamaron el Imperio de los Incas. Inca era el nombre que los indios daban a su rey.

El centro de esta civilización era el Cuzco, ciudad situada en los Andes del Perú. Los incas construyeron caminos que llevaban desde el Cuzco a las diferentes partes de su vasto imperio.

El imperio estaba organizado a base de grupos de familias relacionadas entre sí. Esta forma de organización ha continuado existiendo con ciertas variaciones hasta hoy. En la actualidad corresponden a las llamadas *comunidades indígenas*. Los territorios estaban divididos para su administración en cuatro grandes zonas y la autoridad máxima para todo el imperio era el Inca o hijo del Sol.

***La religión***

En la religión inca el lugar más importante era ocupado por el Sol, al que llamaban Inti. Después del Sol venían la Luna, el Rayo y la Tierra. A la tierra la llamaban Mama-Pacha. Entre los nobles existía el culto a un ser supremo llamado Wiracocha. El pueblo inca rendía culto a sus antepasados y a los muertos. Los templos que los incas construyeron para sus dioses eran magníficos monumentos con paredes recubiertas de oro y plata.

***El fin del Imperio***

La llegada de los españoles marcó el fin del imperio inca. Hoy sólo quedan los vestigios de la riqueza de esa civilización. Algunas de sus tradiciones y costumbres continúan inalterables. Su idioma es *el quechua*, el mismo idioma que conocieron los conquistadores en el año 1532.

**Vocabulario**

| | |
|---|---|
| **el camino** *road* | **los antepasados** *ancestors* |
| **el Sol** *sun* | **los muertos** *the dead* |
| **la Luna** *moon* | **las paredes** *walls* |
| **el Rayo** *lightning* | **recubiertas** *covered* |
| **la Tierra** *earth* | **el oro** *gold* |
| **un ser** *a being* | **la plata** *silver* |
| **rendir culto** *to worship* | |

# 18 Ya se había marchado

The aim of this Unit is to teach you to talk about events which had taken place in the past and to say what you had done. You will also learn to report on what other people have said and to state whether you have remembered or forgotten something.

## Diálogo

Señor Alsina receives a series of messages from his secretary.

| | |
|---|---|
| **Sr Alsina** | ¿Hay algún recado para mí? |
| **Secretaria** | Sí, llamó por teléfono la señora Mendoza. Dijo que ya había hecho la reserva para el viaje a México. También hay un recado para usted de parte de la señorita Vergara. Dice que lo siente mucho, pero que no puede venir a la reunión porque está enferma. |
| **Sr Alsina** | ¿Llamó por teléfono al gerente del Banco Central? |
| **Secretaria** | Sí, llamé, pero ya se había marchado. |
| **Sr Alsina** | ¿Se acordó usted de enviar el telegrama a México? |
| **Secretaria** | No, lo siento, se me olvidó. |
| **Sr Alsina** | ¿Llegó el material de oficina? |
| **Secretaria** | No, todavía no. Llamé por teléfono a la papelería y me dijeron que lo van a enviar mañana. |
| **Sr Alsina** | ¿Eso es todo? |
| **Secretaria** | Sí, eso es todo. |
| **Sr Alsina** | ¿Tiene algo que hacer usted en este momento? |
| **Secretaria** | No, no tengo nada que hacer. |
| **Sr Alsina** | ¿Quiere venir a mi oficina un momento, por favor? Quiero dictarle unas cartas. |

**Vocabulario**

**ya había hecho la reserva** *she had already made the reservation*
**lo siente mucho** *she's very sorry*
**la reunión** *meeting*
**el gerente** *manager*

**ya se había marchado** *he had already left*
**¿se acordó usted?** *did you remember?*
**enviar** *to send*
**se me olvidó** *I forgot*
**la papelería** *stationer's*
**¿eso es todo?** *is that all?*
**¿tiene algo que hacer?** *do you have anything to do?*
**no tengo nada que hacer** *I have nothing to do*
**dictar** *to dictate*

## Comentario

**Lo siento** (*I'm sorry*) and **perdón** or **perdone** (*pardon*), are the forms of apology most often heard in the Spanish language. However, they are used much less frequently than its equivalent forms in English, just as **gracias** and **por favor** are also used much less. It is not considered impolite, for instance, to brush up against someone on the street or on public transport and not to apologize.

## Cuestionario

1 ¿Verdadero o Falso?

(*a*) La Sra Mendoza había hecho la reserva.
(*b*) La Srta Vergara no va a venir a la reunión.
(*c*) La secretaria envió el telegrama a México.
(*d*) La secretaria tiene mucho que hacer.

2 Responda a estas preguntas.

(*a*) ¿Quién llamó por teléfono?
(*b*) ¿Por qué no va a venir a la reunión la Srta Vergara?
(*c*) ¿Estaba en el banco el gerente?
(*d*) ¿Llegó el material de oficina?
(*e*) ¿Cuándo lo van a enviar?

# Frases y expresiones importantes

### How to:

**1** *Say what had happened or what someone had done*
La Sra Mendoza ya había hecho la reserva.
El gerente ya se había marchado.

2 *Report on what other people have said.*
La Sra Mendoza dijo que ya había hecho la reserva.
Me dijeron que lo van a enviar mañana.

3 *State whether you have remembered or forgotten something.*
¿Se acordó usted de enviar el telegrama a México?
No, se me olvidó.
Sí, me acordé.

# Gramática

## 1 Pluperfect tense

This tense is used to refer to what had happened or to what someone had done. It is formed with the Imperfect form of **haber** followed by a past participle.

| | |
|---|---|
| **Había llamado** | *I had called* |
| **Habías llamado** | *You had called* (fam.) |
| **Había llamado** | *He, she has, you have called* (form.) |
| **Habíamos llamado** | *We had called* |
| **Habíais llamado** | *You had called* (fam.) |
| **Habían llamado** | *They, you had called* (form.) |

(Ella) **había hecho** la reserva. *She had done the booking.*
El gerente ya **se había marchado.** *The manager had already left.*

## 2 Direct and indirect speech

To report what someone has said it is sometimes necessary to change the tense of the verb used by the original speaker:

'Lo **siento** mucho'. *'I'm very sorry'*
Dijo que lo **sentía** mucho. *She said she was very sorry*

'**Estuve** enferma'. *'I was ill.'*
Dijo que **había estado** enferma. *She said she had been ill.*

## 3 Impersonal verbs

One way of making a verb impersonal, that is, of referring to an action without specifying who did it, is by using the third person plural of the verb:

**Dijeron** que lo van a enviar mañana. *They said they are going to send it tomorrow.*
**Dicen** que está enferma. *They say she is ill.* (*It is said that she is ill.*)

## 4 Acordarse (*to remember*); olvidarse (*to forget*)

**Acordarse** is a radical-changing verb: **o** changes into **ue** in the Present tense, except for the first and second persons plural.

| | |
|---|---|
| ¿**Se acuerda de** mí? | *Do you remember me?* |
| No **me acuerdo de** usted. | *I don't remember you.* |
| ¿**Se acordó de** llamar? | *Did you remember to call?* |
| **Se me olvidó.** | *I forgot.* |
| **Se me olvidó** llamar. | *I forgot to call.* |

## 5 Algo que, nada que

| | | |
|---|---|---|
| ¿Tiene **algo que** | hacer? | *Have you got something to do?* |
| | decir? | *Have you got something to say?* |
| No tengo **nada que** | hacer. | *I have nothing to do.* |
| | decir. | *I have nothing to say.* |

# Práctica

**PRÁCTICA 18.1** Lea y responda.

| JULIA CHÁVEZ | |
|---|---|
| Entró a la universidad | en 1968 |
| Terminó sus estudios | en 1973 |
| Empezó a trabajar | en 1974 |
| Se casó | en 1976 |
| Tuvo su primer hijo | en 1977 |
| Renunció a su trabajo | en 1978 |
| Fue a los Estados Unidos | en 1979 |
| Volvió a España | en 1980 |
| Tuvo su segundo hijo | en 1981 |

*A* ¿Había entrado a la universidad Julia en el año 1969?
*B* Sí, ya había entrado a la universidad.

*A* ¿Había terminado sus estudios en el año 1972?
*B* No, todavía no había terminado sus estudios.

Answer these questions about Julia Chávez:

(*a*) ¿Había empezado a trabajar en 1975?
(*b*) ¿Se había casado en 1975?
(*c*) ¿Había tenido su primer hijo en 1978?
(*d*) ¿Había renunciado a su trabajo en 1979?
(*e*) ¿Había ido a los Estados Unidos en 1978?
(*f*) ¿Había vuelto a España en 1979?
(*g*) ¿Había tenido su segundo hijo en 1980?

**PRÁCTICA 18.2** Lea y escriba.

Llegué a la reunión a las 10:00.
La reunión empezó a las 9:30.
*La reunión había empezado cuando llegué.*

Write similar sentences:

(*a*) Llegué a la conferencia a las 4:00.
La conferencia empezó a las 3:45.
(*b*) Llamé por teléfono al gerente a las 11:00.
El gerente se fue a las 10:30.
(*c*) Llegamos a la estación a las 6:15.
El tren salió a las 6:05.
(*d*) Entramos a la clase a las 9:10.
La clase empezó a las 9:00.
(*e*) Salimos de casa a las 7:15.
Empezó a llover a las 7:00.
(*f*) Me telefoneó a las 5:00.
Me fui a las 4:45.

**Empezó a llover** *it started to rain*

**PRÁCTICA 18.3** Lea y responda.

'Radio Nacional informó que el mal tiempo que afectaba a la costa del Mediterráneo había terminado y que las comunicaciones entre Barcelona y las Islas Baleares se habían restablecido ayer por la tarde. El transporte marítimo entre las islas y la costa de Cataluña había estado interrumpido por más de una semana. Esta situación había causado serios problemas al comercio local y a la población de las islas en general, particularmente a los habitantes de la Isla de Mallorca.'

(*a*) ¿Qué informó Radio Nacional?
(*b*) ¿Cuándo se habían restablecido las comunicaciones?
(*c*) ¿Por cuánto tiempo había estado interrumpido el transporte marítimo?
(*d*) ¿A qué isla había causado serios problemas esta situación?

**PRÁCTICA 18.4** Lea y responda.

**Señorita Vergara:** 'Estuve enferma'
**Secretaria:** La señorita Vergara dijo que había estado enferma.'

(*a*) **Gerente:** 'Estuve fuera de Madrid.'
El gerente dijo que . . .
(*b*) **Secretaria:** 'Llamó la señora Mendoza'.
La secretaria dijo que . . .
(*c*) **Empleado:** 'Envié el material ayer'.
El empleado dijo que . . .
(*d*) **Sra Mendoza:** 'Hice la reserva'.
La Sra Mendoza dijo que . . .
(*e*) **Secretaria:** 'Ya envié el telegrama'.
La secretaria dijo que . . .
(*f*) **José Luis:** 'Recibí una carta de México'.
José Luis dijo que . . .

**PRÁCTICA 18.5** Lea, mire y responda.

| Martes 28 de abril | |
|---|---|
| Llamar al Sr Riera | Sí |
| Enviar telegrama | No |
| Despachar pedido | No |
| Pagar cuenta del teléfono | Sí |
| Llamar a Barcelona | No |
| Depositar cheque | Sí |
| Comprar sellos | Sí |
| Escribir cartas | No |

*A* ¿Llamó usted al Sr Riera?
*B* Sí, le llamé.
*A* ¿Envió usted el telegrama?
*B* No, se me olvidó enviarlo.

Look at the table on the previous page and answer these questions:

(*a*) ¿Despachó usted el pedido?
(*b*) ¿Pagó usted la cuenta del teléfono?
(*c*) ¿Llamó usted a Barcelona?
(*d*) ¿Depositó usted el cheque?
(*e*) ¿Compró usted los sellos?
(*f*) ¿Escribió usted las cartas?

**PRÁCTICA 18.6** Lea y responda.

*A* ¿Tiene usted algo que hacer el lunes?
*B* No, no tengo nada que hacer.
*A* ¿Tiene algo que hacer el miércoles?
*B* Sí, tengo que ir al dentista.

Look at this page from a diary and answer the questions below:

(*a*) ¿Tiene algo que hacer el martes?
(*b*) ¿Tiene algo que hacer el jueves?
(*c*) ¿Tiene algo que hacer el viernes?
(*d*) ¿Tiene algo que hacer el sábado?

| Septiembre | |
|---|---|
| Lunes<br>— | Viernes<br>cine |
| Martes<br>peluquería | Sábado<br>— |
| Miércoles<br>dentista | Domingo<br>— |
| Jueves<br>— | Notas |

# Comprensión

## 1 Conversación

Two old acquaintances (Mexican) meet after a long time.

**Conocida** ¡Señor Ramírez! ¿Cómo está usted? ¿Se acuerda usted de mí?
**Conocido** Naturalmente, usted es Milagros Rodríguez, ¿no?
**Conocida** Exactamente.
**Conocido** ¿Cómo está usted?
**Conocida** Muy bien, gracias.

**Conocido** ¡Qué sorpresa! Tanto tiempo sin verla. No sabía que había vuelto a España.
**Conocida** Sí, sí. Volví hace más de un mes.
**Conocido** Estuvo en los Estados Unidos, ¿no?
**Conocida** Sí, estuve allí un año exactamente. Me encantó.
**Conocido** ¿En qué parte estuvo?
**Conocida** Pues, pasé cuatro meses en Nueva York y seis meses en San Francisco.
**Conocido** ¿Le gustó San Francisco?
**Conocida** Oh sí, mucho. Es una ciudad maravillosa. ¿Y a qué se dedica usted ahora?
**Conocido** Pues, todavía trabajo en la misma firma.
**Conocida** ¿Ah sí? Yo pensaba que se había retirado.
**Conocido** No, todavía no, pero espero hacerlo dentro de un año. Ya he trabajado suficiente.
**Conocida** Y su esposa, ¿cómo está?
**Conocido** María está bien, gracias.
**Conocida** Dele mis saludos. Y tendrán que venir a verme algún día.
**Conocido** Encantado.
**Conocida** Me alegro mucho de que esté tan bien. Hasta la vista.
**Conocido** Adiós.

**¿Verdadero o Falso?**

(*a*) La señora Rodríguez estuvo un año en los Estados Unidos.
(*b*) Estuvo seis meses en Nueva York.
(*c*) Estuvo cuatro meses en San Francisco.
(*d*) Volvió a España hace un año exactamente.
(*e*) El señor Ramírez quiere retirarse dentro un año.

**retirarse** *to retire*

## 2 Lectura

Lea este texto y responda a estas preguntas en inglés:

1 Who took power in Spain in 1923?
2 Why did King Alfonso XIII abdicate in 1931?
3 Which were the two main opposing forces in the civil war?
4 Which country supported the republicans? Which countries supported the nationalists?
5 Who commanded the nationalist forces?
6 What was the outcome of the war?

## De la República a la guerra civil

***La abdicación de Alfonso XIII***

El año 1902 se inició en España el reinado de Alfonso XIII. Era ésta una época de grave crisis económica y política. La situación era insostenible y el año 1923 los militares, al mando del General Primo de Rivera, tomaron el poder. Pero en 1929, la recesión económica y las divisiones políticas, obligaron a Primo de Rivera a renunciar. En el año 1931, en las elecciones municipales triunfaron los republicanos y el rey Alfonso XIII abdicó y dejó el país.

***La República***

Para la mayoría de los españoles la República representaba la realización de muchas de sus aspiraciones. Para las regiones significaba autonomía política y económica. Para los campesinos y el pueblo en general significaba un mejoramiento en sus condiciones de vida. Pero la República se enfrentó con una fuerte oposición por parte de los elementos más tradicionales de la sociedad y por parte de la Iglesia Católica. Los ataques de grupos republicanos a iglesias y conventos hacían aun más difícil la reconciliación. Y los conflictos internos entre los republicanos dificultaban también la aplicación de su programa político.

***La guerra civil (1936–1939)***

En julio de 1936 los militares intentaron tomar el poder. La resistencia republicana a esta rebelión militar marcó el principio de la guerra civil. España se dividió en dos bandos: republicanos, integrados principalmente por elementos de izquierda, y nacionales, integrados por el ejército, monárquicos y la derecha en general. Los republicanos tenían el apoyo de Rusia. Los nacionales eran apoyados por Mussolini y Hitler.

***El triunfo nacional***

La guerra terminó en abril de 1939 con el triunfo de los nacionales al mando del General Francisco Franco, que asumió el poder como Jefe de Estado. Miles de españoles murieron en la guerra civil y otros miles fueron al exilio. El fin de la guerra marcó el principio de un nuevo período en la historia de España.

**insostenible** *untenable*
**tomar el poder** *to take power*
**renunciar** *to resign*
**el campesino** *peasant*
**el pueblo** *people*
**el mejoramiento** *improvement*
**la guerra** *war*
**intentar** *to try to*
**el ejército** *army*
**el apoyo** *support*

# 19 Llegará esta tarde

The aim of this Unit is to expand on Unit 12 and to teach you other ways of talking about future actions and plans. You will also learn different ways of expressing necessity, introduced in Unit 7. Another aim of this Unit is to teach you to make predictions.

## Diálogo

At the post office.

| | |
|---|---|
| **Cliente** | Quisiera enviar este telegrama a Inglaterra. |
| **Empleada** | Sí, cómo no. (*Counting the words*) una, dos, tres, cuatro . . . Diez palabras. Son ochocientas pesetas. |
| **Cliente** | (*Pays*). Gracias. ¿Cuándo cree usted que llegará? |
| **Empleada** | Esta misma tarde estará en Londres. Si quiere puede enviarlo urgente. |
| **Cliente** | No, no es necesario. Eh, quiero cuatro sellos de cincuenta pesetas. |
| **Empleada** | Para los sellos tendrá que ir a la ventanilla cinco. |
| **Cliente** | (*At window 5*) Me da cuatro sellos de cincuenta pesetas. |
| **Empleada** | Cuatro sellos de cincuenta. Son doscientas pesetas. |
| **Cliente** | ¿Cuánto cuesta enviar una carta a la Argentina? |
| **Empleada** | ¿Por avión? |
| **Cliente** | Sí, por avión. |
| **Empleada** | Ochenta pesetas. |
| **Cliente** | Deme dos sellos. |
| **Empleada** | Cuatro sellos de cincuenta y dos de ochenta son trescientas sesenta pesetas en total |
| **Cliente** | (*Pays*). Gracias. ¿Dónde está el buzón? |
| **Empleada** | Está fuera, a mano izquierda. |

**Vocabulario**

**las palabras** *words*
**llegará** *it will arrive*
**esta misma tarde** *this (same) afternoon*
**estará** *it will be*
**urgente** *urgent*
**no es necesario** *it's not necessary*
**los sellos** *stamps*
**tendrá que ir** *you will have to go*
**la ventanilla** *window (in an office)*
**me da** (or **deme**) *give me*
**por avión** *by plane*
**el buzón** *post-box*

## Comentario

**Sellos:** This is the word in Spain for *stamps*. In Latin America the word **estampilla** is used instead.
**Currency:** Spain is the only country that uses **pesetas.** The following are the currencies used in some Spanish speaking countries in Latin America: **el peso**, used in Mexico, Argentina, Chile, Uruguay, Bolivia, Colombia, Cuba; **el inti** used in Perú; **el bolívar**, used in Venezuela; **el sucre**, used in Ecuador; **el guaraní**, used in Paraguay.

## Cuestionario

1 ¿Verdadero o Falso?

(*a*) El cliente quiere enviar un telegrama a la Argentina.
(*b*) Quiere enviarlo urgente.
(*c*) Quiere cuatro sellos de 50 pesetas.
(*d*) Una carta por avión a la Argentina cuesta 50 pesetas.

2 Responda a estas preguntas:

(*a*) ¿En qué ventanilla hay sellos?
(*b*) ¿Cuánto cuestan cuatro sellos de 50 pesetas?
(*c*) ¿Cuántos sellos de 80 pesetas quiere el cliente?
(*d*) ¿Cuánto es todo?
(*e*) ¿Dónde está el buzón?

# Frases y expresiones importantes

**How to:**

**1** *Talk about future actions and plans.*
Llegaré el sábado.
Esta misma tarde estará en Londres.

2 *Express necessity.*
Es necesario (enviarlo urgente).
No es necesario.
No hace falta.

3 *Make predictions.*
¿Cuándo cree usted que llegará?
Esta misma tarde estará en Londres.

# Gramática

## 1 Future tense

This tense is used to express what will happen or what someone will do. It is formed with the whole infinitive plus the endings for the future which are the same for **-ar**, **-er** and **-ir** verbs.

| lleg**ar** *to arrive* | **ver** *to see* | **ir** *to go* |
|---|---|---|
| llegar**é** | ver**é** | ir**é** |
| llegar**ás** | ver**ás** | ir**ás** |
| llegar**á** | ver**á** | ir**á** |
| llegar**emos** | ver**emos** | ir**emos** |
| llegar**éis** | ver**éis** | ir**éis** |
| llegar**án** | ver**án** | ir**án** |

**Llegaré** el sábado. *I will arrive on Saturday.*
**Estará** en Londres esta tarde. *It will be in London this afternoon.*
¿Cuándo **llegará**? *When will it arrive?*

## 2 Irregular verbs in the Future tense

These are the main irregular verbs:

**saber** (*to know*)
**sabré, sabrás, sabrá, sabremos, sabréis, sabrán.**

**haber** (Aux. *to have*)
**habré, habrás, habrá, habremos, habréis, habrán.**

**querer** (*to want*)
**querré, querrás, querrá,**
**querremos, querréis, querrán.**

**poder** (*to be able*)
**podré, podrás, podrá,**
**podremos, podréis, podrán.**

**tener** (*to have*)
**tendré, tendrás, tendrá,**
**tendremos, tendréis, tendrán.**

Similar changes occur in:

**salir** (*to go out*)
**poner** (*to put*)
**venir** (*to come*)

*Also irregular are:*

**decir** (*to say*)
**diré, dirás, dirá,**
**diremos, diréis, dirán.**

**hacer** (*to do, to make*)
**haré, harás, hará,**
**haremos, haréis, harán.**

# Práctica

PRÁCTICA **19.1** Lea y responda.

*A* ¿Qué hará usted el lunes?
*B* Por la mañana asistiré a una reunión, a las dos comeré en el club con algunos amigos, por la tarde visitaré una fábrica y por la noche iré al cine con mi mujer.

¿Que hará usted el miércoles?

| Miércoles, 28 de octubre | |
|---|---|
| 10:00 | Ir a la exposición industrial |
| 12:00 | Volver a la oficina |
| 13:30 | Comer con el Sr Contreras en el Hotel Emperador |
| 16:00 | Llevar al Sr Contreras al aeropuerto |
| Por la noche | Ir a la fiesta del personal |

**PRÁCTICA 19.2** Lea esta carta y responda.

Segovia, 6 de noviembre de 19..

Querido Andrés:

Ayer por la tarde recibí tu carta y te escribo de inmediato para confirmarte mi viaje a Londres. Saldré de Madrid el lunes 14 de noviembre a las 9:30 de la mañana. Viajaré en Iberia, en el vuelo IB457. Según me dijeron en la agencia, llegaré al aeropuerto de Heathrow. Estaré en Londres a eso de las 11:30. El vuelo sólo dura dos horas. Como te dije en mi carta anterior, me quedaré contigo sólo una semana. Vendrás al aeropuerto a esperarme, ¿no? Espero que sí. Tengo muchas ganas de verte.

Abrazos

Angélica

Answer according to the information in Angélica's letter:

(*a*) ¿Cuándo saldrá de Madrid Angélica?
(*b*) ¿A qué hora saldrá?
(*c*) ¿En qué vuelo viajará?
(*d*) ¿A qué aeropuerto llegará?
(*e*) ¿A qué hora estará en Londres?
(*f*) ¿Cuánto tiempo se quedará en Londres?

**PRÁCTICA 19.3** Lea y responda.

NUEVO SERVICIO DE VUELOS ENTRE
MADRID Y BUENOS AIRES

El 15 de junio próximo Aerolíneas Americanas inaugurará un nuevo servicio de vuelos directos entre Madrid y Buenos Aires. La duración del vuelo será de 18 horas y habrá tres vuelos semanales en cada dirección. Habrá salidas desde Madrid todos los lunes, miércoles y viernes a las 18:00 horas, con llegadas a Buenos Aires a las 8:00 de la mañana del día siguiente, hora local. Desde Buenos Aires los vuelos saldrán los martes, jueves y sábados a las 10:15 de la mañana.

What does the text above say about the service between Madrid and Buenos Aires?

(*a*) ¿Cuándo se inaugurará el servicio entre Madrid y Buenos Aires?
(*b*) ¿Cuál será la duración del vuelo?
(*c*) ¿Cuántos vuelos semanales habrá?
(*d*) ¿Qué días habrá salidas desde Madrid?
(*e*) ¿A qué hora saldrá el vuelo de Madrid?
(*f*) ¿A qué hora llegará a Buenos Aires?
(*g*) ¿Qué días habrá vuelos a Madrid?

**PRÁCTICA 19.4** Lea y responda.

***Diario La Aurora*** *Madrid, 20 de diciembre*
CALENDARIO ARTISTICO Y CULTURAL

*Madrid.* Hoy se inaugurará en la Galería Nacional de Arte una exposición de arte incaico patrocinada por la Embajada del Perú. La exposición estará abierta hasta el 31 de diciembre.

* * *

*Barcelona.* El lunes próximo empezará en el Teatro Liceo de Barcelona la nueva temporada de ópera. Durante la primera semana se presentará la ópera Carmen.

* * *

*Madrid.* El Ministro de Educación manifestó que pronto se abrirán nuevos centros de estudios para adultos en los sectores periféricos de Madrid. Los nuevos centros empezarán a funcionar en el mes de enero próximo

* * *

*Madrid.* El 24 de diciembre a las 11 : 00 horas habrá una representación especial de la Orquesta Sinfónica de Madrid en la Plaza Mayor con motivo de las celebraciones de Navidad.

Read each news item again and then answer these questions:

(*a*) ¿Dónde será la exposición de arte incaico?
(*b*) ¿Cuándo terminará?
(*c*) ¿Cuándo empezará la temporada de ópera en Barcelona?
(*d*) ¿Qué ópera se presentará?
(*e*) ¿Cuándo empezarán a funcionar los centros de estudios para adultos?
(*f*) ¿Qué habrá en la Plaza Mayor de Madrid el 24 de diciembre a las 11 : 00?

**PRÁCTICA 19.5** Mire y responda.

*A* ¿Cuándo cree usted que llegará Rosa?
*B* Creo que llegará el jueves.

| JUEVES |
|---|

Look at the information in the boxes below and answer accordingly:

(*a*) ¿Cuánto cree usted que costará esta carta?
(*b*) ¿En qué cree usted que viajarán sus amigos?
(*c*) ¿Dónde cree usted que será la recepción?
(*d*) ¿Cuándo cree usted que vendrá Elsa?
(*e*) ¿A qué hora cree usted que saldrá el avión?
(*f*) ¿Cuántas personas cree usted que habrá en la recepción?

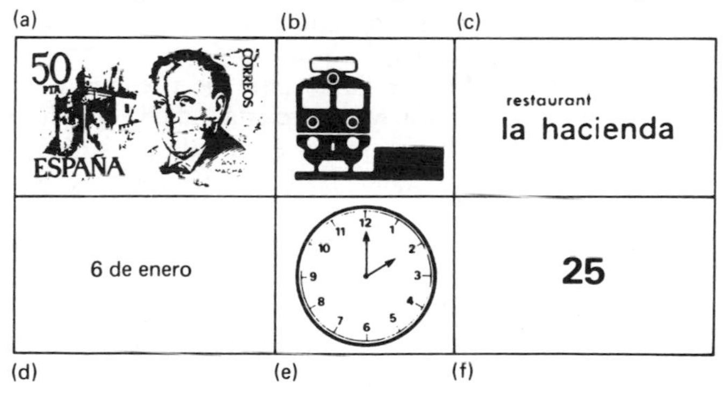

**PRÁCTICA 19.6** Rearrange these sentences to make up a meaningful dialogue

¿De persona a persona?
Un momento por favor.
¿Cuál es el número de Chicago?
¿Dígame?
No, no es necesario.
Es el 786 456
Necesito llamar a Chicago.

# Comprensión

## 1 Conversación

Lea esta conversación y responda.

Lourdes and Carlos, her husband, live in the United States. Lourdes is visiting her family in Seville and telephones Carlos who is in New York.

| | |
|---|---|
| **Telefonista** | Internacional ¿Dígame? |
| **Lourdes** | Quiero hacer una llamada a Nueva York. ¿Hay mucha demora? |
| **Telefonista** | No, a Nueva York no hay demora en este momento. ¿Qué número quiere? |
| **Lourdes** | El 643 9201 |
| **Telefonista** | ¿Y cuál es su número? |
| **Lourdes** | Es el 229 90 30. |
| **Telefonista** | Un momento. (*Ringing*) Sí, hable. |
| **Carlos** | ¿Díga? |
| **Lourdes** | Hola Carlos. Soy Lourdes. |
| **Carlos** | Hola, ¿qué hay? |
| **Lourdes** | Bien. Mira, te llamo para decirte que no podré viajar todavía. Mi padre está todavía en el hospital. Me tendré que quedar en Sevilla unos días más. |
| **Carlos** | ¡Hombre! ¡Qué lástima! ¿Cuándo crees que volverás? |
| **Lourdes** | Yo creo que a fines de la próxima semana. El viernes posiblemente. |
| **Carlos** | De acuerdo. |
| **Lourdes** | Te llamaré el miércoles para confirmarte la hora de llegada. |

| | |
|---|---|
| **Carlos** | Perfectamente. Llámame después de las seis. A esa hora ya habré llegado a casa. |
| **Lourdes** | Bueno. Te llamaré a eso de las seis y media. |
| **Carlos** | De acuerdo. Esperaré tu llamada, entonces. |
| **Lourdes** | Vendrás al aeropuerto a buscarme, ¿no? |
| **Carlos** | Sí, sí, no te preocupes. ¿Traes mucho equipaje? |
| **Lourdes** | Sí, bastante. |
| **Carlos** | Bueno, en ese caso iré en el coche. |
| **Lourdes** | Hasta el miércoles, entonces. |
| **Carlos** | Adiós. Y recuerdos a la familia. |

**Responda:**

(*a*) ¿Qué número de Nueva York quiere Lourdes?
(*b*) ¿Por qué no podrá viajar a Nueva York todavía?
(*c*) ¿Qué día volverá posiblemente?
(*d*) ¿Qué día llamará a Carlos?
(*e*) ¿A qué hora llamará?
(*f*) ¿En qué irá Carlos al aeropuerto?

## 2 Lectura

Lea este texto y responda a estas preguntas en inglés:

1 What was Spain's position during the Second World War?
2 What country gave economic aid to Spain in the 1950s?
3 What helped economic expansion in the 1960s?
4 How long did Franco govern?
5 Who was Juan Carlos?
6 When did Juan Carlos become king of Spain?

## El Régimen del General Francisco Franco

***El fin de la guerra civil***

La grave situación económica en España al terminar la guerra civil obligó al General Franco a mantenerse neutral durante la Segunda Guerra Mundial y a no intervenir en favor de Hitler y Mussolini en su lucha contra los Aliados. Cuando la guerra terminó, en 1945, los Aliados aislaron política y económicamente al régimen de Franco. Esta situación continuó hasta principios de la década de 1950. A los Estados Unidos le interesaba instalar bases militares en territorio español y España aceptó la instalación de esas bases a cambio de una considerable ayuda económica. Esto le permitió a Franco iniciar la reconstrucción del país.

***La expansión económica***

A principios de 1960 empezó en España un período de transformación económica. Esta transformación fue posible gracias a la ayuda económica extranjera, al dinero que los españoles emigrantes enviaban a sus familias desde otros países y a la rápida expansión del turismo. En pocos años España pasó a ser una nación industrial y moderna.

***El panorama político***

El gobierno de Franco duró 36 años, desde el fin de la guerra en 1939 hasta su muerte en el año 1975. Durante este período el panorama político español cambió sustancialmente. El General Franco tomó el control absoluto de la nación. Limitó estrictamente la libertad de expresión, la libertad de prensa, la actividad política y eliminó toda oposición organizada.

***Un sucesor***

Entre los planes del régimen estaba la restauración de la monarquía en España. En el año 1969, las Cortes declararon al Príncipe Juan Carlos, nieto de Alfonso XIII, como sucesor de Franco después de su muerte. El interés de Franco era la continuidad del régimen y Juan Carlos parecía en ese momento la persona más indicada. Dos días después de morir Franco, en noviembre de 1975, Juan Carlos de Borbón y Borbón fue proclamado rey de España.

**Vocabulario**

**los Aliados** *the Allies*
**aislar** *to isolate*
**instalar** *to install*
**la ayuda** *aid*
**la libertad de prensa** *freedom of the Press*
**las Cortes** *the Spanish Parliament*
**el nieto** *grandson*
**el sucesor** *sucessor*
**parecer** *to seem*

# 20 Firme aquí

The aim of this Unit is to expand on Unit 5 and to teach you other ways of giving directions. You will also learn to give instructions and to warn people not to do something.

## Diálogo

At the bank.

**Cliente 1** ¿Dónde está la Sección Cambio, por favor?
**Empleada** Está en el primer piso. Suba usted esas escaleras, luego doble a la derecha y vaya al mostrador que está al fondo. Esa es la Sección Cambio.

**Cliente 1** (*At the foreign exchange counter*) Quiero cambiar cien libras esterlinas.
**Empleada** ¿En cheques de viaje o en billetes?
**Cliente 1** En cheques. ¿A cómo está el cambio de la libra?
**Empleada** A ciento ochenta pesetas. Firme los cheques aquí, por favor. Y me da su pasaporte o su carnet de identidad.
**Cliente 1** Aquí tiene mi carnet.
**Empleada** (*Checks the identity card and counts money*) Bien, firme aquí y pase por caja. Aquí tiene su número.
**Cliente 1** Gracias.

**Cliente 2** Buenos días. Quisiera abrir una cuenta corriente.
**Empleada** ¿Tiene usted cuenta en algún otro banco?
**Cliente 2** Sí, tengo cuenta en el Banco de Galicia.
**Empleada** Un momento, por favor. Mire, rellene este impreso con sus datos personales, ponga los nombres de dos personas que puedan dar referencias suyas y tráigamelo.
**Cliente 2** Gracias.
**Empleada** Eh, no se olvide que mañana está cerrado.

**la Sección Cambio** *foreign-currency section*
**el primer piso** *first floor*
**suba** (subir) *go up (to go up)*
**esas escaleras** *those stairs*
**doble a la derecha** (doblar) *turn right (to turn)*
**vaya** *go*
**el mostrador** *counter*
**al fondo** *at the end*
**cambiar** *to change*
**las libras esterlinas** *pounds sterling*
**los cheques de viaje** *traveller's cheques*
**los billetes** *banknotes*
**¿a cómo está el cambio de la libra?** *what's the rate of exchange for the pound.*
**firme** (firmar) *sign (to sign)*
**el carnet de identidad** *identity card*
**pase por caja** *go to the cashier*
**abrir** *to open*
**el número** *number*
**la cuenta corriente** *current account*
**rellene este impreso** *fill in this form*
**el impreso** *form*
**los datos personales** *personal information*
**ponga** (poner) *put (to put)*
**las referencias** *references*
**tráigamelo** *bring it to me*
**no se olvide** (olvidarse) *don't forget*
**está cerrado** (cerrar) it's closed (to close)

## Comentario

**El carnet de identidad.** In Spain as in Latin American countries there is a national identity card which bears personal information such as name, date and place of birth, address, occupation, etc., and a number. This identity card is often requested in the course of official or business transactions.

## Cuestionario

**1** ¿Verdadero o Falso?

(*a*) La Sección Cambio está en el primer piso a la izquierda.
(*b*) La libra esterlina está a 180 pesetas.
(*c*) El cliente no tiene una cuenta corriente.
(*d*) El cliente necesita dos referencias.

**2** Responda a estas preguntas:

(*a*) ¿Cuántas libras quiere cambiar el cliente?
(*b*) ¿Tiene billetes?
(*c*) ¿Tiene el pasaporte?
(*d*) ¿Qué tiene que rellenar?
(*e*) ¿Está abierto el banco mañana?

# Frases y expresiones importantes

**How to:**

1 *Give directions.*
Suba esas escaleras.
Doble a la derecha.

2 *Give instructions.*
Firme aquí.
Ponga los nombres de dos personas.
Rellene este impreso.

3 *Warn people not to do something.*
No se olvide (que mañana está cerrado).

# Gramática

## 1 Imperative or command forms

There are formal and familiar commands in Spanish, singular (if you are talking to one person) and plural (if you are talking to more than one person).

***Formal commands***

| *Infinitive* | *Present indicative* | *Command* |
|---|---|---|
| dobl**ar** | dobl**o** | dobl**e** *turn* (sing.) |
| | | dobl**en** *turn* (pl.) |
| beb**er** | beb**o** | beb**a** *drink* (sing.) |
| | | beb**an** *drink* (pl.) |
| sub**ir** | sub**o** | sub**a** *go up* (sing.) |
| | | sub**an** *go up* (pl.) |

The negative command is formed by using **no** before the verb:

**Suba** esas escaleras. *Go up those stairs.*
**Doble** a la derecha. *Turn right*
**No se olvide.** *Don't forget!*

Notice that 1st conjugation verbs (**-ar**) acquire the endings of 2nd conjugation verbs (**-er**) while 2nd and 3rd conjugation verbs (**-er** and **-ir**) acquire the endings of the 1st conjugation.

The stem which is used to form the command or Imperative form is that of the first person singular of the Present tense. Verbs which are irregular in this tense are also irregular in the Imperative. For example:

| | | |
|---|---|---|
| **poner** | **pongo** | **ponga** (*put*, sing.) |
| | | **pongan** (*put*, pl) |
| **traer** | **traigo** | **traiga** (*bring*, sing.) |
| | | **traigan** (*bring*, pl.) |

### *Positive familiar commands*

| | | |
|---|---|---|
| dobl**ar** | dobl**o** | dobl**a** *turn* (sing.) |
| | | dobl**ad** *turn* (pl.) |
| beb**er** | beb**o** | beb**e** *drink* (sing.) |
| | | beb**ed** *drink* (pl.) |
| sub**ir** | sub**o** | sub**e** *go up* (sing.) |
| | | sub**id** *go up* (pl.) |

Notice that the singular familiar command (positive form) is the same as the 3rd person singular of the Present tense.

### *Negative familiar commands*

| | |
|---|---|
| no dobl**es** | *don't turn* (sing.) |
| no dobl**éis** | *don't turn* (pl.) |
| no beb**as** | *don't drink* (sing.) |
| no beb**áis** | *don't drink* (pl.) |
| no sub**as** | *don't go up* (sing.) |
| no sub**áis** | *don't go up* (pl.) |

### *Irregular singular familiar commands*

| | | | | | |
|---|---|---|---|---|---|
| **decir** | **di** | (*say*) | **salir** | **sal** | (*go out*) |
| **ir** | **ve** | (*go*) | **ser** | **sé** | (*be*) |
| **hacer** | **haz** | (*do*) | **tener** | **ten** | (*have*) |
| **poner** | **pon** | (*put*) | **venir** | **ven** | (*come*) |

The plural forms are regular.

## 2 Position of pronouns with commands

Pronouns are attached to the end of positive commands and precede negative commands.

| | |
|---|---|
| Tráiga**melo.** | *Bring it to me.* |
| No **me lo** traiga. | *Don't bring it to me.* |

## 3 Possessive pronouns

| *masc.* | *fem.* | |
|---|---|---|
| mío(s) | mía(s) | *mine* |
| tuyo(s) | tuya(s) | *yours* (fam.) |
| suyo(s) | suya(s) | *his, hers, yours* |
| nuestro(s) | nuestra(s) | *ours* |
| vuestro(s) | vuestra(s) | *yours* (fam.) |
| suyo(s) | suya(s) | *theirs, yours* |

Gender and number of possessive pronouns agree with the object possessed and *not* with the possessor.

| | |
|---|---|
| **Mi** cheque. | *My cheque.* |
| Este cheque es **mío**. | *This cheque is mine.* |
| Estos cheques son **míos**. | *These cheques are mine.* |
| **Tu** amiga. | *Your friend.* |
| Una amiga **tuya**. | *A friend of yours.* |
| Unas amigas **tuyas**. | *Some friends of yours.* |
| **Nuestra** casa. | *Our house.* |
| La casa es **nuestra**. | *The house is ours.* |
| Las casas son **nuestras**. | *The houses are ours.* |

# Práctica

PRÁCTICA **20.1** Lea, mire y responda.

*A* ¿Dónde está la Plaza San Martín, por favor?
*B* Siga por la Avenida 9 de Julio hasta Santa Fe. En Santa Fe doble a la derecha. La Plaza San Martín está al final de esa calle.
*A* Gracias.

**siga** *follow*

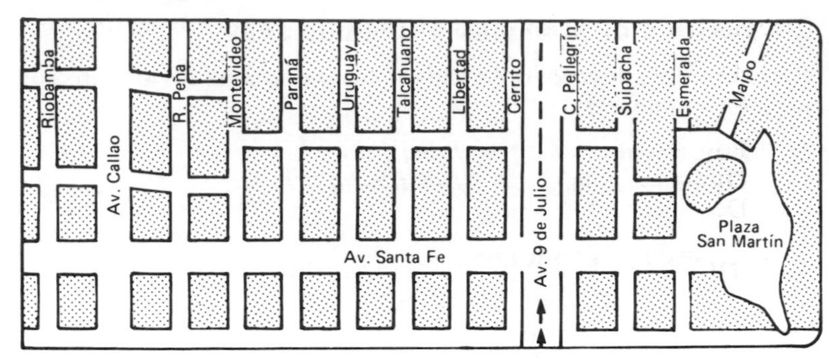


¿Verdadero o Falso? (*rewrite false statements*)

(*a*) *A* ¿Dónde está la Calle Libertad?
*B* Siga por la Avda 9 de Julio hasta Santa Fe, luego doble a la derecha. Es la primera calle.

(*b*) *A* ¿Dónde está la Calle Montevideo?
*B* Doble a la izquierda en Santa Fe y siga todo derecho. Montevideo está una calle antes de la Avenida Callao.

(*c*) *A* ¿Dónde está la Calle Esmeralda?
*B* Siga por 9 de Julio, en la primera doble a la izquierda, luego siga hasta la Plaza San Martín que está al final. La Calle Esmeralda está a la izquierda.

**PRÁCTICA 20.2** Lea y escriba. (*Actualidad Económica*, No. 1.152)

**DIETA PARA VOLAR**

| ANTES | EN VUELO | DESPUES |
|---|---|---|
| *por la mañana*<br>–Tome carbohidratos (fruta)<br>–No beba café o té<br><br>*Por la tarde*<br>–Tome café, pero sin azúcar ni leche | –Apague las luces<br>–No se mueva ni hable, aunque no duerma | –Tome proteinas<br>–No beba café<br>–Acuéstese temprano |

**apagar la luz** *to turn out the light*

Rewrite the suggestions opposite using the plural command form.

*A* Antes del vuelo tomen fruta.
*B* No beban café o té.

(*a*) Por la tarde . . .
(*b*) Durante el vuelo . . .
(*c*) Después del vuelo . . .

**PRÁCTICA 20.3** Lea esta carta y responda.

Estimada Srta. Alsina:

Una breve nota sólo para recordarle que la esperamos a cenar este sábado en casa a las 8:30. Por si no sabe usted cómo llegar, le sugiero que tome el autobús No. 3. Bájese en la Plaza de Mayo y allí tome la línea que va a Primera Junta. En la Avda. de Mayo cambie a la línea que va a Constitución. San Juan es la tercera estación, una antes de Constitución. Al salir de la estación cruce usted la calle y doble a la izquierda. San Rafael es la segunda calle y el No. 32 está a la izquierda. Si tiene algún problema llámeme por teléfono al número 376 4531.

Reciba un cariñoso saludo mío y de mi mujer.

Enrique Villarroel

**bajarse** *to get off* **cambiar** *to change* **cruzar** *to cross*

(*a*) ¿Qué autobús tiene que tomar la Srta Alsina?
(*b*) ¿Dónde tiene que bajarse?
(*c*) ¿Qué línea tiene que tomar?
(*d*) ¿Dónde tiene que cambiar?
(*e*) ¿Qué tiene que hacer al salir de la estación?
(*f*) ¿Cuál es la dirección del Sr Villarroel?

**PRÁCTICA 20.4** Read these instructions for the use of public telephones in Spain, then use them to complete the conversation.

INSTRUCCIONES
Comuníquese,
telefonée.
1 Deposite monedas de 5, 25 o 50 pesetas.
2 Descuelgue el microteléfono.
3 Espere tono de marcar.
4 Marque el número deseado.

**la moneda** *coin* **descolgar el microteléfono** *to unhook the receiver* **marcar** *to dial*

*A* ¿Hay algún teléfono público por aquí?
*B* Sí, en la esquina hay uno.
*A* ¿Qué hay que hacer para llamar desde un teléfono público?
*B* Primero tiene que . . . luego hay que . . .

**PRÁCTICA 20.5** Lea y escriba.

*A* Por favor, vaya a la farmacia y tráigame una caja de aspirinas.
*B* ¿Algo más?
*A* No, nada más, gracias.

Complete each phrase with an appropriate phrase from column B.

| *A* Por favor . . . | *B* Y . . . |
|---|---|
| 1 Vaya a la panadería | (*a*) tráigame un melón (*melon*). |
| 2 Vaya a la verdulería (*greengrocer*) | (*b*) tráigame dos pasteles (*pastries*). |
| 3 Vaya a la pastelería | (*c*) tráigame este libro (*book*). |
| 4 Vaya a la carnicería | (*d*) tráigame un kilo de pan. |
| 5 Vaya a la librería | (*e*) tráigame un pollo (*chicken*). |
| 6 Vaya a la frutería | (*f*) tráigame un kilo de tomates. |

**PRÁCTICA 20.6** Lea y responda.

*A* ¿Tengo que rellenar este impreso?
*B* Sí, rellénelo, por favor.
No, no lo rellene.

Answer yes or no in the singular formal command form:

| | | |
|---|---|---|
| (*a*) | ¿Tengo que traer el pasaporte? | **Sí** |
| (*b*) | ¿Tengo que firmar el cheque? | **Sí** |
| (*c*) | ¿Tengo que cambiar estas libras? | **No** |
| (*d*) | ¿Tengo que poner los datos personales? | **Sí** |
| (*e*) | ¿Tengo que responder a estas preguntas? | **Sí** |
| (*f*) | ¿Tengo que enviar esta carta? | **No** |

**PRÁCTICA 20.7** Lea y hable.

*A* ¿Es suyo este pasaporte?
*B* No, no es mío.
*A* ¿Son suyas estas cartas?
*B* Sí, son mías.

Ask and answer in a similar way using this information:

| | | |
|---|---|---|
| (*a*) | Este carnet de identidad | **Sí** |
| (*b*) | Este impreso | **Sí** |
| (*c*) | Estos cheques de viaje | **No** |
| (*d*) | Esta maleta | **Sí** |
| (*e*) | Estas llaves (*keys*) | **No** |
| (*f*) | Estos documentos | **No** |

# Comprensión

## 1 Conversación

Lea esta conversación y responda.

At the airport in Mexico City.

'Atención, por favor: Aeroméxico anuncia la llegada de su vuelo ME770 procedente de Los Angeles'.

**Pasajera** ¿Es éste el vuelo que va a Miami?
**Empleado** Sí, señora, ¿Me da su billete?
**Pasajera** Aquí tiene.
**Empleado** ¿Quiere darme su pasaporte también?
**Pasajera** Sí, aquí lo tiene.

**Empleado** (*Checks ticket and passport*) ¿Cuál es su equipaje?
**Pasajera** Tengo esta maleta solamente.
**Empleado** ¿Equipaje de mano no tiene?
**Pasajera** Sí, esta bolsa.
**Empleado** Está bien. Ponga la maleta aquí, por favor. (*Weighs the suitcase*) ¿Fumador o no fumador?
**Pasajera** No fumador.
**Empleado** De acuerdo. Aquí tiene usted su billete, su pasaporte y su tarjeta de embarque. Pase por inmigración y espere hasta que anuncien el vuelo. Tiene que embarcar por la puerta número doce.
**Pasajera** ¿Dónde está inmigración?
**Empleado** Mire, ¿ve usted esa escalera mecánica?
**Pasajera** Sí.
**Empleado** Baje por esa escalera. Inmigración está al fondo.
**Pasajera** Gracias.

'Atención, por favor: Aeroméxico anuncia la salida de su vuelo ME957 con destino a Miami. Se ruega a los pasajeros pasar a embarcar por la puerta número doce.'

**¿Verdadero o Falso?**

(*a*) La pasajera va a la Ciudad de México.
(*b*) Tiene dos maletas.
(*c*) Tiene una bolsa.
(*d*) Tiene que embarcar por la puerta 12.
(*e*) Para ir a inmigración tiene que subir por una escalera mecánica.
(*f*) Inmigración está al fondo.

## 2 Lectura

Lea este texto y responda a estas preguntas en inglés:

1 When was Juan Carlos proclaimed King of Spain?
2 When was the Constitution approved?
3 What form of government does Spain have according to Article 1 of the Constitution?
4 Which article of the Constitution guarantees the right to regional autonomy?
5 What was the political line adopted by the new King?
6 What was one of the first actions taken by the King?

# Transición democrática

Con la proclamación de don Juan Carlos como rey de España, se inició un nuevo período en la historia de la nación. El nuevo rey adoptó una línea política independiente y democrática y España se transformó en una monarquía constitucional, con la aceptación de la mayoría del pueblo español y con la admiración de muchos extranjeros.

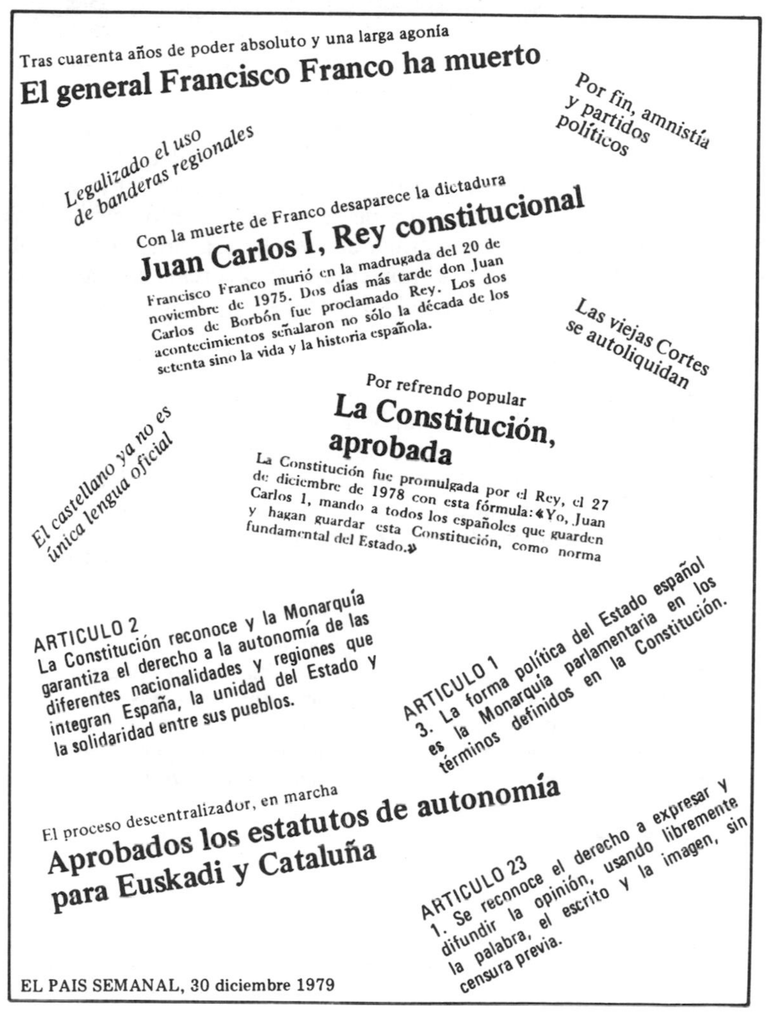

Tras cuarenta años de poder absoluto y una larga agonía

**El general Francisco Franco ha muerto**

*Por fin, amnistía y partidos políticos*

*Legalizado el uso de banderas regionales*

Con la muerte de Franco desaparece la dictadura

**Juan Carlos I, Rey constitucional**

Francisco Franco murió en la madrugada del 20 de noviembre de 1975. Dos días más tarde don Juan Carlos de Borbón fue proclamado Rey. Los dos acontecimientos señalaron no sólo la década de los setenta sino la vida y la historia española.

*Las viejas Cortes se autoliquidan*

Por refrendo popular

**La Constitución, aprobada**

La Constitución fue promulgada por el Rey, el 27 de diciembre de 1978 con esta fórmula: «Yo, Juan Carlos I, mando a todos los españoles que guarden y hagan guardar esta Constitución, como norma fundamental del Estado.»

*El castellano ya no es única lengua oficial*

ARTICULO 2
La Constitución reconoce y la Monarquía garantiza el derecho a la autonomía de las diferentes nacionalidades y regiones que integran España, la unidad del Estado y la solidaridad entre sus pueblos.

ARTICULO 1
3. La forma política del Estado español es la Monarquía parlamentaria en los términos definidos en la Constitución.

El proceso descentralizador, en marcha

**Aprobados los estatutos de autonomía para Euskadi y Cataluña**

ARTICULO 23
1. Se reconoce el derecho a expresar y difundir la opinión, usando libremente la palabra, el escrito y la imagen, sin censura previa.

EL PAIS SEMANAL, 30 diciembre 1979

***Una nueva España***

Uno de los primeros actos del rey fue la concesión de una amnistía para ciertos presos políticos. Muchos exiliados volvieron a España después de muchos años de ausencia. La libertad de expresión y la eliminación de la censura permitieron la aparición de muchas nuevas publicaciones. Los partidos políticos fueron legalizados y en 1977 hubo elecciones democráticas por primera vez en 41 años. Un año después los españoles aprobaron en un referéndum la nueva Constitución.

***Nuevas leyes***

El retorno de la democracia permitió en España la promulgación de leyes largamente esperadas por la mayoría de la población. En julio de 1981, tras largos y tensos debates, se aprobó la Ley del Divorcio. Para los sectores más tradicionales de la sociedad, tanto eclesiásticos como civiles, la nueva ley constituía una verdadera catástrofe social. En la realidad, sin embargo, el porcentaje de divorcios en España se ha mantenido muy por debajo del de Estados Unidos y de la mayoría de los países europeos.

En mayo de 1985 se promulgó la Ley de Despenalización del Aborto que, a pesar de sus limitaciones, provocó grandes divisiones dentro de la sociedad española. Por una parte, algunos sectores consideraban que la ley no otorgaba suficientes garantías y estaban por el aborto libre, sin las limitaciones que establecía la legislación. Por otra parte, estaban aquéllos que pensaban que la despenalización del aborto iba contra uno de los derechos humanos fundamentales: el derecho a la vida.

**los presos políticos** *political prisoners*
**los partidos** *parties*
**se aprobó la Ley del Divorcio** *the divorce law was passed*
**por debajo** *below*
**la Ley de Despenalización del Aborto** *law of decriminalization of abortion*
**a pesar de** *in spite of*
**no otorgaba** *it did not give*
**los derechos humanos** *human rights*
**por una parte/otra parte** *on the one/the other hand*

# 21 Espero que le guste

The aim of this Unit is to teach you to ask for and give information about interests, to express specific requirements and hopes. (See again Unit 8.)

## Diálogo

At an accommodation agency in Barcelona.

| | |
|---|---|
| **Cliente** | Buenos días. Vengo por el anuncio en el periódico de esta mañana. |
| **Empleado** | ¿Por el apartamento de la Calle Menéndez Pelayo? |
| **Cliente** | Exactamente. |
| **Empleado** | Ya está alquilado. |
| **Cliente** | ¡Qué lástima! Era justamente lo que necesitaba. ¿No tiene otro? |
| **Empleado** | ¿Le interesa algún barrio en especial? |
| **Cliente** | Quiero un barrio que no esté muy lejos del centro. |
| **Empleado** | Pues, aquí hay otro por el mismo precio. Es un apartamento de dos habitaciones. ¿Quiere que le dé la dirección? |
| **Cliente** | Sí, por favor, me interesa verlo. |
| **Empleado** | Se la daré en seguida. (*Writes down the address*) Aquí la tiene. ¿Cuándo quiere verlo? |
| **Cliente** | Esta tarde, a las ocho si es posible. |
| **Empleado** | Perfectamente. La llave tiene que pedírsela al portero. Eh, ¿quiere darme su nombre y dirección, por favor? |
| **Cliente** | Aquí tiene usted. Gracias. |
| **Empleado** | Adiós. Y espero que le guste. |

**vengo por** *I have come about*
**el anuncio** *advertisement*
**exactamente** *exactly*
**ya está alquilado** (alquilar) *it's already let (to let)*
**¡qué lastima!** *what a pity!*
**era justamente lo que necesitaba** *it was just what I needed*
**¿le interesa?** (interesar) *are you interested? (to be interested)*

**en especial** *in particular*
**que no esté muy lejos** *which is not very far*
**¿quiere que le dé la dirección?** *do you want me to give you the address?*
**me interesa verlo** *I'd like to see it* (Lit. *I'm interested in seeing it*)
**se la daré en seguida** *I'll give it to you right away*
**pedir** *to ask for*
**la llave tiene que pedírsela al portero** *you have to ask the porter for the key*
**espero que le guste** *I hope you like it*

## Comentario

**El periódico** (*newspaper*). Another word with the same meaning is **diario**, which is basically the adjective for '*daily*'.
**El apartamento**. A standard word for *apartment* (or *flat*). The word **piso** is also often used in Spain with the same meaning. In Mexico, Chile, Argentina and other countries, the word **departamento** is used instead. **Estudio** is a one room apartment (*study*).
**La habitación**. This word means *room* but it is also often used with the meaning of *bedroom*. **Dormitorio** means strictly *bedroom*.

**APARTAMENTO** Menéndez Pelayo cerca Trav. de Gracia alquilo amueblado en 4° piso sin ascensor, 2 hab. com. coc. aseo y terraza con sol. Alquiler 50.000, Inform. Telf. 2260777

**2 hab. = 2 habitaciones** *two rooms*
**com. = comedor** *dining room*
**coc. = cocina** *kitchen*
**amueblado** *furnished*
**4° piso** *4th floor*
**sin ascensor** *no lift*
**aseo** *toilet*
**terraza con sol** *sun terrace*

## Cuestionario

1 ¿Verdadero o Falso?

(*a*) El apartamento de Menéndez Pelayo tiene una habitación.
(*b*) El cliente quiere un apartamento lejos del centro.
(*c*) Quiere ver el apartamento esa tarde.
(*d*) El portero tiene la llave.

**2** Responda a estas preguntas:

(*a*) ¿Tiene ascensor el apartamento de Menéndez Pelayo?
(*b*) ¿En qué piso está?
(*c*) ¿Es amueblado?
(*d*) ¿Cuánto cuesta?

# Frases y expresiones importantes

**How to:**

1 *Ask for and give information about interests.*
¿Le interesa algún barrio en especial?
Me interesa verlo.

2 *Express specific requirements.*
Quiero un barrio que no esté muy lejos del centro.

3 *Express hopes.*
Espero que le guste.

4 *Make polite offers and respond to them.*
¿Quiere que le dé la dirección?
Sí, por favor.

# Gramática

## 1 Present Subjunctive

So far in this book all the tenses have been in the Indicative mood. Some tenses are also used in the Subjunctive mood. Their forms and uses will be found in this and in the following Units. The stem which is used to form the Present Subjunctive is the same as that of the first person singular of the Present Indicative tense. The first and third persons singular of the Present Subjunctive correspond in form to formal commands (see Unit 20).

| alquil**ar** | respond**er** | recib**ir** |
|---|---|---|
| alquil**e** | respond**a** | recib**a** |
| alquil**es** | respond**as** | recib**as** |
| alquil**e** | respond**a** | recib**a** |
| alquil**emos** | respond**amos** | recib**amos** |
| alquil**éis** | respond**áis** | recib**áis** |
| alquil**en** | respond**as** | recib**an** |

## 2 Some irregular verbs in the Present Subjunctive

| | |
|---|---|
| **dar** (*to give*) | **dé, des, dé**<br>**demos, deis, den** |
| **estar** (*to be*) | **esté, estés, esté,**<br>**estemos, estéis, estén** |

The 1st and 3rd persons singular of **dar** must carry an accent in order to distinguish them from the preposition **de**. The accents in the Present Subjunctive of **estar** are the same as in the Present Tense Indicative, e.g. **estás, está**, etc.

| | |
|---|---|
| **haber** (*to have*) | **haya, hayas, haya,**<br>**hayamos, hayáis, hayan** |
| **ir** (*to go*) | **vaya, vayas, vaya,**<br>**vayamos, vayáis, vayan** |
| **saber** (*to know*) | **sepa, sepas, sepa,**<br>**sepamos, sepáis, sepan** |
| **ser** (*to be*) | **sea, seas, sea,**<br>**seamos, seáis, sean** |

Note: the Present Subjunctive of **haber** is used to form the Perfect Subjunctive:

Espero que **le haya gustado**. *I hope you have liked it.*

## 3 Some uses of the Subjunctive (I)

The Subjunctive is not normally used by itself. It usually forms part of a subordinate clause, introduced by **que**, which is dependent on a main clause:

Quiero un barrio (main clause) . . . **que** no **esté** muy lejos del centro (sub. clause). *I want an area which is not too far from the centre.*

¿Quiere (main clause) . . . **que** le **dé** la dirección? (sub. clause). *Do you want me to give you the address?*

The Subjunctive is often used after verbs which express some kind of emotion, state of mind or wish, e.g. **esperar** (*to hope*), **querer** (to want), **dudar** (*to doubt*):

| | |
|---|---|
| **Espero que** le **guste.** | *I hope you like it.* |
| **Quiero que** usted **venga.** | *I want you to come.* |
| **Dudo que** ellos **vayan**. | *I doubt they will go.* |

### 4 Interesar (*to interest*)

This verb is normally used in the third person singular or plural, like the verb **gustar** (see Unit 9):

| | |
|---|---|
| **¿Le interesa?** | *Are you interested?* |
| Sí, **me interesa.** | *Yes, I am interested.* |

# Práctica

PRÁCTICA **21.1** Lea, mire y responda.

*A* ¿Qué tipo de apartamento quiere usted?
*B* Quiero un apartamento que sea barato, que esté cerca del centro y que tenga tres habitaciones.

| AGENCIA INMOBILIARIA PAZ, S.A. |
|---|
| Sr David Miró<br>Tipo de propiedad: un apartamento<br>Requerimientos: |
| Debe ser: grande<br>moderno<br>cómodo |
| Debe estar: en un buen barrio<br>cerca de mi trabajo<br>cerca de las tiendas |
| Debe tener: calefacción<br>teléfono<br>ascensor |

**la calefacción** *heating*

What sort of apartment is David Miró looking for? Answer for him using the information on the previous page:

*A* ¿Qué tipo de apartamento quiere usted?
*B* Quiero un apartamento que sea grande . . .

**PRÁCTICA 21.2** Lea y escriba.

**SUBDIRECTOR COMERCIAL**
**Importante grupo financiero**

Requisitos:
Ser economista
Ser mexicano
Ser residente en México
Hablar inglés y alemán
Tener cinco años de experiencia mínima
Tener más de 30 años
Tener coche
Tener buenas referencias

Salario negociable.
Escribir a Calle Tenochtitlán 652, México D.F.

Complete this paragraph with the requirements from the advertisement above:

Importante grupo financiero necesita un subdirector comercial que sea economista, que sea . . .

**PRÁCTICA 21.3** Lea y hable. (*Revise Unit 9, Gramática, note 5.*)

*A* ¿Quiere que le dé la dirección?
*B* Sí, démela, por favor.
*A* Se la daré en seguida.

Answer each of these questions in the way shown above:

(*a*) ¿Quiere que le dé el número de teléfono?
(*b*) ¿Quiere que le dé el nombre del portero?
(*c*) ¿Quiere que le escriba la dirección?

(*d*) ¿Quiere que le enseñe el apartamento?
(*e*) ¿Quiere que le traiga el periódico?
(*f*) ¿Quiere que le dé las llaves?

**PRÁCTICA 21.4** Rewrite these sentences using pronouns.

Páseme la sal. — Pásemela.
No deje su chaqueta aquí. — No la deje aquí.

(*a*) Tráigame la cuenta.
(*b*) No me traiga las patatas.
(*c*) Páseme el café.
(*d*) Explíquenos este problema.
(*e*) Dime la verdad.
(*f*) No dejes tu coche allí.

**PRÁCTICA 21.5** Lea, mire y escriba.
¿Qué le interesa hacer en su tiempo libre?

| | Francia | Grecia | Italia | Holanda | España | Suecia | Reino Unido |
|---|---|---|---|---|---|---|---|
| Escuchar música | 2 | 2 | 2 | 16 | 1 | 1 | 2 |
| Salir con un grupo | 1 | 1 | 1 | 6 | 6 | 4 | 3 |
| Perder el tiempo | 5 | 4 | 4 | 1 | 4 | – | 9 |
| Ir al cine | 2 | 5 | 3 | 14 | 2 | 1 | 12 |
| Salir con amigo/a | 5 | 3 | 5 | 8 | 3 | 10 | 1 |
| Leer | 8 | 6 | 7 | 7 | 5 | 6 | 11 |
| Ver TV | 8 | 8 | 9 | 9 | 13 | 3 | 3 |
| Salir de paseo | 4 | 10 | 6 | 12 | 7 | 10 | 12 |
| Practicar deportes | 5 | 8 | 10 | 3 | 8 | 5 | 10 |
| Escuchar la radio | 11 | 13 | 8 | 11 | 12 | 12 | 6 |
| Ir a conciertos | 21 | 24 | 22 | 18 | 18 | 22 | 19 |
| Ir a discotecas | 10 | 13 | 13 | 13 | 14 | 9 | 8 |
| Ir a fiestas | 15 | 16 | 11 | 3 | 11 | 7 | 7 |

*Cambio 16*, Nº 311.

*Ejemplo*:
A los españoles les interesa más ir a conciertos.

(*a*) ¿A los británicos?
(*b*) ¿A los holandeses?
(*c*) ¿A los italianos?

*Ejemplo*:
A los españoles les interesa menos escuchar música.

(*d*) ¿A los británicos?
(*e*) ¿A los suecos?
(*f*) ¿A los franceses?

**PRÁCTICA 21.6** Lea, mire y responda.

*A* ¿Qué te interesa más, el esquí o la natación?
*B* Me interesa más el esquí. (✓)

¿Qué te interesa más?

(*a*) ¿La pesca o el buceo?

✓

(*b*) ¿La playa o la montaña?

✓

(*c*) ¿La música o el baile?

✓

(*d*) ¿El cine o el teatro?

✓

**PRÁCTICA 21.7** Rearrange the sentences in this dialogue.

*A* ¿Qué tipo de coche le interesa?
*B* un/me/Renault/interesa.
*A* ¿De cuántos asientos?
*B* cinco/asientos/de.
*A* El Renault 12 es justamente lo que usted necesita. se/recomiendo/lo.
*B* ¿cuesta/alquiler/el/cuánto?
*A* 6.400 pesetas diarias, con kilometraje ilimitado.
*B* ¿el/cuesta/alquiler/cuánto/semanal?
*A* Cuesta 30.400 pesetas.
*B* Espero/gasolina/que/mucha/consuma/no.
*A* No, es un coche muy económico. guste/que/espero/le.

| Grupo<br>Group | TIPO DE COCHE<br>TYPE OF CAR | Asientos<br>Seats | Kilometraje ilimitado Unlimited mileage | |
|---|---|---|---|---|
| | | | Por día<br>Per day | Por semana<br>Per week |
| A | Seat Panda | 4 | 6.050 | 32.400 |
| B | Seat 127 | 4 | 6.250 | 33.650 |
| C | Ford-Fiesta | 4 | 6.600 | 35.800 |
| D | Seat Ritmo<br>Seat 124 | 4 | 7.200 | 39.400 |
| E | Renault 12<br>Mehari<br>Samba | 5 | 7.400 | 40.400 |

# Comprensión

## 1 Conversación

Lea esta conversación y responda.

| | |
|---|---|
| **Cliente** | Buenas tardes. Pienso ir por unos días a Córdoba y Sevilla y me gustaría alquilar un coche. |
| **Empleada** | ¿Qué tipo de coche le interesa? |
| **Cliente** | Un coche pequeño y que sea económico. |
| **Empleada** | En ese caso creo que le conviene el Seat Panda. |
| **Cliente** | ¿Cuánto cuesta el alquiler? |
| **Empleada** | 6.050 pesetas diarias. |
| **Cliente** | ¿Y por semana? |
| **Empleada** | 32.400. |
| **Cliente** | ¿Cuánto cuesta el seguro? |
| **Empleada** | 900 pesetas por día. |
| **Cliente** | Sí, está bien. |
| **Empleada** | Tiene carnet de conducir, ¿no? |
| **Cliente** | Sí, sí tengo. |
| **Empleada** | Bien, ¿por cuánto tiempo quiere el coche? |
| **Cliente** | Me interesa alquilarlo por una semana. |
| **Empleada** | Perfectamente. |
| **Cliente** | ¿Es posible dejar el coche en Sevilla? No voy a volver a Málaga. |
| **Empleada** | Sí, tenemos una agencia en Sevilla. Mire, ¿quiere rellenar este formulario, por favor? Y después pase por caja. |

**Responda**:

(*a*) ¿Adónde piensa ir el cliente?
(*b*) ¿Qué tipo de coche le interesa?
(*c*) ¿Cuánto cuesta el alquiler por semana?
(*d*) ¿Por cuánto tiempo quiere el coche?
(*e*) ¿Dónde quiere dejar el coche?
(*f*) ¿Va a volver a Málaga el cliente?

## 2 Lectura

Lea este texto y responda a estas preguntas en inglés:

1 What is the major problem with regard to work among young Spaniards?
2 What percentage of Spanish youngsters regard a career decision as a problem?
3 What is the attitude of young Spanish people towards women's rights?
4 How does the family group in Spain and Latin America compare with that in other European countries?
5 What changes have occurred in family relationships?

### *Una nueva sociedad*

El progreso económico y los cambios políticos en España han producido importantes transformaciones dentro de la sociedad. Estas transformaciones se reflejan particularmente en las actitudes y aspiraciones de la juventud, en la mayor participación de la mujer en la vida económica y política de la nación y en un nuevo concepto de la vida familiar.

***La juventud***

Tal como en el resto de Europa, la juventud española se ve enfrentada a la falta de oportunidades en el campo del trabajo. En una encuesta realizada por una empresa publicitaria en varios países europeos, y en la que participaron 400 jóvenes españoles de Madrid y Barcelona, el 86 por ciento de los españoles encuestados manifestó que el encontrar trabajo constituía un serio problema.

Martín, estudiante de Historia expresa: 'Espero encontrar un trabajo que me guste, que sea interesante y agradable y que a la vez me permita llevar una vida independiente de mi familia. No creo que sea fácil encontrarlo, pero estoy optimista y pienso que al final conseguiré lo que busco.'

| TRABAJO Y ESTUDIOS | | | | | | | |
|---|---|---|---|---|---|---|---|
| | Francia | Grecia | Italia | Holanda | España | Suecia | Reino Unido |
| Es un problema encontrar trabajo | 59 | 46 | 64 | 28 | 86 | 30 | 27 |
| Es un problema decidir que carrera seguir | 59 | – | 49 | 32 | 53 | 40 | 28 |
| Es un problema decidir si es mejor seguir estudios superiores para el futuro o buscar un trabajo ahora | 38 | 49 | 36 | 19 | 41 | 25 | 28 |
| Es un problema estar siempre sin dinero | 63 | 68 | 64 | 14 | 86 | – | 26 |

*Cambio 16*, Nº 311.

### *La mujer española*

En lo que respecta a la mujer, el activismo femenino de otros países europeos ha tenido evidentes manifestaciones en España. La joven española lucha por sus derechos y participa más activamente en la vida económica y política de la nación. La mayor parte de los jóvenes españoles consideran que la mujer debe luchar por su igualdad con el hombre.

### *La familia*

La vida familiar, tanto en España como en Latinoamérica, continúa jugando un papel importante dentro de la sociedad. El círculo familiar es en general más extenso que en otros países europeos y las relaciones familiares tienden a ser más estrechas. Sin embargo, el tradicional autoritarismo del padre está dando paso a una mayor libertad y tolerancia en las relaciones entre los distintos miembros del grupo familiar.

**la juventud** *youth*
**se ve enfrentada** *it is faced*
**la encuesta** *survey*
**elegir** *to choose*
**luchar** *to struggle*
**los derechos** *rights*
**jugando un papel** *playing a role*
**estrecho** *close*
**está dando paso** *is giving way*

# 22 No creo que sea grave

The aim of this Unit is to teach you to ask and give opinions, to advise people to do or not to do something, and to express wishes with regard to other people.

## Diálogo

A visit to the doctor.

**Paciente** Buenas tardes, doctor.
**Doctor** Buenas tardes, señora, siéntese. ¿Qué le pasa?
**Paciente** No me he sentido muy bien últimamente. Tengo un poco de fiebre, me duele la cabeza y me siento bastante cansada.
**Doctor** ¿Desde cuándo se siente así?
**Paciente** Desde hace una semana más o menos.
**Doctor** No creo que sea nada grave, pero voy a hacerle un reconocimiento. Pase por aquí, por favor. (*The doctor examines the patient*) Bien, creo que lo que usted tiene es una gripe bastante fuerte. Es mejor que no vaya a trabajar. Le aconsejo que se quede en casa unos días hasta que se sienta mejor.
**Paciente** ¿Necesito tomar algo, doctor?
**Doctor** No creo que sea necesario, pero si le duele la cabeza tómese un par de aspirinas. Con eso será suficiente.
**Paciente** Muchas gracias. Hasta luego.
**Doctor** Adiós. ¡Qué se mejore pronto!

### Vocabulario

**¿qué le pasa?** *What's the matter? what's wrong?*
**no me he sentido (bien)** *I haven't felt (well)*
**últimamente** *lately*
**tengo un poco de fiebre** *I am a little feverish*
**tener fiebre** *to have a fever*
**me duele la cabeza** (doler) *I have a headache (to ache, to hurt)*

**me siento bastante cansada** *I feel quite tired*
**¿desde cuándo se siente así?** *how long have you been feeling like this?*
**más o menos** *more or less*
**no creo que sea nada grave** *I don't think it's anything serious*
**voy a hacerle un reconocimiento** *I'm going to examine you*
**pase por aquí** *come this way*
**la gripe** *flu*
**fuerte** *bad* (lit. *strong*)
**es mejor que no vaya** *you'd better not go*
**le aconsejo que se quede** *I suggest you stay* (*Lit. I advise you*)
**hasta que se sienta mejor** *until you feel better*
**no creo que sea necesario** *I don't think it's necessary*

## Comentario

The Spanish Health Service covers 31 million people, out of a population of 38 million, one doctor for every 670 people, which is comparable to the situation in other European countries. There are over a hundred hospitals in provincial capitals and other large towns, and almost 1,000 clinics throughout the country. In rural areas facilities are generally less efficient and the number of people per doctor is much larger than in the towns. Some Spanish **sindicatos** (*trade unions*) have their own medical facilities financed through a private insurance scheme referred to as **Mutua**. Self-employed people, civil servants and other workers not covered by the Health Service can receive medical attention through the **Mutua** to which they contribute.

## Cuestionario

1 ¿Verdadero o Falso?

(*a*) La paciente no se ha sentido bien.
(*b*) Tiene mucha fiebre.
(*c*) Se siente así desde hace un mes.
(*d*) El doctor le aconseja que no vaya a trabajar.

2 Responda a estas preguntas:

(*a*) ¿Qué hace el doctor?
(*b*) ¿Qué cree el doctor que tiene la paciente?
(*c*) ¿Qué le aconseja?
(*d*) ¿Qué puede tomar si le duele la cabeza?

# Frases y expresiones importantes

**How to:**

1 *Ask and give opinions.*
¿Cree usted que necesito tomar algo?
No creo que sea necesario.
Creo que lo que usted tiene es una gripe.

2 *Advise people to do or not to do something.*
Le aconsejo que se quede en casa.
Es mejor que no vaya a trabajar.

3 *Express wishes with regard to other people.*
¡Que se mejore (usted) pronto!

# Gramática

## 1 Uses of the Subjunctive (II)

In *negative expressions* which indicate uncertainty. Compare:

| | |
|---|---|
| **Creo que es** necesario. | *I think it's necessary.* |
| **No creo que sea** necesario. | *I don't think it's necessary.* |
| **Dudo que sea** necesario. | *I doubt that it is necessary.* |

In *impersonal expressions*, except when there is certainty. Compare:

| | |
|---|---|
| **Es seguro que está** enferma. | *She is surely ill.* |
| **Es posible que esté** enferma. | *She is probably ill.* |
| **Es mejor que** no **vaya**. | *She'd (or you'd) better not go.* |

Following verbs which indicate *advice, suggestion, command, telling,* etc.

Le **aconsejo que se quede** en casa. *I advise you to stay at home.*
Le **sugiero que no salga.** *I suggest you don't go out.*

With certain *expressions of time*, when the action has not yet taken place.

Le aconsejo que se quede en casa **hasta que se sienta** mejor. *I advise you to stay at home until you feel better.*

Similarly with **cuando** (*when*), **en cuanto** (*as soon as*), **antes** (*before*), **después** (*after*), etc.

| | |
|---|---|
| **Cuando venga** mañana. | *When he comes tomorrow.* |
| **En cuanto vuelva.** | *As soon as he comes back.* |

When *expressing wishes* with regard to other people:

| | |
|---|---|
| ¡**Que se mejore** pronto! | *May you get well soon!* |
| ¡**Que tenga** suerte! | *Have luck!* |

## 2 Doler (*to ache, to feel pain*)

Radical-changing verb: **o** changes into **ue** in the Present tense. It is normally used in the third person singular or plural, like **gustar** (see Unit 9).

| | |
|---|---|
| **Me duele** la cabeza. | *I have a headache.* |
| **Le duele** el estómago. | *She has a stomach-ache.* |

# Práctica

**PRÁCTICA 22.1** Lea y responda.

*A* ¿Qué le duele?
*B* Me duele la cabeza.
Me duelen los pies.

Answer in a similar way using the words below:

¿Qué le duele?

(*a*) El estómago (*stomach*)
(*b*) La espalda (*back*)
(*c*) Las piernas (*legs*)
(*d*) La garganta (*throat*)
(*e*) Una muela (*tooth*)

**PRÁCTICA 22.2** You are on holiday in a Spanish-speaking country and as you are not feeling very well you decide to visit a doctor. Complete your part of this conversation with the doctor.

| | |
|---|---|
| **Doctor** | Buenos días. Siéntese, por favor. ¿Qué le pasa? |
| **Usted** | (*Say you don't feel very well. You have a stomach-ache and you are also a bit feverish.*) |
| **Doctor** | ¿Desde cuándo se siente así? |
| **Usted** | (*Say you have felt like this for three days.*) |
| **Doctor** | ¿Le duele la cabeza también? |
| **Usted** | (*No, you don't have a headache.*) |

**Doctor** Puede que sea algo que ha comido y le ha caído mal. No creo que sea nada serio, pero de todas maneras voy a hacerle un reconocimiento. Tiéndase usted aquí, por favor.

**tiéndase** *lie down*

## PRÁCTICA 22.3 Lea y hable.

¿QUIERE USTED VIVIR MUCHOS AÑOS?

*Consejos*

No salir de noche
Acostarse temprano
No fumar
No beber alcohol
No comer en exceso
No trabajar mucho
Hacer ejercicio
Llevar una vida tranquila

**el consejo** *advice* **aconsejar** *to advise*

Le aconsejo que no salga de noche.
Le aconsejo que se acueste temprano.

Continue in the same way.

## PRÁCTICA 22.4 Lea y responda.

*A* ¿Cree usted que debo *ir* a la oficina?
*B* No, es mejor que no vaya.
*A* ¿Cree usted que debo *quedarme* en casa?
*B* Sí, es preferible que se quede en casa.

Complete each answer as in the previous example:

(*a*) ¿Cree usted que debo *ir* a la clínica?
Sí, es mejor que . . .
(*b*) ¿Cree usted que debo *llamar* a la oficina?
Sí, es preferible que . . .
(*c*) ¿Cree usted que debo *levantarme*?
No, es mejor que no . . .

(*d*) ¿Cree usted que debo *salir* esta mañana?
No, es conveniente que no . . .
(*e*) ¿Cree usted que debo *trabajar*?
No, es mejor que no . . .
(*f*) ¿Cree usted que debo *acostarme*?
Sí, es conveniente que . . .

PRÁCTICA **22.5** Lea y hable.

*A* ¿Crees tú que las exportaciones aumentarán?
*B* No, no creo que aumenten.
*A* ¿Crees que los precios subirán?
*B* Sí, creo que subirán.

Ask and answer in a similar way.

¿Crees tú que . . . ?

(*a*) La inflación bajará. (NO)
(*b*) El desempleo aumentará. (SI)
(*c*) La crisis económica terminará. (NO)
(*d*) Los salarios subirán. (NO)
(*e*) Será posible controlar el terrorismo. (NO)
(*f*) La situación política mejorará. (NO)

PRÁCTICA **22.6** Lea y escriba.

¿CUAL ES SU OPINION?

| Nombre | Los españoles | La comida | El tiempo |
|---|---|---|---|
| John Marsh americano | alegres y simpáticos | no es muy variada | agradable |
| Carol Ray australiana | guapos | exquisita | excelente |
| Paul Dean inglés | muy ruidosos | no es mala | bueno |

John Marsh es americano. John opina que los españoles son alegres y simpáticos. Piensa que la comida española no es muy variada y considera que el tiempo es agradable.

Write similar texts about Carol Ray and Paul Dean.

**PRÁCTICA 22.7** Lea y responda.

## ENCUESTA

| **¿Qué ciudad extranjera considera más atractiva?** | |
|---|---|
| Nueva York | ★★★ |
| Londres | ★★ |
| París | ★★ |
| Roma | ★★ |

| **¿Qué ciudad española considera más atractiva?** | |
|---|---|
| Madrid | ★★★ |
| Barcelona | ★★ |
| Sevilla | ★★ |

| **¿Qué parte de España considera mejor para las vacaciones de verano?** | |
|---|---|
| Mallorca | ★★★ |

(*Actualidad Económica*)

This is part of a survey carried out among Spanish executives (**ejecutivos**).

**¿Verdadero o Falso?**

(*a*) La ciudad más atractiva para los ejecutivos es Londres.
(*b*) La ciudad española más atractiva es Madrid.
(*c*) Los ejecutivos prefieren pasar sus vacaciones en Menorca.

# Comprensión

## 1 Conversación

Lea esta conversación y responda.

Isabel is interviewing Raúl Ortíz, a Spaniard living and working in Venezuela.

**Isabel** Usted vive en Venezuela, ¿no?
**Raúl** Sí, vivo allí desde hace diez años.
**Isabel** ¿En qué ciudad vive?
**Raúl** En Maracaibo.

**Isabel** ¿Por qué decidió irse a Venezuela?
**Raúl** Principalmente por la posibilidad de conseguir un trabajo mejor.
**Isabel** ¿A qué se dedica usted actualmente?
**Raúl** Trabajo en la industria del petróleo. Soy ingeniero.
**Isabel** ¿Cuál es su opinión sobre el futuro económico de Venezuela?
**Raúl** Bueno, Venezuela es un país rico. Actualmente es uno de los principales exportadores de petróleo y cada vez hay más y más industrias. Yo creo que tiene un enorme potencial económico. Naturalmente, como en el resto de Sudamérica, existen muchos problemas de tipo social, pero en comparación con otros países latinoamericanos, la situación es mucho más favorable.
**Isabel** Naturalmente usted está contento de vivir allí, ¿no?
**Raúl** Sí, mucho. Es un país bonito, interesante y la gente es muy agradable. Si tiene la oportunidad de ir alguna vez, le aconsejo que lo haga. Estoy seguro que le gustará.

**¿Verdadero o Falso?**

(*a*) Raúl vive en Venezuela desde hace 12 años.
(*b*) Vive en Maracaibo.
(*c*) Es economista.
(*d*) Trabaja en la industria del petróleo.
(*e*) Raúl opina que la situación en Venezuela es menos favorable que en otros países latinoamericanos.
(*f*) A Raúl le gusta el país y la gente.

## 2 Lectura

Lea este texto y responda a las preguntas en inglés:

1 How does Spain compare with other European countries in terms of development?
2 When did Spain sign the treaty to join the European Economic Community?
3 When did Spain actually join the EEC?
4 What is one of the problems that Spain needs to solve?
5 Which is the most industrialized region inland?
6 Which are the most developed outlying regions?

## España en Europa

España es hoy una nación industrial y moderna. Es, efectivamente, uno de los países más industrializados del mundo. Sin embargo, en el contexto de Europa Occidental, España es, junto a Grecia y Portugal, uno de los países menos desarrollados.

El 12 de junio de 1985 España firmó el tratado que la convirtió, a partir del 1 de enero de 1986, en miembro de la Comunidad Económica Europea (CEE). Con ello terminaron años de aislamiento y se abrieron nuevos horizontes para el desarrollo económico y social del país.

La entrada de España en el Mercado Común ha obligado al país a realizar una serie de adaptaciones para hacer frente a la competencia de las naciones europeas más desarrolladas. Entre los problemas que es necesario resolver está el gran desequilibrio económico que existe entre las distintas regiones. Hay regiones ricas en recursos naturales, con una gran concentración industrial y un alto nivel de vida. Hay regiones pobres, donde las oportunidades de trabajo son mínimas y las condiciones de vida son muy precarias.

En el interior del país la región más industrializada es Madrid. En la periferia, el País Vasco y Cataluña son los dos centros tradicionales de la industria española. Entre las provincias de desarrollo medio están Valencia, Zaragoza, Valladolid, Sevilla y Cádiz y entre las zonas menos favorecidas encontramos a Galicia, Extremadura y parte de Andalucía.

**sin embargo** *however*
**junto a** *together with*
**desarrollado** *developed*
**E. firmó el tratado** *S. signed the treaty*
**la Comunidad Económica Europea (CEE)** *the European Economic Community (EEC)*
**el aislamiento** *isolation*
**el Mercado Común** *Common Market*
**el desequilibrio** *imbalance*
**los recursos** *resources*
**desarrollo medio** *average development*

# 23 Me gustaría mucho

The aim of this Unit is to teach you to invite people to do something and to accept or decline an invitation. You will learn to express pleasure, to express capability and incapability and to suggest a course of action including the speaker. Another aim of this Unit is to teach you to make statements about unreal or hypothetical conditions.

## Diálogo

Señor Alsina invites señorita Alonso, a new colleague, for dinner at his house.

| | |
|---|---|
| **Sr Alsina** | Hola, buenos días. ¿Está muy ocupada? |
| **Srta Alonso** | No, en este momento no. |
| **Sr Alsina** | Quisiera invitarla a mi casa este viernes. Es el cumpleaños de mi mujer y nos gustaría que viniese a cenar con nosotros. |
| **Srta Alonso** | Me gustaría mucho ir, pero no puedo. Un amigo mío llega ese día de Chicago. |
| **Sr Alsina** | ¡Qué pena! Siento mucho que no pueda venir. ¿Su amigo es norteamericano? |
| **Srta Alonso** | Sí, es norteamericano. Es la primera vez que viene a España. |
| **Sr Alsina** | En ese caso, ¿qué le parece si vamos de paseo este domingo? Podríamos ir a Montserrat. ¿Le gustaría? |
| **Srta Alonso** | Estupendo. Muchas gracias. |
| **Sr Alsina** | Bueno, quedamos en eso entonces. Pasaríamos por su casa a eso de las once. ¿Qué le parece? |
| **Srta Alonso** | Perfectamente. |
| **Sr Alsina** | Si hubiese algún problema yo la llamaría por teléfono. |
| **Srta Alonso** | Muchísimas gracias. |

**Vocabulario**

**quisiera invitarla** *I'd like to invite you*
**el cumpleaños** *birthday*
**nos gustaría que viniese** *we would like you to come*
**me gustaría** *I would like*
**¡qué pena!** *what a pity!*
**la primera vez** *first time*
**en ese caso** *in that case*
**¿qué le parece si vamos de paseo** *what about going for an outing*
**quedamos en eso** *that's settled, agreed*
**pasaríamos por su casa** *we would come to your house*
**si hubiese algún problema** *if there were any problem*
**yo la llamaría por teléfono** *I would telephone you*
**muchísimo** *very much* (superlative)

## Comentario

The above is a formal invitation and it reflects the language used between older people who don't know each other well. People with different ranks within an institution or organisation might also use similar language. Young people would use the **tú** form and would be much more informal in their approach, using expressions such as **¿Quieres venir a mi casa este viernes? ¿Por qué no vienes a cenar a casa?** It is necessary to emphasise that, except for strictly official (or business) situations, there are no fast rules about the use of **usted** and **tú** in Spanish, and the general tendency nowadays is towards a more informal use of language.

## Cuestionario

**1 ¿Verdadero o Falso?**

(*a*) La Srta. Alonso está muy ocupada.
(*b*) El cumpleaños de la Sra. Alsina es el domingo.
(*c*) La Srta. Alonso no quiere aceptar la invitación a cenar.
[*d*) El amigo de la Srta. Alonso es de los Estados Unidos.

2 Responda a estas preguntas:

(*a*) ¿Cuándo es la cena?
(*b*) ¿Dónde es?
(*c*) ¿Quién llega a España el viernes?
(*d*) ¿Conoce España el amigo de la Srta. Alonso?
(*e*) ¿Le gustaría a la Srta. Alonso ir de paseo?

# Frases y expresiones importantes

**How to:**

1 *Invite people to go somewhere or to do something.*
Quisiera invitarla a mi casa.
Nos gustaría que viniese a cenar.

2 *Accept or decline an invitation.*
Estupendo. Muchas gracias.
Me gustaría mucho ir, pero desgraciadamente no puedo.

3 *Express pleasure.*
Nos gustaría (que viniese a cenar).
Me gustaría (mucho ir).

4 *Express capabiltiy and incapability.*
Sí, puedo.
(Desgraciadamente) no puedo.

5 *Suggest a course of action including the speaker.*
¿Qué le parece si vamos de paseo?
Podríamos ir a Montserrat.

6 *Make statements which are hypothetical.*
Si hubiese algún problema yo la llamaría.

# Gramática

## 1 Conditional tense

The Conditional is used to express what would happen or what someone would do. Like the Future (see Unit 19), it is formed with the whole infinitive. The endings for the three conjugations are the same as those of the Imperfect of **-er** and **-ir** verbs (see Unit 15).

| | | | |
|---|---|---|---|
| **llamaría** | *I would call* | **llamaríamos** | *we would call* |
| **llamarías** | *you would call* (fam.) | **llamaríais** | *you would call* (fam.) |
| **llamaría** | *he/she would call* | **llamarían** | *they would call* |
| **llamaría** | *you would call* (form) | **llamarían** | *you would call* (form) |

Yo la **llamaría** por teléfono. *I would telephone you.*
Me **gustaría** ir. *I would like to go.*
¿Le **gustaría** ir? *Would you like to go?*

Irregular conditional verbs are the same as those which are irregular in the Future (see Unit 19). Example:

**poder** (*to be able to*)
**podría, podrías, podría,**
**podríamos, podríais, podrían.**

## 2 Imperfect Subjunctive

The Imperfect Subjunctive is derived from the third person plural of the Preterite (see Units 13 and 14).

| *Infinitive* | *Preterite* | *Imperfect Subjunctive* |
|---|---|---|
| llamar | **llamaron** | **llamara** |
| beber | **bebieron** | **bebiera** |
| vivir | **vivieron** | **viviera** |
| estar | **estuvieron** | **estuviera** |
| ser | **fueron** | **fuera** |
| decir | **dijeron** | **dijera** |

Here is a verb conjugated in the Imperfect Subjunctive:

**llamar** (*to call*)
**llamara, llamaras, llamara,**
**llamáramos, llamarais, llamaran.**

The Imperfect Subjunctive has an alternative set of endings. These are: **-se, -ses, -se, -semos, -seis, -sen**:
llam**ara**/llam**ase**; beb**iera**/beb**iese**; viv**iera**/viv**iese**.

The two sets of endings are generally interchangeable.

## 3 Some uses of the Imperfect Subjunctive

The Imperfect Subjunctive is usually dependent on a clause with a verb in the Conditional:

Nos **gustaría que viniese.** *We would like you to come.*

It is used after **Si** (*if*) when this introduces a statement which is almost contrary to fact:

**Si hubiese** algún problema la llamaría. *If there were any problem I would call you.*

*But note:*

Si hay algún problema la llamaré. *If there is any problem I will call you.*

# Práctica

**PRÁCTICA 23.1** Lea y escriba.

UNA INVITACION FORMAL

> El Director General de Textiles Universales solicita el honor de su presencia durante la cena que se celebrará en el Hotel El Conquistador, el sábado 23 de diciembre a las 8:30 de la tarde.
>
> (Sírvanse enviar respuesta)

Write similar invitations using these phrases:

(*a*) El Consejo de Administración/Metálica Bilbao/el banquete/Restaurante Don Quijote/miércoles 4 julio 9:00 noche.
(*b*) Don Cristóbal Valleverde y señora/el cóctel/Club El Escorial/viernes 18 febrero 7:00 tarde.

**PRÁCTICA 23.2** Lea y escriba.

ACEPTANDO UNA INVITACION (*acceptance*)

> Rodrigo Arteaga y señora agradecen al Director General de Textiles Universales su amable invitación a la cena del sábado 23 de diciembre en el Hotel El Conquistador y tienen el gusto de aceptar.

REHUSANDO UNA INVITACION (*refusal*)

> Don Roberto Miranda agradece al Director General de Textiles Universales su amable invitación a la cena del sábado 23 de diciembre en el Hotel El Conquistador que lamenta no poder aceptar (por encontrarse fuera del país en esa fecha).

Write similar letters:

(*a*) Accepting invitation in **23.1** (a).
(*b*) Refusing invitation in **23.1** (b). *Reason: You had a previous commitment* (a causa de un compromiso anterior).

**PRÁCTICA 23.3** Lea y responda.

UNA INVITACION INFORMAL

*A* ¿Te gustaría que fuéramos al cine esta tarde?
*B* Gracias. Me gustaría mucho, pero no puedo. Tengo un compromiso a las 7:00.

Now excuse yourself in a similar way:

(*a*) ¿Te gustaría que fuéramos al teatro mañana? (Usted va a ir al ballet)
(*b*) ¿Te gustaría que saliéramos a cenar esta noche? (A usted le duele la cabeza)
(*c*) ¿Te gustaría que saliéramos de paseo el sábado? (Usted tiene que salir fuera de Madrid)
(*d*) ¿Te gustaría que hiciéramos una excursión este fin de semana? (Usted tiene que estudiar español)
(*e*) ¿Te gustaría que fuéramos a beber una copa? (Usted tiene que estar en casa a las 6:00)
(*f*) ¿Te gustaría que pasáramos la tarde en el parque? (Usted va a visitar a unos amigos)

**PRÁCTICA 23.4** Lea y escriba.

UNA NOTA (*a note*)

Querida María Luisa:
Pasé por tu casa esta mañana, pero no estabas. ¿Qué te parece que vayamos al cine esta noche? Podríamos ver Los Olvidados en el Cine Castilla. Si estás libre llámame a la oficina.
José

Write similar notes using these phrases:

(*a*) ¿Qué te parece que/al teatro el miércoles/*Las Cuatro Hermanas*/Teatro Alcalá.
(*b*) ¿Qué te parece que/a la ópera/el jueves/*Don Juan*/Teatro Liceo.

**PRÁCTICA 23.5** Lea y responda.

*A* ¿Qué haría si tuviese mucho dinero?
*B* Si tuviese mucho dinero iría al Brasil.

Answer the questions in column A with an appropriate phrase from column B:

*A* ¿Qué haría si . . .

1 la invitasen a la fiesta?
2 no hubiese habitaciones en el Hotel Los Mayas?
3 no encontrase billetes para el avión del lunes?
4 no encontrase entradas para la sesión de las 7:00?
5 tuviese un mes de vacaciones?
6 perdiese el pasaporte?

*B*

(*a*) viajaría el martes.
(*b*) iría a Sudamérica.
(*c*) aceptaría la invitación.
(*d*) iría al Consulado.
(*e*) reservaría una habitación en el Hotel Los Reyes
(*f*) sacaría entradas para la sesión de las 9:00

**PRÁCTICA 23.6** Lea y escriba.

BUSCAMOS
**REPRESENTANTE**

- 1.900.000 pts. anuales
- Trabajo en Madrid
- Semana laboral de 5 días
- 4 semanas de vacaciones

Escribir con historial de trabajo a Compañía Farmacéutica Pax, S.A., apartado de Correos 10.026, Madrid.

Si yo fuese representante de la Compañía Farmacéutica PAX, S.A. ganaría un millón novecientas mil pesetas anuales, trabajaría en Madrid, tendría que trabajar cinco días a la semana, empezaría a las 9:00 y terminaría a las 5:00 de la tarde y tendría cuatro semanas de vacaciones.

S.A. = Sociedad Anónima (*a company which does not trade under the name of the proprietors*)
Apartado de Correos = *P.O. Box*

Write a similar text based on this advertisement.

EMPRESA NACIONAL necesita
**2 VENDEDORAS**

- 1.000.000 pesos anuales
- Trabajo en la Ciudad de México
- Semana laboral de 44 horas
- Horario: 8:00 – 16:00

Sábados: 9:00 – 13:00
Vacaciones: 3 semanas

Llamar al tel. 467 9823,
Importaciones México, S.A.

Si yo fuese vendedora de . . . Continúe.

# Comprensión

## 1 Conversación

Lea esta conversación y responda.

Ricardo Valdés is being sent to Bogotá, Colombia, as a representative of his company.

**Director** Quisiéramos abrir una oficina en Colombia y nos gustaría enviarle a usted como nuestro representante. ¿Qué le parece la idea?

**Ricardo** Bueno . . . sí . . . me gustaría mucho. Le agradezco mucho su confianza, pero ¿podría darme más información sobre este proyecto?

**Director** Naturalmente. La oficina estará en Bogotá y empezará sus actividades el 15 de marzo. Usted viajaría a Bogotá un mes antes. Nos gustaría que durante este tiempo usted alquilase una oficina en el centro de la ciudad y que contratase a una secretaria.

**Ricardo** ¿Cuánto tiempo tendría que quedarme en Colombia?

**Director** Un mínimo de dos años. Después, si a usted le interesara podríamos transferirlo a otra de nuestras oficinas en Sudamérica.

**Ricardo** Pues, tendría que pensarlo. Es una decisión difícil. ¿Cuáles serían las condiciones de trabajo?

**Director** Evidentemente serían mucho más favorables. Mire, ¿qué le parece si cenamos juntos esta noche y hablamos con más calma sobre el proyecto?

**Ricardo** Me parece muy bien.

**¿Verdadero o Falso?**

(*a*) A Ricardo le gustaría ir a Colombia.
(*b*) La oficina estaría en Bogotá.
(*c*) Empezaría sus actividades el 15 de mayo.
(*d*) Ricardo viajaría una semana antes.
(*e*) Alquilaría una oficina en el centro de la ciudad.
(*f*) Ricardo estaría dos años en Colombia.

## 3 Lectura

Lea este texto y responda a estas preguntas en inglés:

1 How long would it take to fly from the North of Chile to the southernmost point?
2 What is the length of Chile and its average width?
3 How high is La Paz?
4 How does it compare with Spain in size?
5 On what is its economy mainly based?
6 What is the average rainfall in the Atacama Desert? And in Southern Chile?

## Hechos y cifras de la América del Sur

***Chile, de norte a sur***

¿Sabía usted que si tomase un avión en el norte de Chile y volase en línea directa hacia el sur, usted viajaría más de 4000 km. y tardaría más de cinco horas en llegar a su destino? Chile tiene una de las costas más largas del mundo, 4500 km. de norte a sur. De este a oeste el promedio es de sólo 180 km. y casi la mitad es territorio montañoso, deshabitado y prácticamente inaccesible.

***La capital más alta del mundo***

¿Sabía usted que si tomara un tren desde la frontera chileno-boliviana hasta La Paz, capital de Bolivia, en un viaje de 10 horas usted subiría desde el nivel del mar hasta 4247 metros y luego descendería hasta La Paz que se encuentra a 3600 metros de altura? Fundada por los españoles en el año 1548, La Paz tiene actualmente una población de 800 000 habitantes, la mitad de los cuales son indios. Bolivia es dos veces más grande que España. Es uno de los países más pobres de la América del Sur, con una economía basada principalmente en la explotación de productos minerales, el más importante de los cuales es el estaño. Bolivia, como el Paraguay, no tiene acceso al mar.

***El clima de Sudamérica***

El clima en Sudamérica puede ser tan diferente de región a región, que si usted viviese en la costa norte de Chile o en el sur del Perú, podrían pasar varios años sin que usted viese llover. El Desierto de Atacama, que se extiende por 2000 km. a lo largo de la costa del Océano Pacífico, sólo recibe 2.5 cm de lluvia cada 7 años. En cambio, en el extremo sur de Chile, la cantidad de lluvia es de 500 cm. por año.

**Vocabulario**

**el promedio** *average*
**la mitad** *half*
**el nivel del mar** *sea level*
**se encuentra** *it is situated*
**el estaño** *tin*
**sin que viese** *without seeing*

# 24 Habría estudiado música

The aim of this Unit is to expand on some of the points you have learned in previous Units: asking and giving personal information (Units 1, 2, 3, 13), talking about daily activities (Unit 11), asking and giving opinions (Unit 22), expressing statements contrary to fact (Unit 23). In this Unit you will also learn to express satisfaction and dissatisfaction and to express agreement and disagreement.

## Diálogo

This is a conversation with Angel Moreno, the owner of a hotel and restaurant in the outskirts of Madrid.

**Isabel** ¿De dónde eres?
**Sr Moreno** Soy de Burgos.
**Isabel** ¿Cuánto tiempo llevas en Madrid?
**Sr Moreno** Llevo aquí casi quince años.
**Isabel** ¿A qué te dedicas?
**Sr Moreno** Me dedico a la hostelería. Soy propietario de un hotel y un restaurante en las afueras de Madrid.
**Isabel** ¿Estás contento con tu trabajo?
**Sr Moreno** Claro, pero si hubiera podido habría hecho algo diferente, quizá.
**Isabel** ¿Por ejemplo?
**Sr Moreno** Habría estudiado música. Siempre me ha interesado.
**Isabel** Estás casado, ¿no?
**Sr Moreno** Sí, casado y con tres hijos.
**Isabel** ¿Te consideras satisfecho con tu situación económica?
**Sr Moreno** Sí, estoy satisfecho. Mi situación económica no es mala. Tengo mi casa, tengo coche, suelo salir con mi mujer una vez a la semana, tengo vacaciones todos los veranos. En fin, no me puedo quejar.
**Isabel** ¿Qué opinas sobre el futuro de España?

**Sr Moreno** Soy optimista y creo que la situación mejorará.
**Isabel** ¿Estás de acuerdo con la política económica del gobierno?
**Sr Moreno** En general, sí, estoy de acuerdo.

**Vocabulario**

**¿cuánto tiempo llevas en Madrid?** *how long have you been in Madrid?*
**llevo aquí casi quince años** *I've been here for almost 15 years*
**casi** *almost*
**¿a qué te dedicas?** *what do you do (for a living)?*
**me dedico a la hostelería** *I work in the hotel business*
**el propietario** *owner*
**en las afueras** *in the outskirts*
**claro** certainly
**si hubiera podido** *if I had been able*
**habría hecho algo diferente** *I would have done something different.*
**quizá** *perhaps*
**habría estudiado música** *I would have studied music*
**siempre me ha interesado** *it has always interested me*
**¿te consideras satisfecho?** *are you satisfied? (do you consider yourself satisfied?)*
**considerarse** *to consider oneself*
**estar satisfecho** *to be satisfied*
**una vez** *once*
**en fin** *well*
**no me puedo quejar** (quejarse) *I can't complain (to complain)*
**¿qué opinas?** (opinar) *what do you think? (to think)*
**optimista** *optimistic*
**mejorará** (mejorar) *it will improve (to improve)*
**¿estás de acuerdo?** *do you agree?*
**estar de acuerdo** *to agree, to be in agreement*
**el gobierno** *government*

## Comentario

The freedom of the Press brought to Spain and its people a renewed interest in the social, economic and political affairs of their country. Magazines and newspapers, such as *Cambio 16* and *El País*, began to run articles about ordinary Spaniards and the way in which their lives were affected by the new political and economic order.

## Cuestionario

1 ¿Verdadero o Falso?

(*a*) Hace 15 años que el Sr Moreno vive en Madrid.
(*b*) Es camarero en un hotel.

(*c*) No está satisfecho con su situación económica.
(*d*) Suele salir con su mujer una vez a la semana.

2 Responda a estas preguntas:

(*a*) ¿Está contento con su trabajo el Sr Moreno?
(*b*) ¿Qué le ha interesado siempre?
(*c*) ¿Cómo es su situación económica?
(*d*) ¿Qué piensa sobre el futuro de España?
(*e*) ¿Está de acuerdo con la política económica del gobierno?

# Frases y expresiones importantes

**How to:**

**1** *Say how long you have been in a place.*
¿Cuánto tiempo llevas en Madrid?
Llevo aquí 15 años.

**2** *Say what you do for a living.*
¿A qué te dedicas?
Me dedico a la hostelería.

**3** *Talk about habitual activities.*
Suelo salir con mi mujer una vez a la semana.
Tengo vacaciones todos los veranos.

**4** *Ask and give opinions.*
¿Qué opinas sobre el futuro de España?
Creo que la situación mejorará.

**5** *Express satisfaction and dissatisfaction.*
¿Estás contento?
(No) estoy contento.
¿Estás satisfecho?
(No) estoy satisfecho.

**6** *Express agreement and disagreement.*
¿Estás de acuerdo?
(No) estoy de acuerdo.

**7** *Express statements contrary to fact.*
Si hubiera podido habría hecho algo diferente.

# Gramática

## 1 Conditional Perfect tense

The Conditional Perfect is used to express what would have happened or what you would have done. It is formed with the conditional of **haber** + past participle.

| | |
|---|---|
| **Habría estudiado** | *I would have studied* |
| **Habrías estudiado** | *You would have studied* (fam.) |
| **Habría estudiado** | *He she (you) would have studied* |
| **Habríamos estudiado** | *We would have studied* |
| **Habríais estudiado** | *You would have studied* (fam.) |
| **Habrían estudiado** | *They (you) would have studied.* |

**Habría estudiado** música. — *I would have studied music.*
**Habría hecho** algo diferente. — *I would have done something different.*

The Conditional Perfect is often used in conjunction with the Pluperfect Subjunctive.

## 2 Pluperfect Subjunctive

The Pluperfect Subjunctive is formed with the Imperfect Subjunctive of **haber** + past participle. It is often used with the Conditional Perfect to express a hypothesis or condition contrary to fact, introduced by **Si** (*if*).

| | |
|---|---|
| **Si hubiera podido** | *If I had been able to* |
| **Si hubieras podido** | *If you had been able to* (fam.) |
| **Si hubiera podido** | *If he, she, you had been able* to |
| **Si hubiéramos podido** | *If we had been able to* |
| **Si hubierais podido** | *If you had been able to* (fam.) |
| **Si hubieran podido** | *If they, you had been able to* |

**Si hubiera** (o **hubiese**) **podido** habría hecho algo diferente. *If I had been able to, I would have done something different.*

## 3 Llevar (with reference to time)

**Llevo** un año en Madrid. — *I have been in Madrid for a year.*

**Lleva** un año **trabajando**. — *He has been working for a year.*

# Práctica

**PRÁCTICA 24.1** Lea y pregunte.

*A* ¿A qué se dedica usted?
*B* Soy enfermera. Trabajo en el Hospital Provincial.
*A* ¿Cuánto tiempo lleva trabajando allí?
*B* Llevo seis años.

Ask questions similar to the ones above, to fit these answers:

(*a*) Soy profesor. Trabajo en la Universidad de Madrid.. Llevo tres años y medio.
(*b*) Soy estudiante. Estudio en el Instituto Comercial de Lugo. Llevo cuatro años.
(*c*) Soy dependiente. Trabajo en el Corte Inglés. Llevo seis meses.
(*d*) Soy estudiante. Estudio en la Academia de Arte. Llevo más de dos años.

**PRÁCTICA 24.2** Lea, mire y responda.

*A* ¿A qué actividad cultural suelen dedicar más tiempo los españoles?
*B* Suelen dedicar más tiempo a leer (o a la lectura).
*A* ¿Qué porcentaje de los españoles está muy satisfecho con su trabajo?
*B* El 15 por ciento está muy satisfecho.
*A* ¿Qué porcentaje opina que la educación que recibe es excelente?
*B* El 2 por ciento opina que es excelente.
*A* ¿Qué porcentaje está de acuerdo con que el estado actúe más enérgicamente contra el terrorismo?
*B* El 60 por ciento está en total acuerdo.

In a recent survey a group of Spanish people were asked about their spare time activities, the degree of satisfaction with their jobs and with the education that they had had. They were also asked to consider whether the State should act more firmly against terrorism. Look at the results of that survey in the tables on the next page and then answer the questions, in the way shown above.

(*a*) ¿A qué actividad cultural suelen dedicar menos tiempo los españoles?
(*b*) ¿A qué actividad suelen dedicar más tiempo, a las actividades culturales o a los deportes?

(*c*) ¿A qué suelen dedicar más tiempo, a descansar o a viajar?
(*d*) ¿Qué porcentaje de los españoles está muy insatisfecho con su trabajo?
(*e*) ¿Qué porcentaje no está ni satisfecho ni insatisfecho?
(*f*) ¿Qué porcentaje opina que la educación que recibe es muy pobre?
(*g*) ¿Qué porcentaje opina que es buena?
(*h*) ¿Qué porcentaje está en total desacuerdo con que el Estado actúe enérgicamente contra el terrorismo?

Tiempo libre

| *EN GENERAL SU TIEMPO LIBRE ¿A QUE LO DEDICA USTED?* | % |
|---|---|
| Actividades culturales | 40 |
| –Leer | 30 |
| –Pintura | 1 |
| –Estudiar | 5 |
| –Música | 7 |
| –Cine-Teatro | 10 |
| –Otras respuestas | 2 |
| Tareas del hogar | 17 |
| –Tareas del hogar | 11 |
| –Punto | 4 |
| –Otras tareas del hogar | 2 |
| Deportes | 17 |
| –Actividades deportivas | 6 |
| –Pasear | 10 |
| –Otros deportes | 1 |
| Otros conceptos | 55 |
| –TVE | 18 |
| –Campo | 2 |
| –Niños | 3 |
| –Descansar | 6 |
| –Amigos | 13 |
| –Familia | 11 |
| –Actividades recreativas | 9 |
| –Viajar | 3 |
| –Otros | 2 |
| No tienen tiempo libre | 7 |
| NS, NC | 9 |

Trabajo

| *EN ESTE MOMENTO Y CON RESPECTO AL TRABAJO QUE REALIZA ESTA USTED* | % |
|---|---|
| Muy satisfecho | 15 |
| Bastante satisfecho | 26 |
| Algo satisfecho | 14 |
| Ni satisfecho ni insatisfecho | 12 |
| Algo insatisfecho | 6 |
| Bastante insatisfecho | 5 |
| Muy insatisfecho | 4 |
| No trabajo | 10 |
| NC | 8 |

Educación

*Actitudes acerca de la calidad educativa*

| | TOTAL |
|---|---|
| Excelente | 2 % |
| Buena | 16 |
| Normal | 26 |
| Algo pobre | 27 |
| Muy pobre | 27 |
| NC | 2 |

Terrorismo

*El Estado debería actuar mas enérgicamente contra el terrorismo*

| | TOTAL |
|---|---|
| Total acuerdo | 60 % |
| De acuerdo un poco | 19 |
| En desacuerdo un poco | 13 |
| Total desacuerdo | 7 |
| No saben | 1 |

(*Cambio 16*, N° 316)

**PRÁCTICA 24.3** Lea y responda.

Nacida en Valladolid hace veinticinco años, Delia Gómez trabaja de administrativa en una empresa del comercio de alimentación.

Soltera, Delia vive con sus padres, con los que mantiene unas relaciones cordiales a nivel personal. 'Es difícil pronunciarse en cuanto al nivel de felicidad o satisfacción. Yo no estoy contenta en mi trabajo: me gustaría estar empleada en una empresa mayor, donde ganase más dinero, pero hasta ahora conseguir un trabajo era difícil.'

(*Cambio 16*, Nº 316)

(*a*) ¿Cuántos años tiene Delia?
(*b*) ¿A qué se dedica?
(*c*) ¿Está contenta con su trabajo?
(*d*) ¿Qué le gustaría hacer?

**PRÁCTICA 24.4** Lea y responda.

María Pilar Rojas, tiene cuarenta y dos años, dos hijos – uno de quince años y el otro de doce – está casada con un hombre 20 años mayor que ella. Es de un pueblecito de la provincia de Avila.

Lleva ya 24 años en Madrid, donde vino a servir y, posteriormente, se casó. Ahora, trabaja de 3 de la tarde a 10 de la noche, en el servicio de limpiezas de unas oficinas.

María se levanta a las 7 y prepara los desayunos para que los chicos vayan al colegio. Arregla la casa – una vivienda en las afueras de Madrid, de 50 metros cuadrados, muy escasa para tanta familia–, va a la compra, prepara la comida y se va al trabajo a las dos y media.

(*a*) ¿Cuánto tiempo lleva María Rojas en Madrid?
(*b*) ¿A qué hora suele levantarse?
(*c*) ¿Qué hace antes de ir al trabajo?
(*d*) ¿A qué hora se va al trabajo?
(*e*) ¿Cuáles son sus horas de trabajo?

**PRÁCTICA 24.5** Lea y escriba.

No pude estudiar música.
Si hubiera podido habría estudiado música.

No tuve dinero para ir a España.
Si hubiera tenido dinero habría ido a España.

Transform these sentences following the examples above:

(*a*) No pude terminar el trabajo.
(*b*) No tuve tiempo para ir al cine.
(*c*) No pude ver esa película.
(*d*) No tuve la oportunidad de hablar con él.
(*e*) No estuve en casa para ver ese programa.
(*f*) No tenía tu teléfono, por eso no te llamé.

**PRÁCTICA 24.6** Rearrange these sentences in order to make sense of what B says.

*A* ¿Está usted contento con el trabajo que hace?
*B* descontento/estoy/no/bastante.
*A* ¿Por qué?
*B* el/pienso/monótono/es/que/muy/trabajo/hago/que.
*A* ¿A qué se dedica usted?
*B* funcionario/de/soy/Correos.
*A* ¿Qué tipo de trabajo le habría gustado hacer?
*B* ser/me/marino/gustado/habría.

# Comprensión

## 1 Conversación

Lea esta conversación y responda.

An interview with Cristina Galván, a television producer.

**Entrevistador** ¿A qué te dedicas, Cristina?
**Cristina** Trabajo en televisión.
**Entrevistador** ¿Qué haces concretamente?
**Cristina** Estoy a cargo de un programa.
**Entrevistador** ¿Llevas mucho tiempo trabajando en esto?
**Cristina** Poco más de tres años.
**Entrevistador** ¿Estás contenta con tu trabajo?
**Cristina** Sí, muchísimo. Es una actividad interesante y creativa. Siempre estás haciendo algo diferente.

**Entrevistador** ¿Has tenido dificultades por el hecho de ser mujer?

**Cristina** Dificultades, no, aunque, al principio tuve que soportar un poco de paternalismo masculino. Pero eso ya pasó.

**Entrevistador** ¿Crees que en general la mujer tiene que trabajar más para demostrar que es capaz y que puede ser tan eficiente como el hombre?

**Cristina** Sí, yo pienso que sí. Todavía existe discriminación en ciertos sectores, pero creo que poco a poco la situación está cambiando.

**Entrevistador** Bueno Cristina, muchísimas gracias. Adiós.

**Cristina** Adiós.

**¿Verdadero o Falso?**

(*a*) Cristina trabaja en televisión.
(*b*) Está a cargo de un programa.
(*c*) Lleva poco más de dos años en esta actividad.
(*d*) Piensa que su trabajo es interesante y creativo.
(*e*) Cree que en general no existe discriminación contra la mujer.

## 2 Lectura

Lea este texto y responda a estas preguntas en inglés:
1 Which is one of Picasso's best known works?
2 What was the painter's wish with regard to this work?
3 When was it returned to Spain?
4 Who was Pablo Neruda?
5 What does Neruda offer in Canto General?
6 When was he awarded the Nobel Prize for Literature?

***Pablo Picasso, un pintor español***
Se le considera el pintor más grande de este siglo. Sobresalió en todos los estilos y técnicas. Su obra incluye también grabados, pinturas y cerámicas. Pablo Picasso fue miembro del Partido Comunista Francés y en 1962 recibió el Premio Lenin de la Paz. Su obra más conocida, *Guernica*, pasó largos años en el Museo de Arte Moderno de Nueva York. Siguiendo los deseos del pintor, de que la obra retornara a España una vez que se restaurara la democracia, el Museo norteamericano la devolvió a España en el año 1981. Picasso murió en marzo de 1973 en Mougins (Francia), a los noventa y un años.

# El "Guernica"

(*Cambio 16*, Nº 421)

El Guernica está inspirado en el bombardeo de la ciudad vasca de Guernica por aviones alemanes de la Legión Condor durante la guerra civil española.

***Pablo Neruda, un poeta latinoamericano***
Pablo Neruda nació en Chile en el año 1904. Se le considera el poeta más importante de su generación en la lengua castellana. Publicó más de treinta libros de poemas. "Veinte Poemas de Amor y Una Canción Desesperada" (*20 love poems and one song of despair*), corresponde a su período de iniciación, con influencia modernista y un tono neorromántico. La soledad y tristeza del poeta por la ausencia de la mujer a quien amó se reflejan en los primeros versos del poema XX.

Puedo escribir los versos más tristes esta noche.
Escribir, por ejemplo: 'La noche está estrellada,
y tiritan, azules, los astros, a lo lejos.'
El viento de la noche gira en el cielo y canta.
Puedo escribir los versos más tristes esta noche.
Yo la quise, y a veces ella también me quiso.

En una de sus obras posteriores más importantes, *Canto General*, Neruda nos da su propia versión poética de la historia de la América Latina y más tarde, en sus *Odas Elementales*, el poeta canta a las realidades primarias del mundo en que vive. En el año 1971 Neruda obtuvo el Premio Nobel de Literatura. El poeta murió en Chile en el año 1973.

## Vocabulario

**sobresalir** *to excel*
**la obra** *work*
**el grabado** *print*
**la pintura** *painting*
**devolver** *to return*
**morir** *to die*
**amar** *to love*
**estrellada** *starry*
**tiritar** *to shimmer*
**girar** *to revolve, spin*
**yo la quise** *I loved her*

# Key to the Exercises

## Unidad 1

CUESTIONARIO

1 (*a*) V. (*b*) F; Pat es enfermera. (*c*) F; Isabel es periodista.
2 (*a*) Sí, es de Londres. (*b*) Sí, es inglesa. (*c*) Es la número 20.

PRÁCTICA

1.1 (*a*) Me llamo María Elena Barrios. (*b*) Soy mexicana. (*c*) Soy azafata.
1.2 1 (*c*), 2 (*a*), 3 (*d*), 4 (*b*).
1.3 (*a*) Peter es inglés, es economista. (*b*) Anna es inglesa, es estudiante. (*c*) John es norteamericano, es ingeniero. (*d*) Pat es canadiense, es médica.
1.4 Me llamo (*your name*). Soy (*your nationality*). Soy (*your occupation*).
1.5 Me llamo María Bravo/Mi segundo apellido es Castro/No soy española. Soy mexicana/Soy intérprete.
1.6 (*a*) Es el cinco, ocho, seis, tres, uno, cuatro, dos. (*b*) Es el uno, siete, cinco, tres, ocho, dos, dos, cero. (*c*) Es el dos, cuatro, siete, uno, cero, nueve, seis. (*d*) Es el uno, nueve, cinco, cinco, dos, siete, cero, cuatro.

COMPRENSIÓN

1 (1) V. (2) F; Es inglés. (3) F; Es la número dieciocho.
2 (1) He's from Madrid. He's an engineer. (3) 12 km from Madrid. (4) It is the political, cultural and economic centre of Spain. (5) In the centre. (6) It is advantageous for the political and administrative control of the country.

## Unidad 2

CUESTIONARIO

1 (*a*) V. (*b*) F; Es de Barcelona. (*c*) V. (*d*) F; Tiene dos hijos.
2 (*a*) Torrens. (*b*) Es español. (*c*) Se llama Carmen Riveros Díaz. (*d*) Tiene 38 anos. (*e*) No, tiene dos hijos.

PRÁCTICA

2.1 (*a*) Es el cuarenta y cuatro, cero, cero. (*b*) Es el cincuenta, veintiséis, sesenta. (*c*) Es el veinticinco, treinta y uno, dicciocho.
2.2 (*a*) Me llamo Felipe Garcia, tengo treinta y cuatro años, soy español, soy de Zaragoza. (*b*) ¿Cuántos años tiene Pedro? Tiene veinte años/ ¿Cuántos años tiene Elvira? Tiene catorce años/¿Cuántos años tiene Antonio? Tiene treinta y nueve años/¿Cuántos años tiene Alicia? Tiene cuarenta y siete años/ ¿Cuántos años tiene David? Tiene once años. ¿Cuántos años tiene usted? Tengo (*your age*) años.
2.3 (*a* Tiene treinta y cuatro años. (*b*) Es casada. (*c*) Teresa es enfermera. (*d*) Su esposo es médico.
2.4 1c. 2g. 3e. 4h. 5b. 6d. 7a. 8f.
2.5 (*a*) es/es/es/tiene/es/tiene; (*b*) soy/soy/tengo/soy.
2.6 (*a*) ¿Cómo? (*b*) ¿Cuál?

(*c*) ¿Cuál? (*d*) ¿Cuál? (*e*) ¿De dónde? (*f*) ¿Cuántos?

COMPRENSIÓN

1 *b*
2 (1) 38 million. (2) Barcelona. (3) 13 km. (4) They are extreme. (5) They are mild.

## Unidad 3

1 (*a*) F; No tiene teléfono. (*b*) F; Sí, sí trabaja. (*c*) V. (*d*) F; Comprende muy poco.
2 (*a*) Trabaja en una agencia de turismo. (*b*) Trabaja cuarenta horas. (*c*) Trabaja cinco días a la semana. (*d*) Gana noventa mil pesetas al mes. (*e*) No, habla un poco de francés.

PRÁCTICA

3.1 (*a*) Vivo en la Calle Mora, 418. (*b*) Soy dependienta. (*c*) Trabajo en el Supermercado Pax. (*d*) Miguel vive en la Calle Nueva, 667. (*e*) Es camarero. (*f*) Trabaja en el bar La Viña.
3.2 vivo/soy/trabajo/gano/trabajo.
3.3 Carolina Miranda es médica y trabaja en un hospital. Carolina trabaja veinticinco horas a la semana y gana 350 mil pesetas al mes.
3.4 Comprendo perfectamente el francés, hablo muy bien, leo bien y escribo un poco.
3.5 (*a*) ¿Cómo se llama Vd.? (*b*) ¿De dónde es? (*c*) ¿Dónde vive? (*d* ¿Dónde trabaja? (*e* ¿Cuántas horas trabaja al día? (*f*) ¿Qué idiomas habla?

COMPRENSIÓN

(1) F; Es de Cuenca. (2) F; Vive en Madrid. (3) V. (4) F; Es de San Francisco. (5) F; En la Universidad de San Diego. (6) F; Trabaja en una agencia de turismo. (7) V.
(1) Castellano. (2) Catalán. (3) In Galicia. (4) In the Basque Country. (5) In 18 countries. (6) Portuguese.

## Unidad 4

CUESTIONARIO

1 (*a*)V. (*b*) F; Ana trabaja con Patricia. (*c*) F; Es de Almería. (*d*) V.
2 (*a*) No, tiene ojos verdes. (*b*) Se llama Javier. (*c*) Es de Almería. (*d*) Sí, trabaja con Ana. (*e*) Sí, tiene amigos.

PRÁCTICA

4.1 A ¿Cómo es Esteban?/B Esteban es rubio (*or* tiene pelo rubio) y tiene ojos azules. Es alto y gordo.
4.2 (*a*) Barcelona es una ciudad el noreste de España. Es una ciudad grande y bonita. Tiene dos millones de habitantes. La industria es una actividad importante en Barcelona. (*b*) Valencia es una ciudad del este de España. Es una ciudad antigua. Tiene setecientos mil habitantes. La agricultura es una actividad importante en Valencia.
4.3 (*a*) Hace sol. (*b*) Hace calor. (*c*) Está lloviendo. (*d*) Hace sol. (*e*) Hace treinta y dos grados. (*f*) No, está nublado. (*g*) No, está lloviendo. (*h*) No, hace calor.
4.4 (*a*) F; Tienen los ojos marrones. (*b*) V. (*c*) V. (*d*) V. (*e*) V. (*f*) V. (*g*) F; Sólo un 23, 5% lleva lentes o lentillas. (*h*) V.
4.5 Hola/Estoy muy bien, gracias.

¿Cómo está usted? (*or* ¿Cómo estás tú?)/ Sí, hace mucho calor/ Sí, vamos.
4.6 (*a*) Señor García, le presento a la señorita Villa. Señorita Villa, éste es el señor García. (*b*) Señora Meza, le presento al senõr Pérez. Señor Pérez, ésta es la señora Meza. (*c*) Señorita Blasco, le presento a la señora Arteaga. Señora Arteaga, ésta es la señorita Blasco.

COMPRENSIÓN

1 (1) F; Carlos trabaja con el Sr Alsina. (2) V. (3) F; Vive en Barcelona. (4) V. (5) F; Tiene 7 mil habitantes. (6) F; Es antiguo.
2 (1) It is in the region of Catalonia, in the northeast of the Peninsula. (2) It is important for its industry and commerce. (3) They work in the industries of Barcelona. (4) It has 2 million inhabitants. (5) It is in Andalusia. (6) It is warm. (7) It produces wine and olive oil. (8) Because there are limited job opportunities.

# Unidad 5

CUESTIONARIO

1 (*a*) F; No conoce muy bien Barcelona. (*b*) F; Va a pie. (*c*) V. (*d*) V.
2 (*a*) Hay un banco en la Plaza de Calvo Sotelo. (*b*) Está al final de la calle. (*c*) No, no conoce la plaza. (*d*) Sí, está un poco lejos.

PRÁCTICA

5.1 (*a*) A ¿Hay una oficina de información por aquí?/B Sí, hay una en la Avenida Las Palmas, 893. (*b*) A ¿Hay un museo por aquí?/B Sí, hay uno en la Plaza Mayor. (*c*) A ¿Hay un restaurante por aquí?/B Sí, hay uno en la Calle San Fernando, 52. (*d*) A ¿Hay un camping por aquí?/B Sí, hay uno en la Avenida del Mar.
5.2 (*a*) A ¿Hay servicios por aquí?/B Sí, hay servicios cerca de aquí. (*b*) A ¿Hay tiendas por aquí?/B No, no hay tiendas por aquí. (*c*) A ¿Hay bancos por aquí?/B Sí, hay bancos cerca de aquí. (*d*) A ¿Hay cines por aquí?/B No, no hay cines por aquí.
5.3 (*a*) Está a la izquierda. (*b*) Está a la derecha. (*c*) Está a la derecha. (*d*) Está a la izquierda. (*e*) Está a la derecha.
5.4 1c. 2b. 3a.
5.5 (*a*) Está a catorce min. de Palermo. (*b*) Está a catorce min. de José Moreno. (*c*) Está a la izquierda, a dos calles de aquí. (*d*) Está a la derecha, a tres calles de aquí. (*e*) Corrientes está a mil km. de Buenos Aires. (*f*) Mendoza está a mil cien km. de Buenos Aires.
5.6 (*a*) Cádiz está en la región de Andalucía. Andalucía está en el sur de España. Cádiz está en la Costa de la Luz a 650 Km. de Madrid. Está cerca de Algeciras. (*b*) Benidorm está en la región de Valencia. Valencia está en el este de España. Benidorm está en la Costa Blanca a 450 km. de Madrid. Está cerca de Alicante.
5.7 son/están/está/es/están/es/está/son.

COMPRENSIÓN

1 1b. 2a. 3a. 4c.
2 (1) It is in the north of the Peninsula. (2) Vascuence. (3) The Basque separatist group. (4) They

work mainly in mining and industry. (5) The metal industry. (6) It is in the north west of the Peninsula. (7) Because there are limited job opportunities. (8) It is famous for its Cathedral.

# Unidad 6

CUESTIONARIO

1 (*a*) F; Por la tarde hay tres trenes a Málaga. (*b*) F; Llega a las once de la noche. (*c*) V. (*d*) V.
2 (*a*)No, quieren viajar a Málaga. (*b*) Quieren viajar a la una. (*c*) Quieren dos billetes. (*d*) No, quieren viajar en segunda clase. (*e*) Quieren billetes de ida y vuelta. (*f*) Sale del segundo andén.

PRÁCTICA

6.1 (*a*) A ¿Qué desea?/B Quiero viajar a Caracas/A ¿Cuándo quiere viajar?/B Esta noche.
(*b*) A ¿Qué desea?/ B Quiero viajar a Lima/A ¿Cuándo quiere viajar?/B Pasado mañana.
(*c* A.¿Qué desea?/ B Quiero viajar a Buenos Aires/A ¿Cuándo quiere viajar?/ B La próxima semana.
6.2 (*a*) Es la una y cuarto. (*b*) Son las cinco y media. (*c*) Son las seis. (*d*) Son las ocho menos cuarto. (*e*) Son las ocho. (*f*) Son las diez y media.
6.3 (*a*) Hay uno a las siete y media. (*b*) Hay uno a las ocho y cuarto. (*c*) Hay uno a las diez menos cuarto. (*d*) Hay uno a las diez y media.
(*a*) Abre a la una. (*b*) Cierra a la una. (*c*) Cierra a las once. (*d*) Abre a las siete y media.
6.5 (*a*) El electrotrén a San Sebastián sale de Madrid a las ocho de la mañana y llega a San Sebastián a las cuatro menos veinte de la tarde. (*b*) El expreso a Murcia sale de Madrid a las diez y diez de la noche y llega a Murcia a las siete y cuarto de la mañana.
6.6 (*a*) Sale a las tres de la tarde. (*b*) Llega a las cinco y veinticinco. (*c*) Son dieciocho mil pesetas.

COMPRENSIÓN

1 1b. 2c. 3a. 4b. 5c.
2 (1) It refers to the former Spanish and Portuguese colonies. (2) In Brazil. (3) It is the result of the intermarriage between Indians and whites. (4) There are black people as well as Europeans of Italian, German and British descent. (5) They live mainly in rural areas. (6) Mexico City.

# Unidad 7

CUESTIONARIO

1 (*a*)V. (*b*) F; No hay vuelos. (*c*) F; Hace una escala. (*d*) V.
2 (*a*) Hay vuelos los lunes, miércoles y viernes. (*b*) A las catorce treinta. (*c*) Tarda nueve horas y media. (*d*) Hace escala en Las Palmas. (*e*) Quiere viajar el viernes veintiséis de mayo. (*f*) Quiere un billete.

PRÁCTICA

7.1 (*a*) Tengo que ir al dentista. (*b*) No tengo nada que

hacer. (*c*) Tengo que llamar a Marta. (*d*) Tengo que cenar con Luis. (*e*) No tengo nada que hacer.
7.2 (*a*) Para ir a Puerto Rico hay que tener pasaporte y visado. (*b*) Para ir a Colombia hay que tener pasaporte pero no hace falta tener visado. (*c*) Para ir a Brasil hay que tener pasaporte pero no hace falta tener visado. (*d*) Para ir a Venezuela hay que tener pasaporte y visado.
7.3 (*a*) Debo volver el viernes dos de marzo. (*b*) Debo empezar el lunes veinticuatro de junio. (*c*) Debo entrar el jueves dieciséis de agosto. (*d*) Debo salir el miércoles treinta de diciembre.
7.4 (*a*) Tiene que ir al Consulado de Alemania que está en la Calle Agustinas 785. (*b*) Tiene que ir al Consulado de Australia que está en la Calle Eliodoro Yáñez 1939. (*c*) Tiene que ir al Consulado de Brasil que está en la Calle Antonio Varas 647. (*d*) Tiene que ir al Consulado de Bolivia que está en la Avenida Santa María 2796.
7.5 (*a*) Hay tres vuelos cada semana. (*b*) Hay vuelos los martes, jueves y sábados. (*c*) A las doce y cuarto de la noche. (*d*) No, no hace escala. (*e*) Se llama Aero-Perú.
7.6 (*a*) El vuelo AL752 con destino a México que sale de Buenos Aires el jueves a las once de la noche, llega a México el viernes a las ocho de la mañana. El vuelo AL752 tarda nueve horas y hace escala en Caracas. (*b*) El vuelo BF883 con destino a Londres que sale de Lima el lunes a la una de la tarde, llega a Londres el martes a las dos de la tarde. El vuelo BF 883 tarda dieciocho horas y hace escala en Guayaquil.

COMPRENSIÓN

1 1b. 2c. 3b. 4c. 5b.
2 (1) It is the largest capital city in Latin America. (2) They come to look for work and a better standard of living. (3) Mexico has minerals and oil. (4) Because of limited job opportunities in certain regions. They go mainly to the USA. (5) They are Mexicans and descendents of Mexicans living in the USA.

## Unidad 8

CUESTIONARIO

1 (*a*) F; Quiere tortilla y chuletas de cerdo. (*b*) V. (*c*) V. (*d*) V.
2 (*a*) Quiere bistec. (*b*) Quiere patatas fritas. (*c*) Lo prefiere muy hecho. (*d*) Quieren una botella de vino tinto de la casa. (*e*) No, no quiere postre.

PRÁCTICA

8.1 A ¿Qué va a tomar?/ B Quiero fideos/ A ¿Y de segundo qué quiere?/B De segundo quiero chuletas de ternera con patatas fritas.
8.2 (*a*) Lo prefiero con ensalada. (*b*) Lo prefiero con arroz. (*c*) Las prefiero con puré de patatas. (*d*) La prefiero muy hecha.
8.3 (*a*) A ¿Qué va a beber?/ B Quiero una taza de té, por favor/ A ¿La quiere con limón o sin limón?/B La quiero con limón. (*b*) A ¿Qué va a beber?/B Quiero un whisky, por favor/A ¿Lo quiere con hielo o sin hielo?/B Lo quiero sin hielo.
8.4 1e. 2h. 3g. 4b. 5f. 6c. 7a. 8d.
8.5 (*a*) A ¿Prefiere usted la comida francesa o la comida española?

/B Prefiero la comida francesa. (*b*) A ¿Prefiere usted el cine o el teatro?/B Prefiero el cine. (*c*) A ¿Prefiere usted la playo o el campo?/ B Prefiero el campo. (*d*) A ¿Prefiere usted la música moderna o la música clásica?/B Prefiero la música clásica. (*e*) A ¿Prefiere usted el tenis o el fútbol?/ B Prefiero el tenis.

8.6 (*a*) Quieren una habitación doble. (*b*) Prefieren una habitación con baño. (*c*) Prefieren una habitación con terraza. (*d*) No, quieren sólo la habitación con desayuno. (*e*) Prefieren comer en un restaurante.

COMPRENSIÓN

1 1a. 2c. 3b.

2 (1) Because each region has its own peculiar characteristics which differentiate it from the others. (2) In Catalonia and Levante. (3) They prefer fish and fruit. (4) They eat fewer potatoes, less bread and fruit. (5) Because of its cheap price. (6) Forty per cent.

## Unidad 9

CUESTIONARIO

1 (*a*) F; Prefiere una camisa de algodón. (*b*) V. (*c*) V. (*d*) F; Cuestan cuatrocientas pesetas.

2 (*a*) Cuesta 4 mil quientas pesetas. (*b*) No, son un poco caros. (*c*) No, no hay. (*d*) Quiere dos pares. (*e*) Son 5 mil novecientas pesetas.

PRÁCTICA

9.1 (*a*) A ¿Tiene faldas? / B Sí, tenemos de algodón y poliéster/ A Prefiero de algodón/ B ¿Qué color prefiere?/ A En rojo. (*b*) A ¿Tiene jerseys?/B Sí, tenemos de lana y de acrílico/ A Prefiero de lana/B ¿Qué color prefiere?/ A En verde. (*c*) A ¿Tiene guantes?/ B Sí, tenemos sintéticos y de cuero/ A Prefiero de cuero/B ¿Qué color prefiere?/A Prefiero en negro.

9.2 (*a*) Estos trajes para chico cuestan 2 mil novecientas noventa y cinco pesetas. (*b*) Estas americanas cuestan mil novecientas noventa y cinco pesetas. (*c*) Estos pantalones de pana para niño cuestan mil setecientas noventa y cinco pesetas.

9.3 (*a*) ¿Tiene otros más pequeños? No, ésos son los más pequeños que tenemos. (*b*) ¿Tiene otros más suaves? No, ésos son los más suaves que tenemos. (*c*) ¿Tiene otras más baratas? No, ésas son las más baratas que tenemos. (*d*) ¿Tiene otras más claras? No, ésas son las más claras que tenemos.

9.4 (*a*) No, no me gusta el campo. (*b*) Sí, me gusta mucho la playa. (*c*) Sí, me gusta la montaña. (*d*) Sí, me gusta el fútbol. (*e*) No, no me gusta el tenis. (*f*) Sí, me gusta mucho la natación.

9.5 (*a*) ¿Le gusta España? (*b*) ¿Le gustan los españoles? (*c*) ¿Le gusta la cerveza española? (*d*) ¿Le gusta el vino español? (*e*) ¿Le gusta la paella? (*f*) ¿Le gustan las playas de Andalucía?

9.6 Quisiera un par de pantalones/ No, son para mi hijo/ Prefiero de lana/La talla treinta y ocho/Estos no me gustan. Son muy oscuros/Prefiero éstos grises. ¿Cuánto cuestan estos pantalones? /Sí, quiero un par/ No, nada más, gracias.

COMPRENSIÓN

1 1a. 2c. 3c. 4b.
2 (1) It is the second largest country in South America, after Brazil. (2) Most people come from Europe. (3) He likes its architecture, its boulevards and its parks. (4) What he likes most is its cosmopolitanism and its people. (5) She says that it is a modern city but without the fast rhythm of life of cities like New York or Los Angeles. (6) Yes, because it is neither too cold nor too warm.

## Unidad 10

CUESTIONARIO

1 (*a*) V. (*b*) V. (*c*) V. (*d*) F; Está cerca.
2 (*a*) Está en la Calle Los Geranios. (*b*) No, está en la segunda calle a la derecha. (*c*) Es un hotel bastante grande. (*d*) No, no se puede aparcar. (*e*) Al lado del hotel.

PRÁCTICA

10.1 (*a*) Sí, le recomiendo el restaurante Torres Bermejas que está en la Calle Mesonero Romanos. (*b*) Sí, le recomiendo el Hotel Escultor que está en la Calle Miguel Angel. (*c*) Sí, le recomiendo el Café 154 que está en la Calle Traginers.
10.2 (*a*) No, no se puede girar a la izquierda. (*b*) No, no se puede adelantar. (*c*) Sí, se puede llamar por teléfono. (*d*) Sí, se puede nadar aquí. (*e*) No, no se puede beber agua.
10.3 (*a*) ¿Puede decirme dónde están los servicios? (*b*) Puede decirme dónde está el teléfono? (*c*) ¿Puede decirme dónde está el restaurante? (*d*) ¿Puede decirme dónde está la sala treinta y cinco? (*e*) ¿Puede decirme dónde está la oficina de información?
10.4 (*a*) Puede dejarlo en el aparcamiento. (*b*) Puede dejarla aquí. (*c*) Puede cogerlo en la esquina. (*d*) Puede comprarla en la estación de servicio. (*e*) Puede cambiarlas en el banco.
10.5 Muy señores míos: Les ruego que me informen si pueden reservarme una habitación individual con baño para quince días, a partir del 30 de julio . . .
10.6 (*a*) No, no pueden. (*b*) No, no hay ninguna habitación libre en esa fecha. (*c*) Pueden hacer una reserva a partir del 1 de julio.

COMPRENSIÓN

1 1b. 2b. 3a. 4c.
2 (1) Agricultural wages are much lower than those in other sectors. (2) The manufacturing and service sectors of the economy. (3) They work more hours than other Europeans. (4) She works forty hours a week. (5) She has thirty days paid holiday a year. (6) Pluriempleo is the doing of more than one job.

## Unidad 11

CUESTIONARIO

1 (*a*) F; Sale a las 8:30. (*b*) V. (*c*) F; Cena en casa. (*d*) V.
2 (*a*) No, se levanta a eso de las 7:15. (*b*) Generalmente estudia o lee. A veces escucha la radio o ve la televisión. (*c*) Se acuesta entre las doce y media y la una. (*d*) Suele ir a San Sebastián.

11.1 (*a*) Me levanto a las ocho menos cuarto por lo general. (*b*) Salgo a las ocho y media. (*c*) Vengo en coche. (*d*) Vuelvo a las siete y cuarto. (*e*) Normalmente me acuesto a las once y media.
11.2 (*a*) ¿A qué hora te levantas? (*b*) ¿A qué hora sales de casa? (*c*) ¿Cómo vienes a la Universidad? (*d*) ¿A qué hora vuelves a casa? (*e*) ¿Te acuestas muy tarde?
11.3 . . . se levanta a las ocho menos cuarto, desayuna y va a su trabajo. Al mediodía vuelve a casa a comer. A las cuatro y media vuelve a trabajar y sale a las ocho y media. Después va con su novio a dar una vuelta o a tomar una copa. A veces va al cine. Generalmente vuelve a casa a las nueve, cena, escucha la radio o ve la televisión y a las doce se acuesta.
11.4 (*a*) Más de 10. (*b*) Entre 1 y 3. (*c*) El tenis. (*d*) De actualidad/económica/política y novela/ficción.
11.5 van/salen/vuelven/se quedan/van/cenan/se encuentran.
11.6 nos levantamos/vamos/volvemos/descansamos/vamos/invitamos/salimos/nos acostamos.

COMPRENSIÓN

1 1a. 2c. 3a. 4b.
2 (1) 13%. (2) Televisión. (3) 4.5%, 3.5%. (4) 9.8% (5) They go dancing, to the cinema or to the theatre. (6) Concerts and recitals. (7) Because of the lack of financial resources and the absence of a regular public. (8) Regional theatre.

# Unidad 12

CUESTIONARIO

(*a*) F; Está escribiendo una carta. (*b*) V. (*c*) V. (*d*) F; Quiere ir a la sesión de las 9:30.
2 (*a*) Está escribiendo una carta. (*b*) Quiere ver *La Colmena*. (*c*) La ponen en el cine Luna. (*d*) Empieza a las 9:30. (*e*) No, no tiene nada que haer.

PRÁCTICA

12.1 (*a*) Está terminando una carta. (*b*) Estoy llamando a Ana. (*c*) Están bebiendo un café. (*d*) Estoy leyendo una carta. (*e*) Estamos mirando la televisión.
12.2 1c. 2d. 3a. 4e. 5b.
12.3 (*a*) Ponen *Mamá Cumple Cien Años*. (*b*) Hay 3 sesiones. (*c*) Empieza a las cinco y diez. (*d*) Es a las diez y media.
12.4 (*a*) Voy a ir al cine. (*b*) Voy a ver *La Naranja Mecánica.* (*c*) Voy a ir al Cine Alameda.
12.5 (*a*) Pienso ir a Portugal. (*b*) Pienso estar siete días. (*c*) Voy a ir en autocar. (*d*) Voy a estar en el Hotel Nau.
12.6 (*a*) Va a ir a los Estados Unidos. (*b*) Va a ir por dos semanas. (*c*) Piensa salir el 15 de julio. (*d*) Piensa volver el día 31. (*e*) Va a viajar en avión. (*f*) Va a quedarse una semana. (*g*) Va a visitar Los Angeles.

COMPRENSIÓN

1 1b. 2c. 3a. 4a.
2 (1) Religion plays an important role in the majority of Spanish-speaking countries. (2) Holy

Week. (3) The number of Spanish films that are shown abroad is smaller than that of countries such as France and Italy. (4) There has been a period of expansion in the cinema, theatre and the arts in general. (5) Football.

## Unidad 13

CUESTIONARIO

1 (*a*) F; Es casado. (*b*) V. (*c*) V. (*d*) F; Vivió seis meses en París.
2 (*a*) Ricardo Valdés Ramírez. (*b*) Vive en la Calle de Siena, 251, segundo, izquierda. (*c*) No, nació en Valladolid. (*d*) Estudió económicas. (*e*) Trabaja en una empresa de construcciones en Burgos.

PRÁCTICA

13.1 1e. 2b. 3d. 4f. 5a. 6g. 7c.
13.2 Dolores Romero es española, nació en Málaga, en España, el 16 de mayo de 1959. Dolores está soltera, es azafata y vive en Sevilla, en la Calle La Giralda, 24.
13.3 (*a*) Estudié en la Universidad Autónoma en Madrid. (*b*) Los empecé en el año 1965. (*c*) Los terminé en 1970. (*d*) Trabajé en el Ministerio del Interior. (*e*) Trabajé diez años.
13.4 (*a*) Me llamo (*your name*). (*b*) Soy (*your nationality*). (*c*) Nací en (*your place of birth*). (*d*) Nací el (*day*) de (*month*) de (*year*). (*e*) Estudié en (*name of school or college where you studied*). (*f*) Empecé mis estudios en (*year in which you started school or college*). (*g*) Los terminé en (*year in which you finished your studies*).
13.5 (*a*) Nació en Barcelona. (*b*) Nació el 9 de octubre de 1954. (*c*) Los terminó a la edad de 17 años. (*d*) Los empezó un año después. (*e*) Actuó en un pequeño teatro de Barcelona. (*f*) Se casó en 1977. (*g*) Nació en enero de 1979. (*h*) Actuó en el Festival de Teatro de Aviñón, en Francia.
13.6 (*a*) ¿Hace cuánto tiempo que estudia usted español? (*b*) ¿Hace cuánto tiempo que vive en España? (*c*) ¿Hace cuánto tiempo que tiene este coche? (*d*) ¿Hace cuánto tiempo que no va a Francia? (*e*) ¿Hace cuánto tiempo que conoce a Paloma? (*f*) Vivo en (*name of your town or city*) desde hace (*length of time you have lived in it*) *or* Hace (*length of time*) que vivo en (*name of town or city*). (*g*) Estudio español desde hace (*length of time you have studied Spanish*) *or* Hace (*length of time*) que estudio español. (*h*) Sí, trabajo (*or* No, no trabajo)./Trabajo en (*place of work*) *or* Soy (*your occupation*)./Trabajo desde hace (*length of time you have been working*) *or* Hace (*length of time*) que trabajo.
13.7 (1) ¿Cuál? (2) ¿En qué año? (3) ¿Dónde? (4) ¿Cuántos? (5) ¿Qué (6) ¿Cuánto tiempo?

COMPRENSIÓN

1 1c. 2b. 3c. 4a.
2 (1) One of the effects of tourism was the increased interest in the learning of Spanish. (2) In January 1986 Spain joined the European Economic Community. (3) Most foreign students come from Europe and the United States. (4) Many come only for the summer. Others come for a year. (5) She studied Hispanic studies in language and literature. (6) Her knowledge of the language allowed her to communicate with the people without problems.

## Unidad 14

CUESTIONARIO

1 (*a*) V. (*b*) V. (*c*) F; Estuvo fuera de casa unas dos horas. (*d*) F; La señora Alsina llamó por teléfono a su marido.
2 (*a*) Volvió alrededor de las once y media. (*b*) La señora Alsina llamó a la policía. (*c*) Se fue a las nueve menos cuarto. (*d*) No, fue en coche.

PRÁCTICA

14.1 . . . **llamó** a su secretaria y le **dictó** una carta. Luego **llamó** por teléfono al banco y a las diez **recibió** a un cliente. A eso de las diez y media **bebió** un café y entre las once menos cuarto y las doce **asistió** a una reunión. Alrededor de las doce y cuarto **recibió** una llamada telefónica de su mujer.
14.2 . . . **hice** algunas compras. A las diez y media **cogí** un autobús y **fui** al banco donde **cambié** un cheque. Después que **cambié** el cheque **fui** a la panadería y **compré** un kilo de pan. Luego **volví** a casa. **Llegué** a las once y media.
14.3 El señor Caro tuvo una semana de vacaciones, las que pasó en Escocia. Fue a Edimburgo donde estuvo con amigos. Durante sus vacaciones el señor Caro practicó montañismo.
(*a*) Pasé mis vacaciones en (*place*). (*b*) Fui en (*means of transport*). (*c*) Fui con (*who you went with*). (*d*) Estuve en (*type of accommodation*). (*e*) Nadé, tomé el sol, salí de excursión, etc. (*f*) Estuve fuera (*length of stay*).
14.4 A (*a*) Salieron el 30 de diciembre. (*b*) Cenaron en Troia. (*c*) Fueron a Lisboa el 31 de diciembre. (*d*) Visitaron Fátima, Batalha y Nazare. (*e*) El dos de enero tuvieron una tarde libre. (*f*) Desayunaron en el hotel.
B (*a*) Salimos el 30 de diciembre. (*b*) Volvimos el 3 de enero. (*c*) Estuvimos cuatro días. (*d*) Visitamos Setubal y Troia. (*e*) Almorzamos en ruta. (*f*) Cenamos en Troia. (*g*) Desayunamos en el hotel. (*h*) Salimos hacia Málaga.
14.5 (*a*) Hubo tormentas en la zona centro. (*b*) Sí, hubo tormentas durante la tarde. (*c*) En Cataluña siguió el tiempo muy estable. (*d*) La temperatura máxima en Londres fue de 16 grados. (*e*) La temperatura máxima en Roma fue de 30 grados. (*f*) La temperatura mínima en Dublín fue de 7 grados. (*g*) La temperatura mínima en Bruselas fue de 13 grados.
14.6 1d. 2e. 3a. 4b. 5f. 6c

COMPRENSIÓN

1 1c. 2c. 3b. 4c. 5b.
2 (1) They came in the year 712. (2) They called it al-Andalus. (3) He came from Damascus. (4) In Cordoba. (5) In the north. (6) The Kingdom of Granada.

## Unidad 15

CUESTIONARIÓ

1 V. (*b*) F; Estudiaba en un Instituto de Idiomas. (*c*) V. (*d*) V.
2 (*a*) Fue después que terminó la Universidad, (*b*) No, vivía en casa de una familia inglesa. (*c*) Empezaban a las 9:00.

(*d*) Terminaban a la 1:00. (*e*) Comía en casa.

PRÁCTICA

15.1 (*a*) Tenía clases por la mañana. (*b*) Tenía 15 horas semanales de clase. (*c*) Hacía excursiones por la tarde (*d*). No, visitaba museos por la tarde. (*e*). Vivía con una familia española.
15.2 (*a*) Trabajaba de traductora. (*b*) Ganaba un millón de pesetas por año. (*c*) Trabajaba de lunes a viernes. (*d*) Empezaba a las nueve de la mañana. (*e*) Terminaba a la una. (*f*) Iba a la oficina de cuatro a ocho./José trabajaba de dependiente en una tienda donde ganaba sesenta mil pesetas por mes. José trabajaba de lunes a sábado. Empezaba su trabajo a las nueve de la mañana y terminaba a la una y media. Por la tarde iba a la tienda de cuatro y media a ocho.
15.3 Por la tarde hacíamos la siesta, a las 4:00 íbamos . . . o hacíamos . . . , a las 6:00 íbamos a . . . y a las 8:00 volvíamos . . . y veíamos . . . A las 9:30 cenábamos y a las 11:00 nos acostábamos.
15.4 (*a*) En el año 1981 la Srta Pérez trabajaba en Lima. La Srta Pérez iba a su trabajo en tren, viajaba quince km. y tardaba media hora en llegar. Normalmente salía de su casa a las ocho y media y llegaba a la oficina a las nueve. (*b*) En el año 1980 la Sra. Caro trabajaba . . . La Sra Caro iba . . . en autobús, viajaba . . . y tardaba . . . en llegar. Normalmente salía . . . y llegaba . . . a las nueva y media.
15.5 (*a*) ¿A usted le gustaba Toronto? ¿Qué le gustaba hacer en su tiempo libre? (*b*) ¿A ustedes les gustaba Chicago? ¿Qué les gustaba . . .? (*c*) ¿Al Sr Ruiz le gustaba Santiago? ¿Qué le gustaba . . . ? (*d*) ¿A la Sra Caro le gustaba Quito? ¿Qué le gustaba . . . ? (*e*) ¿A ellos les gustaba Río de Janeiro? ¿Qué les gustaba . . . ?
15.6 (*a*) Llegué a España hace un año. (*b*) Fui a Sudamérica hace seis meses. (*c*) Terminé mis estudios hace varios años. (*d*) Empecé a trabajar hace dos años. (*e*) Nos casamos hace muy poco tiempo. (*f*) Dejé la escuela primaria hace (*length of time you left primary school*). (*g*) Empezé a estudiar español hace (*how long ago you started Spanish*). (*h*) Sí, trabajo (*or* No, no trabajo). Empezé a trabajar hace (*how long ago you started work*).

COMPRENSIÓN

1 (1) Venían de Inglaterra, de Francia, Alemania y otros países (2) Cristina (3) No, la mayoría no hablaba español (4) Sí, le gustaba mucho (5) Porque se casó.
2 (1) It was the end of the Reconquista with the defeat of the Moors and the capture of Granada. It was also the year of the discovery of America by Christopher Columbus. (2) Cortes conquered Mexico. (3) He married Mary Tudor. (4) Philip II. (5) It was a period of great artistic and spiritual achievement in Spain.

# Unidad 16

CUESTIONARIO

1 (*a*) F; No había tantos coches como ahora, (*b*) V. (*c*) F; No había hoteles. (*d*) V.
2 (*a*) Tenía muy pocos habi-

tantes. (*b*) No, venían muy pocos turistas. (*c*) Estaba enfrente de la plaza. (*d*) Porque había poco trabajo. (*e*) No, no había discotecas.

PRÁCTICA

16.1 (*a*) Tenía una iglesia. (*b*) Tenía dos bares. (*c*) Sí había plaza. (*d*) Había un restaurante. (*e*) Había una pensión. (*f*) Se llamaba Pensión El Sol. (*g*) Estaba enfrente de Correos.
16.2 a3. b1. c2. d6. e8. f4. g5. h7.
16.3 (*a*) Era un Fiat 127, de dos puertas. (*b*) Era del año 1980. (*c*) Era blanco y negro. (*d*) VA 346821. Era de Valencia. (*e*) Había una maleta roja. (*f*) Estaba en la Plaza Mayor. (*g*) Eran las dos de la tarde.
16.4 era / estaba / era / estaba / era / estaba/era/eran.
16.5 (*a*) se llamaba Andrés, tenía 29 años, era bajo, moreno, tenía pelo castaño y ojos verdes. Andrés era guapo y agradable.
(*b*) se llamaba Sofía, tenía 34 años, era baja, rubia, tenía pelo largo y ojos azules. Sofía era inteligente y divertida.
16.6 (*a*) El Hotel Ritz es más caro que el Hotel Plaza. (*b*) Madrid es más grande que Valencia. (*c*) El Monte Aconcagua es más bajo que el Monte Everest. (*d*) Juan tiene tantas vacaciones como José. (*e*) Marta tiene tanta experiencia como Pedro.
16.7 (*a*) No, no había cines. No, tampoco había teatros. No había ni cines ni teatros. (*b*) No, no había playa. No, tampoco había piscina. No había ni playa ni piscina, (*c*) No, no hablaba francés. No, tampoco hablaba alemán. No hablaba ni francés ni alemán. (*d*) No, no sabía italiano. No, tampoco sabía portugués. No sabía ni italiano ni portugués.

COMPRENSIÓN

1 (*a*) V. (*b*) V. (*c*) F; La maleta grande era negra. (*d*) F; La maleta pequeña era marrón. (*e*) V. (*f*) F; Llevaban el nombre del marido. (*g*) V.
2 (1) It began in 1519. (2) Hernán Cortés. (3) On an island in the middle of a great lake. (4) It was a magnificent city. It had pyramids, palaces, plazas, gardens and markets. (5) He was the Aztec Emperor. (6) The Aztecs, angered by the submission of Montezuma to the Spaniards, murdered him. Tenochtitlan was attacked by Cortés and his men and it was almost completely destroyed.

# Unidad 17

CUESTIONARIO

1 (*a*) V. (*b*) F; Ha ido a visitar a un cliente. (*c*) F; Ya ha hecho la reserva. (*d*) V.
2 (*a*) La Sra Mendoza. (*b*) Quiere confirmar la reserva para el viaje a México. (*c*) No, no está. (*d*) Trabaja en la Agencia de Viajes Latinotur.

PRÁCTICA

17.1 1e. 2b. 3d. 4a. 5f. 6c.
17.2 ¿De parte de quién?/La Srta Mora no ha venido hoy/¿Quiere dejarle algún recado?/Un momento, que tomo nota/¿A qué hora va a llamar?
17.3 (*a*) No, no lo he llevado. (*b*) Sí, los he comprado. (*c*) Sí, la

he pagado. (*d*) No, no la he pedido. (*e*) Si, las he sacado.
17.4 (*a*) Los precios han subido. (*b*) Los salarios han aumentado. (*c*) El desempleo ha crecido. (*d*) Las exportaciones han bajado.
17.5 (*a*) No, han reservado un billete en primera clase. (*b*) Lo han reservado para el dos de julio. (*c*) Han recibido una carta del Hotel Monterrey de Ciudad de México. (*d*) La han recibido esta mañana. (*e*) Han reservado una habitación. (*f*) Sí, la han confirmado.
17.6 (*a*) Sí, ya la hemos escrito. (*b*) No, todavía no la hemos visto. (*c*) No, todavía no la hemos abierto. (*d*) Sí, ya lo hemos hecho. (*e*) Sí, ya los hemos puesto. (*f*) No, todavía no los hemos devuelto.

COMPRENSIÓN

1 (*a*) V. (*b*) F; No, la firma no lo ha recibido todavía. (*c*) V. (*d*) F; Lo despacharon el lunes por la tarde. (*e*) F; Es la Calle Cervantes 314.
2 (1) They arrived in 1532. (2) El Cuzco. (3) It was organized on the basis of interrelated family groups. (4) The territories were divided for purposes of administration into four large zones. (5) The Inca. (6) It came to an end after the arrival of the Spaniards.

## Unidad 18

CUESTIONARIO

1 (*a*) V. (*b*) V. (*c*) F; No lo envió. (*d*) F; No tiene nada que hacer.
2 (*a*) Llamó por teléfono la Sra Mendoza. (*b*) Porque está enferma. (*c*) No, no estaba. (*d*) No, todavía no. (*e*) Lo van a enviar mañana.

PRÁCTICA

18.1 (*a*) Sí, ya había empezado a trabajar. (*b*) No, todavía no se había casado. (*c*) Sí, ya había tenido su primer hijo. (*d*) Sí, ya había renunciado. (*e*) No, todavía no había ido. (*f*) No, todavía no había vuelto. (*g*) No, todavía no había tenido su segundo hijo.
18.2 (*a*) La conferencia había empezado cuando llegué. (*b*) El gerente se había ido cuando llamé por teléfono. (*c*) El tren había salido cuando llegamos a la estación. (*d*) La clase había empezado cuando entramos. (*e*) Había empezado a llover cuando salimos de casa. (*f*) Me había ido cuando me llamó por teléfono.
18.3 (*a*) Informó que el mal tiempo había terminado. (*b*) Se habían restablecido ayer por la tarde. (*c*) Había estado interrumpido por más de una semana. (*d*) Había causado serios problemas a la Isla de Mallorca.
18.4 (*a*) El gerente dijo que había estado fuera de Madrid. (*b*) La secretaria dijo que había llamado la Sra Mendoza. (*c*) El empleado dijo que había enviado el material ayer. (*d*) La Sra Mendoza dijo que había hecho la reserva. (*e*) La secretaria dijo que ya había enviado el telegrama. (*f*) José Luis dijo que había recibido una carta de México.
18.5 (*a*) No, se me olvidó despacharlo. (*b*) Sí, la pagué. (*c*) No, se me olvidó llamar. (*d*) Sí, lo deposité. (*e*) Sí,

los compré. (*f*) No, se me olvidó escribirlas.
18.6 (*a*) Sí, tengo que ir a la peluquería. (*b*) No, no tengo nada que hacer. (*c*) Sí, tengo que ir al cine. (*d*) No, no tengo nada que hacer.

COMPRENSIÓN

1 (*a*) V. (*b*) F; Estuvo 4 meses. (*c*) F; Estuvo 6 meses. (*d*) F; Volvió hace más de un mes. (*e*) V.
2 (1) King Alfonso XIII. (2) Because the republicans won the Municipal Elections. (3) Republicans and Nationalists. (4) Russia supported the Republicans. Italy and Germany supported the Nationalists. (5) General Franco, (6) The Nationalists won the war.

## Unidad 19

CUESTIONARIO

1 (*a*) F; Quiere enviar un telegrama a Inglaterra. (*b*) F; No es necesario. (*c*) V. (*d*) F; Cuarenta pesetas.
2 (*a*) En la ventanilla 5. (*b*) Cuestan 200 pesetas. (*c*) Quiere dos. (*d*) Son 360 pesetas. (*e*) Está a la salida, a la mano izquierda.

PRÁCTICA

19.1 A las diez iré a la exposición industrial, a las doce volveré a la oficina, a la una y media almorzaré con el Sr Contreras en el Hotel Emperador, a las cuatro llevaré al Sr Contreras al aeropuerto y por la noche iré a la fiesta del personal.
19.2 (*a*) Saldrá el lunes 14 de noviembre. (*b*) Saldrá a las 9:30 de la mañana. (*c*) Viajará en el vuelo IB457. (*d*) Llegará al aeropuerto de Heathrow. (*e*) Estará en Londres a eso de las 11:30. (*f*) Se quedará sólo una semana.
19.3 (*a*) Se inaugurará el 15 de junio. (*b*) Será de 18 horas. (*c*) Habrá tres vuelos semanales en cada dirección. (*d*) Habrá salidas los lunes, miércoles y viernes. (*e*) Saldrá a las 18 horas. (*f*) Llegará a las 8 de la mañana del día siguiente. (*g*) Habrá vuelos los martes, jueves y sábados.
19.4 (*a*) Será en la Galería Nacional. (*b*) Terminará el 31 de diciembré. (*c*) Empezará el lunes próximo. (*d*) Se presentará la Opera Carmen. (*e*) Empezarán a funcionar en el mes de enero. (*f*) Habrá una representación especial de la Orquesta Sinfónica de Madrid.
19.5 (*a*) Creo que costará 50 pesetas. (*b*) Creo que viajarán en tren. (*c*) Creo que será en el restaurante La Hacienda. (*d*) Creo que vendrá el 6 de enero. (*e*) Creo que saldrá a las 2:00. (*f*) Creo que habrá veinticinco personas.
19.6 ¿Dígame?/Necesito llamar a Chicago/¿De persona a persona?/ No, no es necesario/¿Cuál es el número de Chicago?/Es el 786 456/Un momento, por favor.

COMPRENSIÓN

1 (*a*) Quiere el 643 9201. (*b*) Porque su padre está todavía en el hospital. (*c*) Volverá el viernes posiblemente. (*d*) Llamará el miércoles. (*e*) Llamará a eso de las 6:30. (*f*) Irá en el coche.
2 (1) Spain remained neutral during the Second World War. (2) The United States. (3) It was made possible thanks to foreign economic aid, to the money sent by Spanish

emigrés from abroad to their families and to the rapid expansion of tourism. (4) Thirty-six years. (5) The grandson of Alfonso XIII. (6) In November 1975, two days after Franco's death.

## Unidad 20

CUESTIONARIO

1 (*a*) F; Está en el primer piso a la derecha, (*b*) V. (*c*) F; Tiene cuenta en el Banco de Galicia. (*d*) V.
2 (*a*) Quiere cambiar 100 libras. (*b*) No, tiene cheques. (*c*) No, tiene el carnet de identidad. (*d*) Tiene que rellenar un impreso. (*e*) No, está cerrado.

PRÁCTICA

20.1 (*a*) F . . . luego doble a la izquierda. Es la segunda calle. (*b*) F . . . está dos calles antes de la Avda Callao. (*c*) F . . . en la primera doble a la derecha . . .
20.2 (*a*) Por la tarde tomen café, pero sin azúcar ni leche. (*b*) Durante el vuelo apaguen las luces. No se muevan ni hablen, aunque no duerman. (*c*) Después del vuelo tomen proteínas, no beban café, acuéstense temprano.
20.3 (*a*) Tiene que tomar el autobús nº 3. (*b*) Tiene que bajarse en la Plaza de Mayo. (*c*) Tiene que tomar la línea que va a Primera Junta. (*d*) Tiene que cambiar en la Avenida de Mayo. (*e*) Tiene que cruzar la calle y doblar a la izquierda. (*f*) San Rafael Nº 32.
20.4 . . . depositar monedas de 5, 25 ó 50 pesetas . . . descolgar el microteléfono . . . esperar tono de marcar . . . marcar el número deseado.
20.5 1d, 2f, 3b, 4e, 5c, 6a.
20.6 (*a*) Sí, tráigalo. (*b*) Sí, fírmelo. (*c*) No, no las cambie. (*d*) Sí, póngalos. (*e*) Sí, respóndalas. (*f*) No, no la envíe.
20.7 (*a*) ¿Es suyo . . . ? Sí, es mío. (*b*) ¿Es suyo . . . .? Sí, es mío. (*c*) ¿Son suyos . . . ? No, no son míos. (*d*) ¿Es suya . . . Sí, es mía. (*e*) ¿Son suyas . . . ? No, no son mías. (*f*) ¿Son suyos . . . ? No, no son míos.

COMPRENSIÓN

1 (*a*) F; Va a Miami. (*b*) F; Tiene una maleta. (*c*) V. (*d*) V. (*e*) F; . . . tiene que bajar . . . (*f*) V.
22 (1) In November 1975, two days after Franco's death. (2) On 27 December 1978. (3) A parliamentary monarchy. (4) Article 2. (5) He adopted an independent and democratic political line. (6) One of his first acts was to grant an amnesty for certain political prisonsers.

## Unidad 21

CUESTIONARIO

1 (*a*) F; Tiene dos habitaciones. (*b*) F; Quiere un apartamento cerca del centro. (*c*) V. (*d*) V.
2 (*a*) No, no tiene ascensor. (*b*) Está en el cuarto piso. (*c*) Sí, es amueblado. (*d*) Cuesta cincuenta mil pesetas.

PRÁCTICA

21.1 Quiero un apartamento que sea grande, moderno y cómodo, que esté en un buen barrio, cerca de mi trabajo y cerca de las tiendas, que tenga calefacción, teléfono y ascensor.

21.2 . . . que sea mexicano y que sea residente en México, que hable inglés y alemán, que tenga cinco años de experiencia mínima, que tenga más de treinta años, que tenga coche y que tenga buenas referencias.

21.3 (*a*) Sí, démelo . . . Se lo daré . . . . (*b*) Sí, démelo . . . Se lo daré . . . . (*c*) Sí, escríbamela . . . Se la escribiré . . . (*d*) Sí, enséñemelo . . . Se lo enseñaré . . . . (*e*) Sí, tráigamelo . . . Se lo traeré . . . . (*f*) Sí, démelas . . . Se las daré . . . .

21.4 (*a*) Traigamela. (*b*) No me las traiga. (*c*) Pásemelo, (*d*) Explíquenoslo. (*e*) Dímela. (*f*) No lo dejes allí.

21.5 (*a*) A los británicos les interesa más ir a conciertos. (*b*) . . . les interesa más ir a conciertos. (*c*) . . . les interesa más ir a conciertos. (*d*) A los británicos les interesa menos salir con amigos. (*e*) . . . les interesa menos ir al cine. (*f*) . . . les interesa menos salir con un grupo.

21.6 (*a*) Me interesa más el buceo. (*b*) Me interesa más la playa. (*c*) Me interesa más la música. (*d*) Me interesa más el teatro.

21.7 Me interesa un Renault/De cinco asientos/Se lo recomiendo/ ¿Cuánto cuesta el alquiler?/ ¿Cuánto cuesta el alquiler semanal?/Espero que no consuma mucha gasolina/Espero que le guste.

COMPRENSIÓN

1 (*a*) Piensa ir a Córdoba y Sevilla. (*b*) Le interesa un coche que sea pequeño y económico. (*c*) Cuesta 32.400 pesetas por semana. (*d*) Por una semana. (*e*) Quiere dejarlo en Sevilla. (*f*) No, no va a volver.

2 (1) The limited job opportunities. (2) 53% (3) The majority consider that women should fight for their rights. (4) It is generally larger and constitutes a closer unit. (5) The authority of the father has diminished and there is more freedom and tolerance.

## Unidad 22

CUESTIONARIO

1 (*a*) V. (*b*) F; Tiene un poco de fiebre. (*c*) Desde hace una semana. (*d*) V.

2 (*a*) El doctor examina a la paciente. (*b*) Cree que tiene una gripe bastante fuerte. (*c*) Le aconseja que se quede en casa unos días hasta que se sienta mejor. (*d*) Puede tomar un par de aspirinas.

PRÁCTICA

22.1 (*a*) Me duele el estómago. (*b*) Me duele la espalda. (*c*) Me duelen las piernas. (*d*) Me duele la garganta. (*e*) Me duele una muela.

22.2 No me siento muy bien. Me duele el estómago y también tengo un poco de fiebre/Me siento así desde hace tres días/No, no me duele la cabeza.

22.3 Le aconsejo que no fume/ . . . que no beba alcohol/ . . que no coma en exceso/. . . que no trabaje mucho/ . . . que haga ejercicio/ . . . que lleve una vida tranquila.

22.4 (*a*) vaya. (*b*) llame. (*c*) se levante. (*d*) salga. (*e*) trabaje. (*f*) se acueste.

22.5 (*a*) No, no creo que baje. (*b*) Sí, creo que aumentará. (*c*) No, no creo que termine. (*d*) No, no creo que suban. (*e*) No, no creo que sea posible. (*f*) No, no creo que mejore.
22.6 (*a*) Carol Ray es australiana. Carol opina que los españoles son guapos. Piensa que la comida española es exquisita y considera que el tiempo es excelente. (*b*) Paul Dean es inglés. Paul opina que los españoles son muy ruidosos. Piensa que la comida española no es mala y considera que el tiempo es bueno.
22.7 (*a*) F; Nueva York. (*b*) V. (*c*) F; Mallorca.

COMPRENSIÓN

1 (*a*) f; desde hace diez años. (*b*) V. (*c*) F; Es ingeniero. (*d*) V. (*e*) F; Es mucho más favorable. (*f*) V.
2 (1) It is, together with Greece and Portugal, one of the least developed countries. (2) The treaty to join the European Economic Community was signed on 12 June 1985. (3) Spain joined the EEC on 1st January 1986. (4) Among the problems that Spain needs to solve is that of the economic imbalance which exists between different regions. (5) The most industrialised region inland is Madrid. (6) The most developed outlying regions are the Basque Country and Catalonia.

## Unidad 23

CUESTIONARIO

1 (*a*) F; No está muy ocupada. (*b*) F; Es el viernes. (*c*) F; Le gustaría mucho ir, pero no puede. (*d*) V.
2 (*a*) Es el viernes. (*b*) Es en la casa del Sr Alsina. (*c*) Un amigo de la Srta Alonso. (*d*) No, no conoce España. (*e*) Sí, le gustaría.

PRÁCTICA

23.1 (*a*) El Consejo de Administración de Metálica Bilbao solicita el honor de su presencia durante el banquete que se celebrará en el Restaurante Don Quijote, el miércoles 4 de julio a las 9:00 de la noche. (*b*) Don Cristóbal Valleverde y señora solicitan el honor de su presencia durante el cóctel que se celebrará en el Club Escorial, el viernes 18 de febrero a las 7:00 de la tarde.
23.2 (*a*) (*your name*) agradece al Consejo de Administración de Metálica Bilbao su amable invitación al banquete del miércoles 4 de julio en el Restaurante Don Quijote y tiene el gusto de aceptar.
(*b*) (*your name*) agradece a Don Cristóbal Valleverde y señora su amable invitación al cóctel del viernes 18 de febrero en el Club Escorial, que lamenta no poder aceptar a causa de un compromiso anterior.
23.3 (*a*) Gracias. Me gustaría mucho, pero no puedo. Voy a ir al ballet. (*b*) . . . Me duele la cabeza. (*c*) . . . Tengo que salir fuera de Madrid. (*d*) . . . Tengo que estudiar español. (*e*) . . . . Tengo que estar en casa a las 6:00. (*f*) . . . Voy a visitar a unos amigos.
23.4 (*a*) ¿Qué te parece que vayamos al teatro el miércoles? Podríamos ver *Las Cuatro Hermanas* en el Teatro Alcalá. (*b*) . . . ¿Qué te parece que vayamos a la ópera el

jueves? Podríamos ver *Don Juan* en el Teatro Liceo.

23.5 1c. 2e. 3a. 4f, 5b. 6d.

23.6 Si yo fuese vendedora de Importaciones México, S.A., ganaría un millón de pesos anuales, trabajaría en la Ciudad de México, tendría que trabajar seis días a la semana, empezaría a las nueve y terminaría a las cuatro y los sábados trabajaría de nueve a una. Tendría tres semanas de vacaciones.

COMPRENSIÓN

1 (*a*) V. (*b*) V. (*c*) F; El 15 de marzo. (*d*) F; Un mes antes. (*e*) V. (*f*) V.

2 (1) More than five hours. (2) 4500 km. (length) and 180 km. (average width). (3) 3600 metres. (4) It is twice the size of Spain. (5) It is based mainly on mineral resources, particularly tin. (6) The Atacama desert has a rainfall of only 2.5 cm. every 7 years, while Southern Chile has an average rainfall of some 500 cm. annually.

# Unidad 24

CUESTIONARIO

1 (*a*) V. (*b*) F; Es propietario de un hotel y de un restaurante. (*c*) F; Está satisfecho. (*d*) V.

2. (*a*) Sí, está contento. (*b*) Le ha interesado la música, (*c*) No es mala. (*d*) Cree que la situación mejorará. (*e*) Sí, está de acuerdo.

PRÁCTICA

24.1 (*a*) ¿A qué se dedica Vd?/¿Cuánto tiempo lleva trabajando allí? (*b*) ¿A qué se dedica Vd?/¿Cuánto tiempo lleva estudiando allí? (*c*) ¿A qué se dedica Vd?/¿Cuánto tiempo lleva trabajando allí? (*d*) ¿A qué se dedica Vd?/¿Cuánto tiempo lleva estudiando allí?

24.2 (*a*) Suelen dedicar menos tiempo a la pintura. (b) Suelen dedicar más tiempo a las actividades culturales. (*c*) Suelen dedicar más tiempo a descansar. (*d*) El 4 por ciento está muy insatisfecho. (*e*) El 12 por ciento no está ni satisfecho ni insatisfecho. (*f*) El 27 por ciento opina que es muy pobre. (*g*) El 16 por ciento opina que es buena. (*h*) El 7 por ciento está en total desacuerdo.

24.3 (*a*) Tiene 25 años. (*b*) Es administrativa en una empresa del comercio de alimentación. (*c*) No, no está contenta. (*d*) Le gustaría estar empleada en una empresa mayor.

24.4 (*a*) Lleva 24 años en Madrid. (*b*) Suele levantarse a las 7:00. (*c*) Prepara los desayunos, arregla la casa, va a la compra y prepara la comida. (*d*) Se va a las 2:30. (*e*) Son de las 3 de la tarde a las 10 de la noche.

24.5 (*a*) Si hubiera podido habría terminado el trabajo. (*b*) Si hubiera tenido tiempo habría ido al cine. (*c*) Si hubiera podido habría visto esa película. (*d*) Si hubiera tenido la oportunidad habría hablado con él. (*e*) Si hubiera estado en casa habría visto ese programa. (*f*) Si hubiera tenido tu teléfono te habría llamado.

24.6 No, estoy bastante descontento/Pienso que el trabajo que hago es muy monótono/Soy funcionario de Correos/Me habría gustado ser marino.

COMPRENSIÓN

1 (*a*) V. (*b*) V. (*c*) F; Lleva poco mas de tres años. (*d*) V. (*e*) F; Cree que todavía existe discriminación en ciertos sectores.

2 (1) Guernica. (2) That it should return to Spain once democracy was restored. (3) In 1981. (4) He was a Chilean poet. (5) He offers his own poetic vision of the history of Latin America. (6) In 1971.

# Table of Common Irregular Verbs

All tenses are not given, but by remembering the following simple rules the student can easily form any tense from the parts of the verb that are shown:

1 The stem of the Imperfect Indicative is regular, except in the cases of **ir (iba), ver (veía)** and **ser (era).**

2 The Conditional, like the Future tense, is formed from the whole Infinitive, but with the endings of the Imperfect tense: **ía**, **-ías**, **-ía**, etc.

3 With the exception of **saber (sepa)**, **haber (haya)**, **dar (dé)**, **ser (sea)**, **ir (vaya)**, the stem of the Present Subjunctive is the same as that of the first person singular of the Present Indicative.

4 The Imperfect Subjunctive tense can be formed from the first person plural of the Preterite (See Units 13, 14 and 23).

Verbs whose irregularities depend only on orthographic or radical-changing peculiarities are not included in this table (see Unit 11). Compounds have also been omitted. For **mantener, proponer, rehacer**, see the simple verbs **tener**, **poner**, **hacer**, etc.

| *Infinitive* | *Pres. Ind* | *Preterite* | *Future* | *Participles* |
|---|---|---|---|---|
| **adquirir** *to acquire* | adquiero | adquirí | adquiriré | adquiriendo |
| | adquirimos | — | — | adquirido |
| | adquieren | — | — | |
| **andar** *to go, walk* | ando | anduve | andaré | andando |
| | — | — | — | andado |
| **caber** *to be contained in* | quepo | cupe | cabré | cabiendo |
| | cabe | — | — | cabido |
| | cabemos | — | — | — |
| | caben | — | — | — |
| **caer** *to fall* | caben | caí | caeré | cayendo |
| | caigo | cayó | — | caído |
| | cae | caímos | — | — |
| | caen | cayeron | — | — |
| | — | | | |
| **concluir** *to conclude* | concluyo | concluí | concluiré | concluyendo |
| | concluye | concluyó | — | concluido |
| | concluímos | concluímos | — | — |
| | concluyen | concluyeron | — | — |
| **conducir** *to drive* | conduzco | conduje | conduciré | conduciendo |
| | conduce | condujo | — | conducído |
| | — | condujeron | — | — |
| **crecer** *to grow* | crezco | crecí | creceré | creciendo |
| | crece | — | — | crecido |
| **dar** *to give* | doy | di | daré | dando |
| | da | dio | — | dado |
| **decir** *to say, tell* | digo | dije | diré | diciendo |
| | dice | dijo | — | dicho |
| | decimos | dijimos | — | — |
| | dicen | dijeron | — | — |

| | | | | |
|---|---|---|---|---|
| **estar** *to be* | estoy | estuve | estaré | estando |
| | está | — | — | estado |
| | están | — | — | — |
| **haber** *to have* | he | hube | habré | habiendo |
| | ha | hubo | — | habido |
| | hemos | hubimos | — | — |
| | han | hubieron | — | — |
| **hacer** *to do, make* | hago | hice | haré | haciendo |
| | hace | hizo | — | hecho |
| | hacen | hicimos | — | — |
| **ir** *to go* | voy | fui | iré | yendo |
| | va | fue | — | ido |
| | — | fuimos | — | — |
| | van | fueron | — | — |
| **oir** *to hear* | oigo | oí | oiré | oyendo |
| | oye | oyó | — | oído |
| | oímos | oímos | — | — |
| | oyen | oyeron | — | — |
| **poder** *to be able* | puedo | pude | podré | pudiendo |
| | podemos | pudimos | — | podido |
| | pueden | pudieron | — | — |
| **poner** *to put* | pongo | puse | pondré | poniendo |
| | pone | pusimos | — | puesto |
| | ponen | pusieron | — | — |
| **querer** *to want, love* | quiero | quise | querré | queriendo |
| | queremos | quisimos | — | querido |
| | quieren | quisieron | — | — |
| **reir** *to laugh* | río | reí | reiré | riendo |
| | reímos | rió | — | reído |
| | ríen | reímos | — | — |
| | — | rieron | — | — |

| *Infinitive* | *Pres. Ind* | *Preterite* | *Future* | *Participles* |
|---|---|---|---|---|
| **saber** *to know* | sé | supe | sabré | sabiendo |
| | sabe | supimos | — | sabido |
| | saben | supieron | — | — |
| **salir** *to go out* | salgo | salí | saldré | saliendo |
| | sale | salió | — | salido |
| | salimos | salieron | — | — |
| **ser** *to be* | soy | fui | seré | siendo |
| | — | fue | — | sido |
| | es | fueron | — | — |
| | somos | — | — | — |
| | son | — | — | — |
| **tener** *to have* | tengo | tuve | tendré | teniendo |
| | tiene | tuvo | — | tenido |
| | tenemos | tuvimos | — | — |
| | tienen | tuvieron | — | — |
| **traer** *to bring* | traigo | traje | traeré | trayendo |
| | trae | trajo | — | traído |
| | traemos | trajeron | — | — |
| **valer** *to be worth* | valgo | valí | valdré | valiendo |
| | vale | valió | — | valido |
| | valemos | valieron | — | — |
| **venir** *to come* | vengo | vine | vendré | viniendo |
| | viene | vino | — | venido |
| | venimos | vinimos | — | — |
| | vienen | vinieron | — | — |
| **ver** *to see* | veo | vi | veré | viendo |
| | ve | vió | — | visto |
| | vemos | vimos | — | — |

# Spanish-English Vocabulary

a *to; at;* —eso de *about, around;* — mediados de *in the middle of;*— veces *sometimes*
abdicar *to abdicate*
abierto *open*
abril *April*
abrir *to open*
abundante *abundant, plentiful*
aceite (m) *oil;* — de oliva *olive oil*
aceptación (f) *acceptance, approval*
aceptar *to accept*
acerca de *about*
aconsejar *to advise*
acontecimiento (m) *event*
acordarse *to remember*
acostarse *to go to bed*
actitud (f) *attitude*
activamente *actively*
actividad (f) *activity*
activismo (m) *activism*
actor (m) *actor*
actriz (f) *actress*
actual *present*
actualmente *at present*
actuar *to act, perform*
acuático *water* (adj.)
acuerdo; de— *that's all right;* estar de — *to agree*
adiós *goodbye*
adjuntar *to enclose*
administrativo (m) *manager; administrative* (adj.)
admiración (f) *admiration*
adoptar *to adopt*
aeropuerto (m) *airport*
afectar *to affect*
afirmar *to affirm, to state*
afortunado *fortunate*
afueras (f pl) *outskirts*
agencia (f) *agency*
agonía (f) *agony*
agosto *August*
agradable *pleasant*
agradecer *to thank, to be grateful*
agrado (m) *pleasure*
agregar *to add*
agrícola *agricultural*
agricultura (f) *agriculture*
ahora *now*
aislar *to isolate*
ajo (m) *garlic*
al (masc. sing.) *to the;*—final *at the end*
alcanzar *to reach*
alegrarse *to be glad*
alegre *happy*
Alemania *Germany*
alemán (m) *German*
algo *something*
algodón (m) *cotton*
alguno *some, any*
(los) Aliados *The Allies*
alimentación (f) *food*
almacenes (grandes) (m) *department store*
almorzar *to have lunch*
almuerzo (m) *lunch*
alojamiento (m) *accommodation*
alquilar *to rent*
alquiler (m) *rent*
alrededor (de) *about, around*
alto *tall, high*
altura (f) *height*
allí *there*
amable *kind*
amar *to love*
amarillo *yellow*
ambos *both*

América del Sur *South America*
amigo (m) amiga (f) *friend*
amistad (f) *friendship*
amnistía (f) *amnesty*
amor (m) *love*
amplio *big; good*
anarquía (f) *anarchy*
andaluz *inhabitant of Andalusia*
andar *to walk*
andén (m) *platform*
ansioso *eager*
antepasado (m) *ancestor*
anterior *previous*
antes *before*
antiguo *old*
anual *per year*
anunciar *to announce*
anuncio (m) *advertisement*
año (m) *year*
apagar *to turn off*
aparcamiento (m) *parking*
aparcar *to park*
apartado de correos (m) *P.O.Box*
apartamento (m) *apartment, flat*
aparte de *apart from*
apellido (m) *surname*
apetecer *to feel like, to like*
aplicación (f) *application*
apóstol (m) *apostle*
apoyar *to support*
apoyo (m) *support*
aprendizaje (m) *learning, apprenticeship*
apresar *to take prisoner*
aprobar *to approve*
aproximadamente *approximately*
aquí *here*
árabe *Arab, Arabic*
arquitectura (f) *architecture*
arreglar *to tidy up*
arreglarse *to get ready; to dress up*
arte (m/f) *art*
artículo (m) *article, product*
artístico *artistic*
ascensor (m) *lift*
asesino (m) *murderer*
así *like this*
asiento (m) *seat*
asignatura (f) *subject (school)*
asistencia (f) *attendance*
asistir *to attend*
aspiración (f) *aspiration*
aspirina (f) *aspirin*
asumir *to take over, assume (power)*
atacar *to attack*
ataque (m) *attack*
atentamente *faithfully (greeting)*
atletismo (m) *athletics*
atractivo *attractive*
aumentar *to increase*
aun *even*
aunque *although*
ausencia (f) *absence*
australiano *Australian*
autobús (m) *bus*
autoliquidarse *to kill onself*
automóvil (m) *car*
autonomía (f) *autonomy*
autónomo *self-governing*
autoridad (f) *authority*
autoritario *authoritarian*
autoritarismo (m) *authoritarianism*
avenida (f) *avenue*
avión (m) *aeroplane*
ayer *yesterday*
ayudar *to help*
azafata (f) *air hostess*
azteca *Aztec*
azul *blue*

bailar *to dance*
bajar *to go down*; —se *to get off*
bajo *short, low; under*
balonvolea (m) *volley ball*
banco (m) *bank*
banda (f) *group, faction*
bandera (f) *flag*
banquete (m) *banquet*
baño (m) *bathroom*
bar (m) *bar*
barato *cheap*
barba (f) *beard*

barco (m) *ship*
barrio (m) *area, neighbourhood*
basado en *based on*
base (f) *basis, base*; a — de *on the basis of*
bastante *enough, quite*
batalla (f) *battle*
batidora (f) *mixer*
beber *to drink*
bibliotecario (m) *librarian*
bien *well*
bigote (m) *moustache*
bilingüe *bilingual*
billete (m) *ticket; banknote*
bistec (m) *beef-steak*
blanco *white*
blusa (f) *blouse*
boliviano *Bolivian*
bolsa (f) *bag*
bombardeo (m) *bombing*
bonito *pretty, nice*
botella (f) *bottle*
breve *brief*
británico *British*
buceo (m) *skin-diving*
buenas tardes *good afternoon*
buen(o) *good*
buenos días *good morning*
buscar *to look for*
buzón (m) *post-box*

cabeza (f) *head*
cada *each, every*
cacerola (f) *casserole*
café (m) *coffee*
caja (f) *cashdesk; box*
cajero (m) *cashier*
calcetín (m) *sock*
calefacción (f) *heating*
calidad (f) *quality*
califa (m) *caliph*
califato (m) *caliphate*
calor (m) *heat*; hace — *it is hot*
calle (f) *street*
camarero (m) *waiter*
cambiar *to change, to cash*
cambio *change*; en — *instead*; a — de *in exchange for*
camino (m) *road*
camisa (f) *shirt*
campesino (m) *peasant*
campo (m) *field, countryside*
canadiense *Canadian*
canción (f) *song*
cansado *tired*
cantar *to sing*
cantidad (f) *quantity*
capaz *capable*
capital (f) *capital*
cargo: a — de *in charge of*
cariñoso *affectionate*
carnet: — de identidad (m) *identity card*; — de conducir *driving licence*
carnicería (f) *butcher's shop*
caro *expensive*
carrera (f) *career*
carta (f) *letter*
casa (f) *house*
casado *married*
casarse *to get married*
casi *almost*
caso (m) *case*; en ese — *in that case*
castaño *chestnut (coloured)*
Castellano (m) *Castilian (Spanish)*
catalán *from Catalonia*
Cataluña *Catalonia*
católico *Catholic*
causar *to cause*
caza (f) *hunting*
celebración (f) *celebration*
cena (f) *dinner*
cenar *to have dinner*
censura (f) *censorship*
centro (m) *centre*
Centroamérica (f) *Central America*
cerca *near*
cerdo (m) *pork*
cerrado (m) *closed*
cerrar *to close*
certificado (m) *certificate*
cerveza (f) *beer*
cielo (m) *sky*

ciencia (f) *science*
cientos *hundreds*
cierto *certain, true*
cifra (f) *figure*
cine (m) *cinema*
círculo (m) *circle*
cita (f) *appointment*
ciudad (f) *city*
ciudadano (m) *citizen*
civil *civil*; guerra— (f) *civil war*
civilización (f) *civilisation*
claro *certainly, of course*
claro *light*
clase (f) *class*
cliente (m/f) *client, customer*
clima (m) *climate*
clínica (f) *clinic*
cocina (f) *kitchen; cooking*
cóctel (m) *cocktail*
coche (m) *car*
colegio (m) *school*
colmena (f) *beehive*
colonia (f) *colony*
comandar *to command*
comedor (m) *dining-room*
comenzar *to begin*
comer *to eat, to have*
comercio (m) *commerce*
comida (f) *food, lunch*
como *how, as, like, as well as*
¿cómo? *what? how?* ¿a—está el cambio? *what is the rate of exchange?* ¡—no! *certainly*
compañero( (de clase) (m) *classmate*
compañía (f) *company*
comparación (f) *comparison*
completo *full*
compra (f) *shopping*
comprar *to buy*
comprender *to understand*
compromiso (m) *commitment*
comunicación (f) *communication*
comunidad (f) *community*
comunista *communist*
con *with*
concesión (f) *grant(ing)*
conducir *to drive*
conferencia (f) *conference, meeting*
confianza (f) *trust, confidence*
confirmar *to confirm*
conflicto (m) *conflict*
conmigo *with me*
conocer *to know*; —se *to meet, to get to know*
conocido (m), conocida (f) *acquaintance*
conseguir *to obtain*
Consejo de Administración (m) *Administrative Council*
considerar *to consider*
consistir *to consist*
constituir *to constitute*
construcción (f) *construction*
construir *to build*
consulado (m) *Consulate*
consumir *to consume*
contable (m/f) *accountant*
contar *to have; to count*
contento *happy*
contestar *to answer*
contexto (m) *context*
contigo (fam.) *with you*
continente (m) *continent*
continuidad (f) *continuity*
contra *against*
contrastar *to hire*
contratar *to hire*
convenir *to be convenient*
convento (m) *convent, monastery*
copa (f) *drink, glass*
correctamente *correctly*
Correos *Post Office*
correspondencia (f) *post, mail*
corresponder *to correspond*
corte (f) *court*
Cortes (f) *Spanish Parliament*
cosa (f) *thing*
cosmopolita *cosmopolitan*
costa (f) *coast*
costar *to cost*; ¿cuánto cuesta? *how much does it cost?*
costumbre (f) *custom*

creación (f) *creation*
crecer *to grow*
crimen (m) *crime*
cristiano *Christian*
cruzar *to cross*
cuadrado (m) *square*
¿cuál? *what, which?*
¿cuándo? *when?*
cuanto: —a *as regards*: en—*as soon as*
¿cuánto?: ¿—es? *how much is it?* ¿—tiempo? *how long?*
¿cuántos? *how many?*
cuarto (m) *quarter*
cubano *Cuban*
cucharada (f) *spoonful*
cuenta (f) *account, bill*; —corriente *current account*
cuero (m) *leather*
culminar *to culminate*
cultivo (m) *cultivation*
culto (m) *worship, cult*
cumpleaños (m) *birthday*
curso (m) *course (school)*
cuyo *whose*

charlar *to talk, chat*
cheque (m) *cheque*
cheque de viaje (m) *traveller's cheque*
chicano *Mexican living in the U.S.*
chico (m) *boy*; *small* (adj.)
chileno *Chilean*
chuleta (f) *chop*

dado *given*
Damasco *Damascus*
dar *to give*;—paso a *to give way to*; —una vuelta *to go for a walk*
dato (m) *information*
de *of; from, made from; as*
deber *to ought, must*;—se *to be due to*
década (f) *decade*
decidir *to decide*
decir *to say*; es — *that is to say*
declarar *to declare, state*
declinar *to decline*
dedicarse a *to work in*
definir *to establish, to determine*
dejar *to leave*
del (masc. sing.) *of the*
delgado *thin*
deme *give me*
democracia (f) *democracy*
democrático *democratic*
demora (f) *delay*
demostrar *to demonstrate*
densidad (f) *density*
dentro *within*
dependiente (m) *shop-assistant*
deporte (m) *sport*
deportivo *sporting, sports* (adj.)
depositar *to deposit*
depósito (m) *deposit*
derecha (f) *right*; a la — *on the right*
derecho (m) *right; law*
derivar *to derive*
derrota (f) *defeat*
derrotar *to defeat*
desacuerdo (m) *disagreement;* estar en — *to disagree*
desaparecer *to disappear*
desaparición (f) *disappearance*
desayunar *to have breakfast*
desayuno (m) *breakfast*
descansar *to rest*
descanso (m) *rest*
descolgar *to unhook (telephone)*
descender de *to descend*
descendiente (m) *descendent*
descentralizar *to decentralize*
desconocer *not to know*
descubrimiento (m) *discovery*
desde *from, since*; — hace *for, since (time)*
desear *to want, to wish*; ¿qué desea? *can I help you?*
desembarcar *to land, to disembark*
desempleo (m) *unemployment*
desencanto (m) *disillusion*
desesperado *desperate*
desgraciadamente *unfortunately*

deshabitado *uninhabited*
desierto (m) *desert*
despachar *to dispatch, to send*
después *after, afterwards*
destino (m) *destination*
destrucción (f) *destruction*
destruir *to destroy*
devolver *to return*
día (m) *day*; — laborable *working day*
diariamente *daily*
diario *daily*
diciembre *December*
dictadura (f) *dictatorship*
dictar *to dictate*
diente de ajo (m) *clove of garlic*
dietista (m/f) *dietician*
diferente *different*
dificultad (f) *difficulty, obstruction*
dificultar *to obstruct, impede*
difundir *to spread*
¿dígame? *can I help you?, hello (telephone)*
dinero (m) *money*
dios (m) *god*
dirección (m) *address*
directamente *directly*
directo *direct*
director (m) *director, editor*
dirigirse *to address oneself, to go*
discoteca (f) *discotheque*
discriminación (f) *discrimination*
disponibilidad (f) *availability*
distancia (f) *distance*
distinto *different*
Distrito Federal (D.F.) *Federal District (Mexico)*
diversiones (f pl) *entertainment*
divertido *amusing*
dividir *to divide*
división (f) *division*
doblar *to turn*
docente (m) *teacher*
doctor (m) *doctor*
documento (m) *document*
doler *to hurt, to have a pain*
domicilio (m) *address*
dominar *to dominate*
domingo (m) *Sunday*
dominio (m) *command*
donde *where;* ¿dónde? *where?*
dormir *to sleep*
dramaturgo (m) *playwright*
dudar *to doubt*
duración (f) *duration*
durante *during*
durar *to last*
duro *hard*

Económicas (f) *Economics*
económico *economic*
economista (m/f) *economist*
echar *to pour*
edad (f) *age*
Edad Media (f) *Middle Ages*
educación (f) *education*; — primaria (f) *primary education*
educativo *educational*
efectivamente *exactly* (*in reply*)
eficiente *efficient*
ejecutivo (m) *executive*
ejercicio (m) *exercise*
el *the* (*masc. sing.*)
él *he; him*
elección (f) *election*
eléctrico *electric*
electrodoméstico: aparato — (m) *household electric appliance*
elegir *to choose*
eliminar *to eliminate*
ella *she; her*
embajada (f) *embassy*
embarque (m) *boarding*
emigrar *to emigrate*
emir (m) *emir*
emperador (m) *emperor*
empezar *to begin*
empleado (m) *employee, clerk*; estar — *to be employed*
empresa (f) *company, firm*; — de construcciones *construction company*

en *in, on, at*
encantado *pleased to meet you*
encantar *to like very much*
encargado (m) *person in charge*
enclave (m) *enclave*
encontrar *to meet*; —se: *to be situated*; —con *to meet*
encuesta (f) *survey*; encuestado *surveyed*
enérgicamente *drastically*
enero *January*
enfermera (f) *nurse*
enfermo *ill*
enfrentarse a *to face*
enfrente de *opposite*
enorme *large, huge*
ensalada (f) *salad*
ensayo (m) *essay*
enseñanza (f) *education*
enseñar *to show*
entonces *then*
entrada (f) *ticket*
entrar *to go in, to start*
entre *among, between*
entusiasmar *to fill with enthusiasm*
enviar *to send*
época (f) *time, epoch*
equipaje (m) *luggage* —de mano (m) *hand-luggage*
equipo (m) *team*
error (m) *mistake*
esa (f) *that*
escala (f) *stop-over*
escaleras (f pl) *stairs*
escaso *scarce, small*
escocés *Scottish*
Escocia *Scotland*
escribir *to write*; ¡escriba! *write!*
escrito (m) *writing, written text*
escuchar *to listen (to)*
escuela (f) *school*
ese (m) *that*
esforzarse *to make an effort*
eso es *that's right*
español *Spanish, Spaniard*
específicamente *precisely*
espectador (m) *spectator*
esperar *to wait, to expect; to hope*
espionaje (adj.) *spy*
espiritual *spiritual*
esplendor (m) *splendour*
esposa (f) *wife*
esposo (m) *husband*
esquí (m) *skiing*
esquina (f) *corner*
esta (f) *this* (adj.); ésta *this one*
estable *stable*
establecer *to establish*
estación (f) *station*
estacionar *to park*
estadio (m) *stadium*
Estado (m) *State*; Estados Unidos *United States*
estancia (f) *stay*
estaño (m) *tin*
estar *to be*
estatura (f) *height*
estatuto (m) *statute*
este (m) *this* (adj.); éste *this one*
este *east*
estilo (m) *style*
esto (neuter) *this* (dem. pron.)
estos, estas (m/f pl) *these* (adj.)
éstos, éstas (m/f pl) *these* (dem. pron.)
estrecho (m) *strait*
estrecho *close, narrow*
estrellado *starry*
estrictamente *strictly*
estricto *strict*
estudiante (m/f) *student*
estudiar *to study*
estudios (m pl) *studies, career*; —secundarios (m) *secondary school studies*
estupendo *marvellous*
Europa *Europe*
europeo *Europen*
exactamente *exactly*
examinar *to examine*; —se *to take an exam*

excursión (f) *excursion*
exigir *to demand*
exiliado *exiled*
exilio (m) *exile*
existente *existing, in existence*
existir *to exist*
éxito (m) *success*
expansión (f) *expansion*
explicar *to explain*
explorador (m) *explorer*
explotación (f) *exploitation*
exponente *(prime) example*
exportación (f) *export*
exportador (m) *exporter*
exposición (f) *exhibition*
expresar *to express*
expresión (f) *expression*
exquisito *delicious*
extenderse *to spread, to extend*
extranjero (m) *abroad, foreign(er)*
extremo *extreme*

fábrica (f) *factory*
fabricación (f) *manufacture*
faceta (f) *facet*
fácil *easy*
falta (f) *lack;* hacer — *to be necessary*
familia (f) *family*
familiares (m pl) *relatives*
famoso *famous*
favorable *favourable*
favorecer *to favour*
favorito *favourite*
febrero *February*
fecha (f) *date*
felicidad (f) *happiness*
femenino *feminine*
festival (m) *festival*
fiebre (f) *fever*
fiesta (f) *feast, party*
filosofía (f) *philosophy*
fin (m) *end;* en — *well, well then*; por — *at last*; — de semana (m) *weekend*
final: al — de *at the end of*
fines: a — de *at the end of*
financiero *financial*
finlandés *Finnish*
firmar *to sign*
florecimiento (m) *flourishing*
fondo (m) *bottom*; al — de *at the bottom (back) of*
formar *to form*; — parte de *to form part of*
formulario (m) *form*
fotografía (f) *photograph*
francés (m) *French*
Francia *France*
frente *opposite*
frío (m) *cold*
frito *fried*
frontera *border*
fruta (f) *fruit*
frutería *fruit shop*
fuente (f) *source*
fuera *outside, out*; —de *apart from*
fumador, *smoker*
fumar *to smoke*
funcionar *to work*
funcionario (m) *official*
fundar *to found*
fútbol (m) *football*
futuro (m) *future*

galería (f) *gallery*
galés *Welsh*
gallego (m) *Galician*
ganar *to earn*
ganas; tener — de *to feel like*
garaje (m) *garage*
garantizar *to guarantee*
gasolina (f) *petrol*
gastar *to spend*
gazpacho andaluz (m) *cold vegetable soup from Andalusia*
generación (f) *generation*
género (m) *type*
genio (m) *genius*

gente (f) *people*
geográfico *geographic*
gobernador (m) *governor*
gobierno (m) *government*
gordo *fat*
grabado (m) *engraving, print*
gracias *thank you*; — a *thanks to*; muchas — *thank you very much*
grado (m) *degree (temperature)*
gran *great, big* (sing)
grande *large, big*
grato: me es — *I have pleasure*
grave *serious*
gripe (f) *cold, influenza*
gris *grey*
grupo (m) *group*
guapa *pretty*
guardar *to guard*
guerra (f) *war*; — civil *civil war*; — Mundial *world war*
guía (m/f) *guide*
gustar *to like*
gusto (m) *pleasure*

habitación (f) *room*
habitante (m) *inhabitant*
hablar *to speak*
hacer *to do, to make*; hace (+ *time*) *for, ago*
hacia *towards*
hasta *as far as, until*; — luego *goodbye*
hay *there is, there are*; — que *one has to*
hecho (m) *fact*
hecho *done*; muy — *well done*, poco — *rare (of steak)*
hermano (m) *brother*
hielo (m) *ice*
hijo (m) *son, child*
historia (m) *history*
hola *hello*
Holanda *Holland*
holandés *Dutch*
hombre (m) *man*
honor (m) *honour*
hora (f) *hour, appointment*; *time*; ¿qué — es? *what time is it?*
hospitalidad (f) *hospitality*
hostelería (f) *hotel trade*
hoy *today*; — en día *nowadays*
húmedo *humid*

ibérico *Iberian*
ida *single*; — y vuelta *return (ticket)*
idioma (m) *language*
iglesia (f) *church*
igualdad (f) *equality*
imagen (f) *image*
imperio (m) *empire*
imperioso *absolute*
imponente *imposing*
importación (f) *import*
importante *important*
impreso (m) *printed form*
inalterable *unchanging*
inaugurar *to inaugurate, to open*
incaico *Inca*
incentivo (m) *incentive*
independencia (f) *independence*
independiente *independent*
independizarse *to gain independence*
indicado *suitable*
indígena *indigenous, Indian (S. Am)*
indio *Indian (S. Am)*
individual *single*
industria (f) *industry*
inferior *inferior, lower*
inflación (f) *inflation*
información (f) *information*
informar *to inform*
ingeniero (m) *engineer*
Inglaterra *England*
inglés *English*
iniciar *to begin, initiate*
iniciativa (f) *initiative*
injusto *unfair*
inmigración (f) *immigration*
inmigrante (m) *immigrant*
insostenible *untenable*
inspirar *to inspire*

instalar *to install, to set up*
instituto (m) *secondary school, institute*
integrar *to make up*
intensificar *to intensify*
intentar *to try to*
interés (m) *interest*
interesado *interested*
interesante *interesting*
interno *internal*
intérprete (m/f) *interpreter*
interrumpir *to interrupt*
intervenir *to intervene*
invadir *to invade*
invierno (m) *winter*
invitado (m) *guest*
invitar *to invite*
ir *to go*
irlandés *Irish*
irritado *angered*
isla (f) *island*
Islas Baleares *Balearic Islands*
Islas Canarias *Canary Islands*
italiano *Italian*
izquierda (f) *left*; a la — *on the left*

jardín (m) *garden*
jefe (m) *boss*; — de estado (m) *head of state*; — de personal *personnel manager*
jerez (m) *sherry*
joven *young*
jueves (m) *Thursday*
juez (m) *judge*
jugar *to play*; — un papel *to play a role*
juicio (m) *opinion*
julio *July*
junio *June*
justamente *precisely, just*
juventud (f) *youth*

la *the, it, her (fem, sing)*
lado (m) *side*; al — de *next to*; al otro — *on the other side*
lago (m) *lake*
lamentar *to regret*
lana (f) *wool*
largo *long*; a lo — de *along, throughout*
lástima (f) *pity*; ¡qué — ! *what a pity!*
Latinoamérica *Latin America*
Latinoamericano *Latin American*
lavadero (m) *utility room*
lectura (f) *reading*
¡lea! *read!*
leer *to read*
legalizar *to legalize*
legión (f) *legion*
lejos *far*
lengua (f) *language*
lentes (m/f pl) *spectacles, glasses*
lentillas (f pl) *contact-lenses*
levantarse *to get up*
ley (f) *law*
leyenda (f) *legend*
libertad (f) *freedom, liberty*
libra (f) *pound*
libra esterlina (f) *pound sterling*
libre *free*
librería (f) *bookshop*
libro (m) *book*
limitar *to limit*
limón (m) *lemon*
limpiar *to clean*
limpieza (f) *cleaning*
línea aérea (f) *airline*
listo *ready*
literatura (f) *literature*
lo *it, him*
los, las *the (masc. fem, pl.)*
lograr *to achieve*
lucha (f) *fight, struggle*
luchar *to fight, to struggle*
luego *then*
lugar (m) *place*
luna (f) *moon*
lunes (m) *Monday*
luz (f) *light*

llamada (f) *call*; — telefónica (f) *telephone call*

llamado *so-called*
llamar *to call*; — por teléfono *to telephone*; —se *to be called*
llave (f) *key*
llegada (f) *arrival*
llegar *to arrive, to reach*; — a ser *to become*
llenar *to fill*
lleno *full*
llevar *to take, to carry, to wear*; — una vida *to lead a life*; — tiempo *to take time*
llover *to rain*
lluvia (f) *rain*

madre (f) *mother*
madrileño *inhabitant of Madrid*
madrugada (f) *early morning*
magnífico *magnificent*
Mahoma *Mahomet*
maleta (f) *suitcase*
maletín (m) *small case*
mandar *to order*
manifestar *to manifest*
mano (f) *hand*; a — izquierda (derecha) *on the left (right) hand side*
mantener *to maintain*; —se *to remain*
mañana (f) *tomorrow*; *morning*; por la — *in the morning*; pasado — *the day after tomorrow*
maquinaria (f) *machinery*
mar (m/f) *sea*
maravilloso *marvellous, wonderful*
marca (f) *make, brand*
marcar *to mark; to dial*
marcha (f) *march*
marcharse *to leave*
marido (m) *husband*
marino (m) *sailor*
marítimo *maritime, sea (adj.)*
marrón *brown*
martes (m) *Tuesday*
marzo *March*
más *more, else*; — bien *rather*
matar *to kill*
matemáticas (f) *mathematics*
matrícula (f) *registration*
máximo *maximum*
mayo *May*
mayor *larger, older, greater*
mayoría (f) *majority, most*
mecánico (m) *mechanic*
medicina (f) *medicine*
médico (m) *doctor*
medio *half, average*
medio: en — de *in the middle of*
mediodía (m) *midday*
medir *to measure*
meditar *to meditate*
mejor *better*
mejoramiento (m) *improvement*
mejorar *to improve*; —se *to get better*
menor *less, fewer, lower, younger*
mercado (m) *market*
mes (m) *month*
mesa (f) *table*
mestizo (m) *mixed Indian and white*
metro (m) *underground, subway*
mexicano *Mexican*
mezcla (f) *mixture*
mezclar *to mix*
mezquita *mosque*
mi *my*
mí *me*
miembro (m) *member*
mientras *while*
miércoles (m) *Wednesday*
mil *thousand*
mil(es) *thousand(s)*
milagro (m) *miracle*
militar *military*
millón *million*
mineral (m) *mineral*
minería (f) *mining*
mínimo *minimum*
Ministerio *Ministry*; — del Interior (m) *Home Office*
ministro (m) *minister*
minuto (m) *minute*
¡mira! *look!*
mirar *to look at*
misa (f) *mass*

misión (f) *mission*
mismo *same*; al — tiempo *at the same time*
místico *mystic*
mitad (f) *half*
modales (m) *manners*
modo (m) *way, manner*
molestar *to bother*
monarquía (f) *monarchy*
monárquico *monarchist*
moneda (f) *money, coin*
monótono *monotonous*
montaña (f) *mountain*
montañismo (m)*mountain-climbing*
montañoso *mountainous*
monte (m) *mount, mountain*
monumento (m) *monument*
moreno *dark*
morir *to die*
moro (m) *Moor*
mostrador (m) *counter*
motivo (m) *reason*; con — de *on the occasion of*
moverse *to move*
mucho *much, a lot* (adv.); —(s) *much, many* (adj.) — gusto *pleased to meet you*
muerte (f) *death*
muerto *dead*
mujer (f) *woman, wife*
mundo (m) *world*
municipal *municipal*
museo (m) *museum*
música (f) *music*
musulmán *Muslim*
muy *very*

nacer *to be born*
nacido *born*
nacimiento (m) *birth*
nación (f) *nation*
nacional *national*
nacionalidad (f) *nationality*
nada *nothing*; de — *you're welcome*
nadar *to swim*
natación (f) *swimming*
nativo (m) *native*
naturalmente *certainly*
navidad (f) *Christmas*
necesario *necessary*
necesidad (f) *need*
necesitar *to need*
negociable *negotiable*
negro *black*
nevar *to snow*
nevera (f) *fridge*
ni *neither, nor*
nieto (m) *grandson*
ninguno *none*
niño (m) *child, boy*
nivel (m) *level*
no *no*
noche (f) *night*; esta — *tonight*; buenas —s *good evening, good night*
nombre (m) *name*
nor(d)este (m) northeast
normalmente *normally*
norte (m) *north*
norteamericano *American (USA)*
nosotros *we*
nota (f) note
noticias (f pl) *news*
noviembre *November*
novio (m) *boyfriend*
nublado *overcast*
nuestro *our*
nuevo *new*
Nuevo Mundo (m) *New World*
número (m) *number*
numeroso *numerous*

o sea *so, that is*
obligar *to force, to compel*
obligatorio *compulsory*
obra (f) *play, work*; — literaria (f) *literary work*
obtener *to obtain*
octubre *October*
ocupación (f) *occupation*
ocupado *occupied*
ocupar *to occupy*
ocurrir *to occur*

oda (f) *ode*
oeste (m) *west*
oficina (f) *office*
ofrecer *to offer*
oír *to hear, to listen to*
ojo (m) *eye*
olvidarse *to forget*
opinar *to think*
oportunidad (f) *opportunity*
oposición (f) *opposition*
optar *to choose*
optimismo (m) *optimism*
organizar *to organize*
orquesta (f) *orchestra*; — sinfónica (f) *symphony orchestra*
otro *other, another*

padre (m) *father*; —s (m) *parents*
paella (f) *dish of rice with meat, shellfish, etc.*
pagar *to pay*
país (m) *country*; País Valenciano (m) *region of Valencia*
paisaje (m) *landscape*
palabra (f) *word*
palacio (m) *palace*
pan (m) *bread*
panadería (f) *baker's shop*
papel (m) *role, paper*
papelería (f) *stationer's*
par (m) *pair*
para *for, in order to*
parada (f) *bus-stop*
parecer *to seem*
pared (f) *wall*
parientes (m) *relatives*
parlamentario *parliamentary*
paro (m) *unemployment*
parque (m) *park*
parte (f) *part*; ¿en qué—? *in which part? whereabouts?*; de — de *from, in the name of*; por una — *on the other hand*
participación (f) *participation*
participar *to participate*
particular *private*
partido (m) *game(sports); party (politics)*
partir *to start*; a — de *from, starting*
pasado *past, previous, last*
pasajero (m), pasajera (f) *passenger*
pasaporte (m) *passport*
pasar *to come in; to happen*;— a ser *to become*; — por *to go by*
pasatiempo (m) *pastime*
pasear *to go for a walk*
paso (m) *way* dar—a *to give way to*
pastelería (f) *pastry shop*
patata (f) *potato*
paternalismo (m) *paternalism*
patronizar *to sponsor*
paz (f) *peace*
pedido (m) *order*
pedir *to ask for*
película (f) *film*
pelirrojo *red-haired*
pelo (m) *hair*
peluquería (f) *hairdresser's*
pena: ¡qué —! *what a pity!*
península (f) *peninsula*; Península Ibérica (f) *Iberian Peninsula*
pensar *to think, to be thinking of*
pensión (f) *boarding-house*
pequeño *small*
perder *to lose, to waste*
perdone *excuse me, pardon me*
peregrinación (f) *pilgrimage*
perfectamente *perfect; fine*
periférico *peripheral*
periodista (m/f) *journalist*
período (m) *period*
permitir *to allow*
pero *but*
persona (f) *person*
personal (m) *staff*
personalidad (f) *personality, important person*
pesca (f) *fishing*
peso (m) *weight*
petróleo (m) *oil*
pie (m) *foot*; a — *on foot*
pintor (m) *painter*

pintura (f) *painting*
pirámide (f) *pyramid*
Pirineos (m) *Pyrenees*
piscina (f) *swimming pool*
plan (m) *plan*
plástico (m) *plastic*
plata (f) *silver*
plaza (f) *square;* —de toros (f) *bull-ring; seat, place*
pluriempleo (m) *doing more than one job*
población (f) *population*
pobre *poor*
poco *little*
poder *can, to be able to*
poder (m) *power*; tomar el — *to take power*
poderío (m) *power*
poema (m) *poem*
poeta (m) *poet*
policía (f) *police,* (m) *policeman*
policíaca *police, detective* (adj.)
política (f) *policy, politics*
político *political*
poner *to put; to show (film)*
por *for, because of*; — aquí *this way, around here*; — ejemplo *for example*; —favor *please*; — fin *at last*; — lo demás *moreover*; — lo general *generally*; — parte de *by*
¿por qué? *why*
porque *because*
portero (m) *porter*
portugués (m) *Portuguese*
posibilidad (f) *possibility*
posiblemente *possibly*
posterior *later*
posteriormente *later*
postre (m) *dessert*
potencial (m) *potential*
prácticamente *practically*
practicar *to practise*
precisar *to need*
preferir *to prefer*
pregunta (f) *question*
premio (m) *prize*
prensa (f) *Press*; libertad de — (f) *freedom of the Press*
preocuparse to worry
preparar *to prepare*
presencia (f) *presence*
presenciar *to attend, to be present at*
presentar *to introduce, to present*
presidente (m) *president*
preso (m) *prisoner*
previo *previous*
primario *primary*
primero *first*
principal *main*
principalment *mainly*
príncipe (m) *prince*
principio (m) *beginning*
principios: a — de *at the beginning of*
probarse *to try on*
proceder *to come from*
procesión (f) *procession*
proceso (m) *process*
proclamar *to proclaim*; — se *to proclaim oneself*
procurar *to try to*
producir *to produce*
producto (m) *product*
profesor (m) *teacher*
profeta (m) *prophet*
programa (m) *programme*
progreso (m) *progress*
promedio (m) *average*
promulgación (f) *promulgation*
promulgar *to promulgate*
pronóstico (m) *forecast*
pronto *soon*
pronunciarse *to state one's opinion*
propietario (m) *owner*
propio *own, special*
prosperidad (f) *prosperity*
protestante *Protestant*
provincia (f) *province*
próximo *next*
proyecto (m) *project*
publicación (f) *publication*
publicar *to publish*
publicitario *advertising* (adj.)

pueblecito (m) *little town*
pueblo (m) *people; small town*
puente (m) *bridge*
puerta (m) *door*
puerto (m) *port*
pues (m) *well, so*
puesta en escena (f) *putting on stage*
puesto (m) *post, job*
punto (m) *knitting*
puro *pure*

que *that, what, than*
¿qué? *what*; ¿—tal? *how are you?*; ¡—va! *nonsense!*
quedar *to be left, to remain*; —en *to agree*; —se *to remain, to stay*
quejarse *to complain*
querer *to want; to love*
quien *who*
¿quién? *who?*
quisiera *I should like*

rasero (m) *strike*
rato (m) *while, moment*
rayo (m) *lightning*
raza (f) *race*
razón (f) *reason*
realidad (f) *reality*
realizar *to carry out*
rebelión (f) *rebellion*
recado (m) *message*
recapturar *to recapture*
recepción (f) *reception*
recepcionista (m/f) *receptionist*
recesión (f) *recession*
recibir *to receive*
recibo (m) *receipt*
recientemente *recently*
recoger *to collect*
recomendar *to recommend*
reconciliación (f) *reconciliation*
reconocer *to recognize*
reconquista (f) *reconquest*
recordar *to remember*
recreativo *recreational*
recubrir *to cover*
recuerdos (m pl) *regards*
recursos (m pl) *resources*
referencia (f) *reference*
reflejarse *to be reflected*
reformar *to reform*
refrendar *to approve*
regalo (m) *present*
régimen (m) *regime*
región (f) *region*
rehusar *to refuse*
reinado (m) *reign*
reino (m) *reign, kingdom*
relación (f) *relation*
religión (f) *religion*
religioso *religious*
rellenar *to fill in*
remuneración (f) *salary*
rendición (f) *surrender*
rendir culto *to worship*
renunciar *to resign*
reparar *to repair*
representación *performance*
representante (m) *representative*
representar *to represent*
república (f) *republic*
republicano *republican*
requisito (m) *requirement*
reservar *to book, to reserve*
residente (m) *resident*
resistencia (f) *resistance*
respecta: en lo que— *as regards*
respetar *to respect*
responder *to answer*
responsable *responsible*
respuesta (f) *answer*
restablecer *to re-establish*
restauración (f) *restoration*
resultado (m) *result*
retirarse *to retire*
retornar *to return*
reunión (f) *meeting*
reyes (m, pl) *kings, king and queen*
rico *rich*
riqueza (f) *wealth*
ritmo (m) *rhythm*
rizado *curly*

robo (m) *burglary*
rodaja (f) *slice*
rogar *to request, to ask*
rojo *red*
ropa (f) *clothes*
rubio *blond*
ruidoso *noisy*
Rusia *Russia*
ruta (f) *route*

S.A. (Sociedad Anónima) (f) *Limited Liability company*
sábado (m) *Saturday*
saber *to know*
sacar *to take out, to get*
sala (f) *room*
salario (m) *salary*
salida (f) *departure*
salir *to leave*
salud (f) *health*
saludar *to greet*
salvo *except*
sangría (f) *red wine fruit cup*
santuario (m) *shrine*
satisfecho *satisfied*
sección (f) *section, department*
secretaria (f) *secretary*
sector (m) *sector*
seda (f) *silk*
seguidor (m) *follower*
seguir *to continue, to go on, to follow*
según *according to*
segundo (m) *second course*; (adj.) *second*
seguro *sure*; estar— *to be sure*
seguro (m) *insurance*
sello (m) *stamp*
semana (f) *week*; —laboral (f) *working week*
Semana Santa *Holy Week*
semanal *weekly*
sentarse *to sit*
sentido (m) *sense*; —común (m) *common sense*
sentirse *to feel*; —lo *to be sorry*; lo siento *I'm sorry*
señalar *to mark*
señor (m) *gentleman, Mr, sir*; muy— mío *Dear sir*
señora (f) *lady, Mrs., madam*
señorita (f) *young lady, Miss*
separar *to separate*
septiembre *September*
sequedad (f) *dryness*
ser *to be*
ser (m) *being*
serio *serious, grave*
servicio (m) *service*; al—de *in the service of*
servicios (m pl) *toilets*
servir *to serve*; ¿en qué puedo —le? *what can I do for you?*
sesión (f) *show (film)*
sevillano (m) *inhabitant of Seville*
sí *yes*
si *if*
siempre *always*
siglo (m) *century*
Siglo de Oro (m) *Golden Age*
significar *to mean*
siguiente *following*
simpático *nice, pleasant*
sin *without*; —embargo *however*
sino *but*
sistema (m) *system*
situación (f) *location, situation*
sobre *over, on top; about*; —todo *above all*
sobresalir *to stand out*
sociedad (f) *society*
sol (m) *sun*; hace— *it is sunny*
solamente *only*
soldado (m) *soldier*
soledad (f) *loneliness*
soler *to be accustomed to*
solicitar *to request*
solidaridad (f) *solidarity*
sólo *only*
solo *alone*
soltero *single*
sonrojarse *to blush*
soportar *to put up with*

sorpresa (f) *surprise*; ¡qué— !*what a surprise*!
su *his, her, your* (formal), *their*
suave *mild*
sublevarse *to revolt*
sucesor (m) *successor*
sudamericano *South-American*
sueldo (m) *salary*
suéter (m) *sweater*
suficiente *sufficient, enough*
sugerir *to suggest*
sumisión (f) *submission*
supermercado (m) *supermarket*
supremo *supreme*
sur (m) *south*
sustancialmente *fundamentally*
suyo *his, hers, yours* (formal), *theirs* (pronoun)

tal *such*; ¿qué —? *how are you?*—es como *such as*
talla (f) *size (clothes)*
también *also, either*
tampoco *neither*
tanto *so much, so many*; — . . . como *both . . . and*
tardar *to take time*
tarde (f) *afternoon*
tarde *late*
tarea (f) *work*; —s del hogar *house work*
tarjeta (f) *card*; —de crédito *credit card*
taza (f) *cup*
teatral *theatrical*
teatro (m) *theatre*
técnica (f) *technique*
técnico (m) *technician, technical*
telefonear *to telephone*
teléfono (m) *telephone*
telegrama (m) *telegram*
televisor (m) *television*
temperatura (f) *temperature*
templado *temperate*
templo (m) *temple*
temporada (f) *season*
temprano *early*
tender *to tend*
tener *to have*; — que *to have to*
tenis (m) *tennis*
Tercer Mundo (m) *Third World*
terminar *to finish*
término (m) *term, word*
terraza (f) *terrace*
territorio (m) *territory*
terrorismo (m) *terrorism*
tí *you*
tiempo (m) *weather*
tienda (f) *shop*
tierra (f) *land*
tinto *red (wine)*
tipo (m) *type*
todavía *still, yet*
todo *all*
tolerancia (f) *tolerance*
toma (f) *taking, capture*
tomar *to take*; — notas *to take notes*; — una copa *to have a drink*
tono (m) *tone*
tormenta (f) *storm*
tortilla (f) *omelette*
totalmente *totally, completely*
trabajador (m) *worker*; (adj.) *hard-working*
trabajar *to work*
trabajo (m) *work*
trabajoso *hard, laborious*
tradición (f) *tradition*
traducción (f) *translation*
traductor (m) *translator*
traer *to bring*
tranquilamente *quietly*
tranquilidad (f) *peacefulness, peace*
tranquilo *quiet*
transeúnte (m) *passer-by*
transferir *to transfer*
transformarse *to change*
transición (f) *transition*
transporte (m) *transport*
tras *after*
tren (m) *train*
tribu (f) *tribe*

tristeza (f) *sadness*
triunfar *to win*
triunfo *triumph*
trono (m) *throne*
tú *you* (fam. sing)
tu *your* (fam. sing)
turco *Turkish*
turismo (m) *tourism*
turista (m/f) *tourist*

ubicación (f) *location*
últimamente *lately*
último *last*
único *only*
unidad (f) *unity*
universidad (f) *university*
un, uno, una *a; one*
unos *about, some*
urgente *urgent*
uso (m) *use*
usted *you* (sing.); ustedes *you* (plural)

vacaciones (f pl) *holidays*
¡vale! *okay!*
valer *to cost*
vamos *let's go*
variación (f) *variation*
variado *varied*
variedad (f) *variety*
varios *several*
vasco *Basque, from the Basque country*
vascuence (m) *Basque language*
vasto *vast, huge*
vegetación (f) *vegetation*
vendedor (m) *salesman*
venerar *to worship*
venezolano *Venezuelan*
venir *to come*
ventanilla (f) *window* (*of booking office, etc.*)
ver *to see*
veraneo (m) *summer holiday*
verano (m) *summer*
verdad (f) *truth*; ¿verdad? *isn't it? aren't you?* etc
verdadero *real, true*
verde *green*
verdulería (f) *greengrocer's (shop)*
verdura (f) *vegetable*
versión (f) *version*
vestigio (m) *vestige*
vez (f) *time*; a la — *at the same time*
viajar *to travel*
viaje (m) *travel, trip*
viajero (m) *traveller*
vida (f) *life*
viejo *old*
viento (m) *wind*
vinagre (m) *vinegar*
vino (m) *wine*
visado (m) *visa*
visita (f) *visit*
visitar *to visit*
vista: hasta la — *goodbye*
vivienda (f) *flat, apartment*
vivir *to live*
volar *to fly*
vólibol *volley-ball*
volver *to return*
vosotros *you* (plural)
vuelo (m) *flight*
vuelta (f) *return; walk*

y *and*
ya *already*; — que *since, for*
yo *I*

zona (f) *zone, region*

# Index to Grammar Notes

The first number in each entry refers to the Unit, the second to the section within the Grammar of the Unit.